dtv

Vielen gilt er als unerbittlicher »Scharfrichter«, mancher fühlte sich von ihm lange gekränkt. Ja, es gibt vielleicht sogar immer noch Literaten und Leser, die mit Goethe und Goebbels meinen, negative Kritiken sollten überhaupt aus der Welt geschafft werden. Sie alle könnte dieses Buch eines Besseren belehren. Nicht nur mit seinem einleitenden Essay über die Notwendigkeit der negativen Kritik, sondern auch mit jeder der folgenden Rezensionen beweist Marcel Reich-Ranicki seine Liebe zur Literatur. »Gerade in den radikalen Urteilen eines Kritikers«, schreibt er, »da, wo er die enthusiastische Zustimmung oder die entschiedene Ablehnung für erforderlich hält, sind in der Regel seine zentralen Bekenntnisse zu finden: Ob Hymnen oder Verrisse, stets handelt es sich darum, im Extremen das Exemplarische zu erkunden und zu zeigen.« Reich-Ranickis Auseinandersetzungen mit den repräsentativen Schriftstellern unserer Nachkriegsliteratur haben bei ihrem ersten Erscheinen viel Aufregung verursacht, sie wurden heftig diskutiert und oft zitiert. Sie werden den Leser auch heute dazu reizen, zu einem noch nicht gelesenen Werk zu greifen – und sich eine eigene Meinung zu bilden. Niemand dürfte sich mehr darüber freuen als Marcel Reich-Ranicki.

Marcel Reich-Ranicki, Professor, Dr. h. c. mult., geboren 1920 in Włocławek an der Weichsel, ist in Berlin aufgewachsen. Er war von 1960 bis 1973 ständiger Literaturkritiker der Wochenzeitung ›Die Zeit‹ und leitete von 1973 bis 1988 in der ›Frankfurter Allgemeinen Zeitung‹ die Redaktion für Literatur und literarisches Leben. 1968/69 lehrte er an amerikanischen Universitäten, 1971 bis 1975 Gastprofessor für Neue Deutsche Literatur an den Universitäten Stockholm und Uppsala, seit 1974 Honorarprofessor in Tübingen, 1991/92 Heinrich-Heine-Gastprofessur an der Universität Düsseldorf. Ehrendoktor der Universitäten in Uppsala, Augsburg, Bamberg und Düsseldorf.

Marcel Reich-Ranicki

Lauter Verrisse

Mit einem einleitenden Essay

Deutscher Taschenbuch Verlag

Erweiterte Neuausgabe
September 1992
5. Auflage Juli 2000
Deutscher Taschenbuch Verlag GmbH & Co. KG, München
www.dtv.de
© 1984 Deutsche Verlags-Anstalt GmbH, Stuttgart
Umschlagkonzept: Balk & Brumshagen
Umschlagfoto: © Herlinde Koelbl
Gesamtherstellung: C. H. Beck'sche Buchdruckerei,
Nördlingen
Gedruckt auf säurefreiem, chlorfrei gebleichtem Papier
Printed in Germany · ISBN 3-423-11578-5

Das viele Tadeln – wenn sich der, der den
Tadel ausspricht, nicht für unfehlbar hält –
macht zuletzt den Tadler selber unsicher, und
legt ihm die Frage nah, ob er nicht
Unmögliches verlange, ob er sich nicht
allmählich in ein verstimmtes Krakehlertum
hineingeschrieben habe? Ich darf sagen, daß
mir diese Frage sehr oft kommt, und daß ich
sie schließlich zu meiner Beruhigung
beantworten kann . . .

THEODOR FONTANE

(1878)

Inhalt

Vorwort 9

Nicht nur in eigener Sache
Bemerkungen über Literaturkritik in Deutschland 11

Bankrott einer Erzählerin
ANNA SEGHERS: »Das Vertrauen« 46

Der eingebildete Partisan
HANS ERICH NOSSACK: »Der Fall d'Arthez« 50

Edle Menschen
STEFAN ANDRES: »Der Taubenturm« 57

Vorsichhinblödeln
GÜNTER EICH: »Maulwürfe« und »Kulka, Hilpert, Elefanten« . 62

Gesalbt mit süßem Öl
FRIEDRICH TORBERG: »Süßkind von Trimberg« 70

Adel der Seele
RUDOLF HAGELSTANGE: »Altherrensommer« 76

Der Kaiser ist nackt
STEFAN HEYM: »5 Tage im Juni« 82

Sentimentalität und Gewissensbisse
ALFRED ANDERSCH: »Efraim« 88

Die zerredete Revolution
PETER WEISS: »Trotzki im Exil« 97

Feierliche Undeutlichkeiten
DIETER WELLERSHOFF: »Die Schattengrenze« 102

8 *Inhalt*

War es ein Mord?
MARTIN WALSER: »Die Zimmerschlacht« 108

Eine Müdeheldensoße
GÜNTER GRASS: »Örtlich betäubt« 113

Oskar Schlemihl aus Helsingör
GÜNTER KUNERT: »Im Namen der Hüte« 121

Männchen in Uniform
REINHARD LETTAU: »Feinde« 127

Selbsterlebtes aus zweiter Hand
HORST BIENEK: »Die Zelle« 132

Leichen im Ausverkauf
THOMAS BERNHARD: »An der Baumgrenze«, »Ereignisse« und
»Watten« 138

Der grüne Hermann
GÜNTER HERBURGER: »Die Messe« 143

Wirrwarr von Erinnerung
PETER HÄRTLING: »Das Familienfest oder Das Ende der
Geschichte« 149

Viele Arabesken und ein großer Hohlraum
ADOLF MUSCHG: »Albissers Grund« 156

Aus kindlicher oder aus kindischer Sicht?
HUBERT FICHTE: »Detlevs Imitationen ›Grünspan‹« 161

Versteckspiel und Geheimnistuerei
PETER BICHSEL: »Die Jahreszeiten« 166

Darstellung der Arbeitswelt – wozu?
Aus Anlaß eines Buches von HELGA M. NOVAK 172

Wer ist hier infantil?
PETER HANDKE: »Die linkshändige Frau« 177

Kein Lied mehr von der Glocke
HANS MAGNUS ENZENSBERGERS gereinigte Schiller-Lyrik . . . 183

Anmerkungen und Verweise 191
Personenregister 201

Vorwort

Das zunächst 1970 erschienene Buch »Lauter Verrisse« wird hier in einer erweiterten Neuausgabe vorgelegt. Zu den aus den Jahren 1966 bis 1970 stammenden Kritiken sind einige Aufsätze aus den siebziger Jahren hinzugekommen. Sie betreffen Romane und Erzählungen von Friedrich Torberg und Stefan Heym, von Adolf Muschg, Hubert Fichte und Peter Handke. Auch sie werden, wie alle anderen in diesem Band vereinten Arbeiten, in ungekürzter und unveränderter Fassung gedruckt. Auskünfte über den Ort und den Zeitpunkt der Erstveröffentlichung sind in den »Anmerkungen und Verweisen« zu finden. Die Reihenfolge innerhalb des Buches erklärt sich aus den Geburtsdaten der behandelten Schriftsteller.

Die Funktion und die Notwendigkeit der negativen Kritiken, also jener entschiedenen Ablehnungen, die man gemeinhin Verrisse nennt, habe ich in dem einleitenden Essay (»Nicht nur in eigener Sache – Bemerkungen über Literaturkritik in Deutschland«) zu erläutern und zu begründen versucht. Aber so gewiß die Literatur den Widerspruch braucht, so wenig kann sie auf den Zuspruch verzichten. Ob Verneinung oder Bejahung – immer geht es darum, die Literatur zu ermöglichen und sie zu verteidigen. Daher scheint es nicht unangebracht, diesem bewußt einseitigen Buch ein weiteres, ebenfalls einseitiges, doch aus ganz anderer Sicht geschriebenes folgen zu lassen. Es soll bald erscheinen. Sein Titel wird lauten: »Lauter Lobreden«.

Frankfurt am Main, im Februar 1984   M.R.-R.

Nicht nur in eigener Sache

Bemerkungen über Literaturkritik
in Deutschland

I

Der Inhalt dieses Buches entspricht seinem Titel: Tatsächlich erlaube ich mir, hier lauter Verrisse vorzulegen. Sie stammen alle aus den letzten Jahren und befassen sich mit deutscher Literatur der unmittelbaren Gegenwart. In derselben Zeit habe ich auch viele zustimmende und bisweilen sogar enthusiastische Besprechungen geschrieben. Warum also diese bewußt einseitige Auswahl?

Und ist es überhaupt sinnvoll, eine Anzahl schon publizierter Verrisse noch einmal zu drucken? Wenn sie nämlich berechtigt waren – ließe sich argumentieren –, dann betreffen sie ja minderwertige oder jedenfalls höchst fragwürdige Bücher. Sollte es sich jedoch um Aufsätze handeln, die von einer mehr oder weniger drastischen Fehleinschätzung zeugen, dann wäre ihre erneute Veröffentlichung erst recht überflüssig. Genügt es dem Kritiker nicht – könnte man meinen –, daß er mit seinem Urteil bereits einmal Verwirrung und womöglich Unheil angerichtet hat, muß er es noch zwischen zwei Buchdeckeln wiederholen?

Daraus ergibt sich die nächste und schon weit allgemeinere Frage: Wann darf oder soll der Kritiker einen Autor verreißen? Fortwährend erscheinen miserable literarische Arbeiten. Wann lohnt es sich, in aller Öffentlichkeit zu erklären, warum man glaubt, daß ein bestimmtes Buch, das man für schlecht hält, schlecht sei? Was immer ein Kritiker gegen ein solches Buch sagt, er hat es doch wohl nicht zufällig aus einer Fülle ähnlicher ausgewählt; die anderen ignoriert er, auf dieses lenkt er, ob er es will oder nicht, die Aufmerksamkeit des Publikums. In welchen Fällen ist er dazu berechtigt oder sogar verpflichtet? Verrisse – wozu eigentlich und für wen?

Die Beantwortung derartiger Fragen hängt vor allem von den Ansprüchen ab, die man an die Kritik überhaupt stellt. Und diese Ansprüche wiederum haben fast immer mit den Erwartungen zu tun, die man an die Literatur knüpft. Was auf den ersten Blick ein eher praktisches Problem im Alltag der Redakteure und Rezensenten scheint, rührt bei näherer Betrachtung unversehens an Fundamentales – an die Möglichkeiten und Aufgaben der Literatur und an die Funktion der Kritik.

II

Wer sich über die Arbeit anderer öffentlich äußert und nicht alles schön und gut findet, bereitet manchen Schadenfreude, setzt sich aber sofort dem Verdacht aus, er sei ein hämischer Kerl, dem es Spaß mache, seinen Mitmenschen am Zeug zu flicken. Kritik, welchem Bereich des Lebens sie auch gelten mag, ruft mit dem Zweifel an ihrer Berechtigung zugleich die Frage hervor, was denn den Kritisierenden, gerade ihn, befuge, über die Leistungen anderer zu urteilen.

Daß die erste Reaktion auf die Kritik in der Regel defensiv ist, scheint indes keineswegs verwunderlich; und diese Reaktion ist nicht bloß für einzelne Länder charakteristisch oder nur für bestimmte Epochen. Überall, also auch dort, wo man die Bedeutung der Kritik voll anerkennt und in ihr ein entscheidendes Element jeglichen geistigen Lebens sieht, begegnet man ihr mit einiger Empfindlichkeit, mit einem mehr oder weniger getarnten Unbehagen, nirgends ist das Verhältnis zu jenen, die kritisieren oder gar aus dem Kritisieren einen Beruf gemacht haben, frei von Ressentiments und Mißtrauen. »Genau wie es den reichsten Kandidaten jeden Heller kostet, den er wert ist, wenn er ein wahrer Bettler werden will, so wird es einen Menschen alle guten Eigenschaften seines Geistes kosten, ehe er beginnen kann, ein wahrer Kritiker zu werden; allerdings würde man das vielleicht auch bei einem geringeren Preis für einen nicht lohnenden Kauf halten« – meinte um 1700 Jonathan Swift.[1]

Aber so gewiß Empfindlichkeit und Mißtrauen gegen Kritik allgemeine und internationale Erscheinungen sind, so gewiß ist das

Verhältnis der Deutschen zur Kritik von besonderer Art. Diese Frage, über die Historiker und Soziologen, Philosophen und Psychologen schon viel geschrieben haben, gehört offenbar zu jenen heiklen Themen, die ihre Aktualität und Dringlichkeit, wie immer die geschichtliche Entwicklung hierzulande verlief und verläuft, fatalerweise nicht einbüßen wollen. Vielleicht ist es nicht überflüssig, in diesem Zusammenhang an ein Werk zu erinnern, das häufig genannt, beschimpft und zitiert und nur sehr selten gelesen wird – an Madame de Staëls zwischen 1808 und 1810 entstandenes Buch »De l'Allemagne«.

Trotz vieler unzweifelhaft apologetischer Partien, die auf französische Leser einen pädagogischen Einfluß ausüben sollten, entwirft Madame de Staël nun doch kein so einseitig-verherrlichendes Deutschlandbild, wie man ihr dies gern nachsagt. So behauptet sie in dem Kapitel »Über die Sitten und den Charakter der Deutschen«: »Die Liebe zur Freiheit ist bei den Deutschen nicht entwickelt. Sie haben weder durch ihren Genuß noch durch ihre Entbehrung den Wert kennengelernt, den man auf ihren Besitz legen kann.« Die Deutschen – heißt es weiter – »möchten, daß ihnen in bezug auf ihr Verhalten jeder einzelne Punkt vorgeschrieben werde . . . Und je weniger man ihnen Gelegenheit gibt, selbständig einen Entschluß zu fassen, um so zufriedener sind sie . . . Daher kommt es denn, daß sie die größte Gedankenkühnheit mit dem untertänigsten Charakter vereinen. Das Übergewicht des Militärstandes und die Rangunterschiede haben ihnen in gesellschaftlicher Beziehung die größte Untertänigkeit zur Gewohnheit gemacht . . . Sie sind in der Ausführung jedes erhaltenen Befehls so gewissenhaft, als ob jeder Befehl eine Pflicht wäre.«[2]

Auch das, was sich in dem Kapitel »Über den Einfluß der neuen Philosophie auf den Charakter der Deutschen« findet, kann schwerlich als schmeichelhaft gelten: »Leider muß man bekennen, daß die Deutschen der Jetztzeit das, was man Charakter nennt, nicht besitzen. Sie sind als Privatleute, als Familienväter, als Beamte tugendhaft und von unbestechlicher Redlichkeit; ihr gefälliger und zuvorkommender Diensteifer gegen die Macht aber schmerzt, besonders wenn man sie liebt . . .« Nicht ohne Spott bemerkt Madame de Staël, daß sich die Deutschen »philosophi-

14 *Nicht nur in eigener Sache*

scher Gründe bedienen, um das auseinanderzusetzen, was am wenigsten philosophisch ist: die Achtung vor der Macht und die Gewöhnung an die Furcht, die diese Achtung in Begeisterung verwandelt.«[3]

Nationale Verallgemeinerungen haben schon zuviel Unheil angerichtet, als daß wir sie ohne Skepsis hinnehmen könnten. Dennoch fällt es schwer, Madame de Staël zu widersprechen. Und diese jedenfalls nicht abwegigen Beobachtungen aus den ersten Jahren des neunzehnten Jahrhunderts weisen zugleich auf die Faktoren hin, die das öffentliche Bewußtsein in Deutschland bestimmt und zu einer prononciert antikritischen Tendenz geführt haben – auf jene Mentalität also, die wir gemeinhin als Untertanengesinnung und Obrigkeitsdenken bezeichnen.

Es liegt auf der Hand, daß der Untertanenstaat die Kritik, in welcher Form auch immer, als etwas Überflüssiges und Lästiges empfand, daß er sie bekämpfte und womöglich ganz zu verhindern suchte und daher die Kritisierenden zu verketzern bemüht war: Wo man Unterordnung und Ergebenheit fordert und den Gehorsam und die Gefolgschaft verherrlicht, wird das selbständige Denken sogleich zum Ärgernis, wo Befehle gelten sollen, muß sich die Kritik als gefährlicher Störfaktor erweisen. Mit anderen Worten: Freiheit und Kritik bedingen sich gegenseitig. Wie es also keine Freiheit ohne Kritik geben kann, so kann auch die Kritik nicht ohne die Freiheit existieren.

Nicht weniger augenscheinlich ist es wohl, daß zwischen der verspäteten Entwicklung des deutschen Bürgertums und der damit zusammenhängenden verspäteten Einführung der Demokratie in Deutschland einerseits und der antikritischen Mentalität und Einstellung der Öffentlichkeit andererseits eine unmittelbare Wechselbeziehung besteht. Demokratie wird durch Kritik geradezu definiert, da ja die allen Demokratien nach wie vor zugrunde liegende Konzeption der Gewaltenteilung nichts anderes besagt, als »daß jeweils die eine dieser Gewalten an der anderen Kritik übt und dadurch die Willkür einschränkt, zu der eine jegliche, ohne jenes kritische Element, tendiert«.

Adorno, der daran in einer seiner letzten Arbeiten erinnerte, wies zugleich auf die Folgen hin, die die hinter der Geschichte

Bemerkungen über Literaturkritik in Deutschland 15

herhinkende nationalstaatliche Einigung Deutschlands für die Kritikfeindschaft hatte: Sie wurde im Kaiserreich eher noch gesteigert, weil »das deutsche Einheits- und Einigkeitstrauma . . . in jener Vielheit, deren Resultante demokratische Willensbildung ist, Schwäche wittert. Wer kritisiert, vergeht sich gegen das Einheitstabu, das auf totalitäre Organisation hinauswill. Der Kritiker wird zum Spalter und, mit einer totalitären Phrase, zum Diversionisten.«[4]

Wer sich einreden ließ, daß – nach einem Wort Emanuel Geibels aus den sechziger Jahren des neunzehnten Jahrhunderts – am deutschen Wesen die Welt genesen konnte[5] und sogar sollte (und viele Deutsche haben daran offenbar aufrichtig geglaubt), der mochte von Kritik nichts hören und war rasch bereit, die Kritisierenden für üble Querulanten, permanente Spielverderber und ekelhafte Parasiten zu halten. Mehr noch: Sie gerieten im allgemeinen Bewußtsein oft genug in die Nähe von Verrätern und Volksfeinden. Es entstand eine einigermaßen groteske Situation: Im Land, dessen hervorragendster Philosoph das Wort »Kritik« schon in den Titeln seiner Hauptwerke verwendete, wurde die kritische Einstellung allen Ernstes und mit Erfolg als undeutsch, als etwas Fremdartiges diffamiert.

So konnte es geschehen, daß die Abschaffung der Kritik durch den Nationalsozialismus bei beträchtlichen Teilen der deutschen Intelligenz allem Anschein nach keine sonderliche Verwunderung hervorgerufen hat: Ohnehin waren sie gewohnt, in der Kritik nicht einen immanenten Faktor jeder geistigen Betätigung zu sehen, vielmehr einen solchen, der im Grunde bloß hemmt und zersetzt.

Daß dies alles nicht für die Vergangenheit gilt, daß es hingegen die beiden Weltkriege überlebt hat und auch heute – mutatis mutandis – in verschiedensten Bereichen des öffentlichen Lebens spürbar wird, mag eine Trivialität sein: Immer noch ist das Verhältnis vieler Deutschen zur Kritik in hohem Maße gestört und trägt häufig geradezu neurotische Züge. Schon der Sprachgebrauch läßt dies erkennen.

Denn im Gegensatz zu den wichtigeren europäischen Sprachen bedeutet ja das Wort »kritisieren« im Deutschen meist nicht etwa

16 *Nicht nur in eigener Sache*

soviel wie unterscheiden, prüfen, analysieren, werten oder beurteilen, sondern hat einen einseitig pejorativen Sinn oder zumindest einen unmißverständlich pejorativen Unterton: Werten verwechselt man mit abwerten und urteilen mit verurteilen. Die verbindlichen Wörterbücher bestätigen das sehr deutlich. In Dudens »Vergleichendem Synonymwörterbuch« findet sich unter dem Stichwort »kritisieren« lediglich ein Hinweis auf das Stichwort »bemängeln«. Und Dudens »Fremdwörterbuch« erklärt das Verbum »kritisieren« mit drei anderen Verben; sie lauten: »beanstanden, bemängeln, tadeln«.

Ein aus dem Absolutismus stammendes und nie überwundenes Vorurteil gegen das kritische Element, eine dumpfe, offenbar häufiger empfundene als artikulierte Abneigung, ein tiefverwurzeltes und gereiztes Mißtrauen und schließlich die ungetarnte und aggressive Feindschaft, der Haß gegen die Kritik – das ist jener allgemeine Hintergrund, vor dem sich seit über zweihundert Jahren die deutsche Literaturkritik zu behaupten versuchte, vor dem sie sich entwickelte und nicht entwickelte.

III

Am Anfang war Lessing. Er ist – wie es schon in Adam Müllers 1806 gehaltenen »Vorlesungen über die deutsche Wissenschaft und Literatur« heißt – »eigentlicher Urheber, Vater der deutschen Kritik«[6]. Ihre Geschichte beginnt um 1750 mit den ersten journalistischen Versuchen des etwa Zwanzigjährigen, mit seinen Beiträgen für die »Berlinische privilegierte Zeitung« und ihre monatliche Beilage »Das Neueste aus dem Reiche des Witzes«, deren Titel übrigens nicht auf ein Witzblatt hindeutete, da das Wort »Witz« damals im nne von »Esprit« gebraucht wurde.

Die Herkunft vom Journalismus ist der kritischen Prosa Lessings fast immer anzumerken. Das hat ihr nicht geschadet. Im Gegenteil: Sie ist gerade in dieser Hinsicht vorbildlich und exemplarisch geblieben. Denn er diente der Wissenschaft mit dem Temperament des Journalisten und betrieb den Journalismus mit dem Ernst des Wissenschaftlers. Die Tagesschriftstellerei machte aus ihm einen Polemiker und drängte ihn zur Rhetorik; »noch seine abstraktesten

Schriften – so Walter Jens – haben den Charakter des Werbens, Rechtens und Eiferns«[7]. Und der Journalismus ist es, der Lessing nötigte, in manchen seiner kritischen Arbeiten demagogische Mittel nicht zu verpönen.

Er war – auch in dieser Beziehung beispielhaft – ein Kritiker, der sich seiner Gegenwart und ihrem literarischen Leben verpflichtet fühlte, den also zu den unmittelbaren Themen seiner Betrachtungen die aktuelle Buchproduktion, die Zeitschriften und die Spielpläne anregten. Ein Praktiker, urteilte er am liebsten von Fall zu Fall und blieb dicht am konkreten Gegenstand, ohne freilich das Ganze, um das es ihm stets und vor allem ging, aus den Augen zu verlieren. Die Praxis des Journalismus hinderte ihn, nur für die Kenner zu schreiben. Mit Recht rühmte Friedrich Schlegel, Lessings Kritik sei »doch durchaus populär, ganz allgemein anwendbar«, ihr Geist liege »ganz in dem Kreise des allgemein Verständlichen«[8].

Aber Lessing muß das Publikum erst einmal von der Nützlichkeit und Daseinsberechtigung der Kritik überzeugen. Schon damals sind ihre eifrigsten Gegner jene Schriftsteller, die sich von ihr ungerecht behandelt fühlen und »welche so gern jedes Gericht der Kritik für eine grausame Inquisition ausschreien«. Im Zusammenhang mit derartigen Attacken gegen die »Bibliothek der schönen Wissenschaften und der freien Künste« appelliert Lessing an die Leser: »Lassen Sie sich in Ihrer guten Meinung von diesem kritischen Werke nichts irren. Man hat ihr Parteilichkeit und Tadelsucht vorgeworfen; aber konnten sich die mittelmäßigen Schriftsteller, welche sie kritisiert hatte, anders verantworten?«[9] Und in dem berühmten letzten Stück der »Hamburgischen Dramaturgie« bekennt Lessing, er sei »immer beschämt und verdrüßlich geworden«, wenn er »zum Nachteil der Kritik etwas las oder hörte«[10].

Daß Lessing genötigt war, für die Kritik als Institution nachdrücklich zu plädieren, sie zu verteidigen und um ihre Anerkennung zu kämpfen, leuchtet ein. Bemerkenswerter und verwunderlicher scheint jedoch der Umstand, daß er auch in dieser Hinsicht über die Jahrhunderte hinweg vorbildlich geblieben ist: Denn die Geschichte der deutschen Literaturkritik ist die Geschichte des Kampfes um ihre Anerkennung. Wer sich in Deutschland ernsthaft

18   *Nicht nur in eigener Sache*

mit der Literatur seiner Zeit auseinandersetzte, kam früher oder
später in die Lage, sich auf jenes Bekenntnis Lessings berufen zu
müssen oder nach Friedrich Schlegel zu wiederholen: »In der Tat
kann keine Literatur auf die Dauer ohne Kritik bestehen . . .«[11]

Aber die Wirkungsgeschichte oder, richtiger gesagt, die Nicht-
wirkungsgeschichte des neben Lessing hervorragendsten Vertreters
der deutschen Literaturkritik, eben Friedrich Schlegels, spricht
eine so deutliche wie deprimierende Sprache[12]. 1932 schrieb Ernst
Robert Curtius: »Wir haben an Friedrich Schlegel viel gutzuma-
chen, denn kein großer Autor unserer Blütezeit ist so mißverstan-
den worden, ja so böswillig verleumdet worden, schon zu seinen
Lebzeiten, aber merkwürdigerweise auch noch lange darüber hinaus, ja, eigentlich bis auf die unmittelbare Gegenwart. Es ist peinlich und schwer begreiflich, wie zäh sich Vor- und Fehlurteile in
unserer deutschen Universitätswissenschaft fortpflanzen . . . Was
hat denn die deutschen Professoren so sehr gegen Friedrich Schlegel aufgebracht? Warum haben sie ihn wie einen ungezogenen
Schüler behandelt, der Allotria treibt?«[13]

Curtius wußte sehr wohl, daß dieses feindselige und oft klein-
bürgerlich-borniertе Verhältnis zu Friedrich Schlegel in hohem
Maße symptomatisch war, weil hier jene dumpfen Gefühle – von
der Geringschätzung bis zum Haß – augenscheinlich wurden, mit
denen man in Deutschland der Literaturkritik von Anfang an
begegnete. Und Curtius wurde nicht müde, zumal nach 1945, als
zumindest die äußeren Bedingungen für die Restitution der Kritik
gegeben waren, auf ihre Bedeutung und ihren Verfall immer wieder
hinzuweisen. In seinem 1948 erschienenen Buch »Europäische
Literatur und lateinisches Mittelalter« stellt er fest: »Lessing,
Goethe, die Schlegels, Adam Müller hatten die literarische Kritik in
Deutschland zu höchster Blüte gebracht. Aber sie vermochten
nicht, ihr einen bleibenden Rang im geistigen Leben der Nation zu
sichern. So ist es bis heute geblieben.«[14] Seinen aus derselben Zeit
stammenden Essay über »Goethe als Kritiker« beginnt Curtius mit
der oft zitierten Klage: »Die literarische Kritik hat im deutschen
Geistesleben keine anerkannte Stelle . . . Literarische Kultur ist bei
uns Sache verstreuter Einzelner . . .«[15]

Seit über zwei Jahrhunderten werden solche oder doch recht

Bemerkungen über Literaturkritik in Deutschland 19

ähnliche Töne angeschlagen, diese düstere Diagnose ist schon Tradition geworden, ja sie scheint mittlerweile ebenso zum Habitus des Gewerbes zu gehören wie der eher melancholische als stolze Verweis auf seine Meister, auf die hehre Ahnenreihe. Curtius führt bloß wenige Namen an, doch ließe sich die Aufzählung leicht ergänzen und die Reihe bis in unsere Zeiten, zumindest bis zu Benjamin und Curtius selber, fortsetzen. Nur würde das die elegische Klage mitnichten erschüttern, es würde sie vielmehr erhärten.

Denn sie, diese Meister von gestern, hat man in der Regel ignoriert und verkannt – für einige von ihnen gilt das noch heute – und oft denunziert und verdammt; und wenn sie in der Literaturkritik nicht nur eine zusätzliche Betätigung sahen, wenn es für sie tatsächlich mehr als ein Nebenamt war, dann mußten sie sich früher oder später zurückziehen, sie resignierten und kapitulierten. Nein, Deutschland mangelte es nicht an großen Kritikern, aber den großen deutschen Kritikern fehlte Deutschland.

Gewiß haben manche von ihnen eine Zeitlang beachtliches Ansehen genossen und Einfluß ausgeübt. Die Situation ihres Métiers blieb davon unberührt und nicht zu Unrecht, da sie eben doch – wie Curtius sagte – nur »verstreute Einzelne« waren, exzeptionelle und nicht repräsentative Erscheinungen. Man schätzte ihre Meinung, ohne deshalb ihr Amt akzeptieren zu wollen. Mit anderen Worten: Dieser oder jener Kritiker wurde – jedenfalls vorübergehend – anerkannt, doch nicht die Kritik als Institution. »Wir haben Schauspieler, aber keine Schauspielkunst«[16] – heißt es im letzten Stück der »Hamburgischen Dramaturgie«, und so mag es auch zutreffen, daß wir, wie schon in Abwandlung dieses berühmten Wortes konstatiert wurde, zwar Kritiker, doch keine Kritik haben.

Warum? Wenn – mit Hofmannsthal zu sprechen – »das Schrifttum als geistiger Raum der Nation«[17] zu sehen ist, dann darf doch gefragt werden, warum die Kritik in diesem Raum bestenfalls ein provisorisches und immer nur ein kurzfristiges Obdach und nie ein ordentliches Dauerquartier finden kann? Von der generellen Abneigung gegen Kritik im weitesten Sinne des Wortes und von der heftigen antikritischen Tendenz des öffentlichen Bewußtseins in

Deutschland war schon die Rede. Damit läßt sich viel erklären, aber bestimmt nicht alles.

Vielleicht hat die Situation der Kritik auch mit ihrer Art zu tun, mit ihrem Niveau und ihrer Qualität? Sollten es etwa gewisse ihrer Eigentümlichkeiten sein, die – natürlich nicht ohne Zusammenhang mit jenem allgemeinen Hintergrund – die Autorität der deutschen Kritik als Institution immer aufs neue verhindert haben?

IV

Die deutsche Literaturkritik ist schlecht. Sie macht eine schwere Krise durch, sie liegt darnieder und siecht dahin. Ihre Misere ist offenkundig, ihr Verfall erschreckend, ihr beschämender Tiefstand läßt sich nicht mehr verheimlichen. – So heißt es jedenfalls heute. Erst heute?

Zumindest seit Lessings Zeiten bedenkt man die Kritik immer wieder mit denselben Vokabeln – stets hören wir von Krise und Misere, vom Verfall und Elend, vom Tiefpunkt und Tiefstand. Hängt das damit zusammen, daß viele Äußerungen über die Kritik – und zwar gerade die pointierten und effektvollen, die virtuos formulierten – von jenen stammen, die ihr Gegenstand waren und sind?

Seit der junge Goethe die Verszeile schrieb »Schlagt ihn tot, den Hund! Es ist ein Rezensent«[18], sind fast zweihundert Jahre vergangen, doch gehört sie nach wie vor zu den populärsten Zitaten der deutschen Feuilletons. Und wenn Schriftsteller sich gedrängt fühlen zu sagen, was sie von Kritikern halten, ist immer noch von Tieren die Rede: Neben Hunden und Klapperschlangen sind in den freundlichen Vergleichen Insekten besonders beliebt, zumal Läuse, Flöhe und Wanzen. Bei Nietzsche heißt es einmal: »Die Insekten stechen nicht aus Bosheit, sondern weil sie auch leben wollen: ebenso unsere Kritiker; sie wollen unser Blut, nicht unseren Schmerz!«[19]

Im Unterschied jedoch zum jungen Goethe pflegen spätere Autoren nicht gleich den sofortigen Totschlag des Rezensenten zu empfehlen, sondern begnügen sich mit etwas vorsichtigerer Artikulation ihres Grolls, vornehmlich in Bonmots – so etwa

Arthur Schnitzler: »Nullen – man mag sich mit ihnen abfinden, es gibt so viele. Aber eine Null und frech dazu, das ist der Rezensent. «[20]

Natürlich sollte alles, was Schriftsteller über Kritik und Kritiker schreiben – ob nun in heiligem Zorn oder in guter Laune, ob es sich um Bitterernstes oder um Heiteres handelt –, mit einiger Vorsicht aufgenommen werden. Denn so gewiß sich in solchen Äußerungen zahllose wichtige und originelle Gedanken finden lassen, so zeugen sie in der Regel von, vorsichtig ausgedrückt, Befangenheit. Nur daß ihre Existenz und Intensität niemanden wundern dürfen: Noch müßte der Schriftsteller geboren werden, der nicht besonders empfindlich und verletzbar wäre und den die Reaktion der Umwelt auf sein in weiß Gott wie langer Zeit entstandenes Werk wenig anginge. Und der Kritiker ist der am deutlichsten sichtbare und vernehmbare Repräsentant dieser Umwelt und zugleich jener, der – zu Recht oder zu Unrecht – die größten Möglichkeiten hat, auf ihre Reaktion einzuwirken.

Die Folgen dieses Sachverhalts sind bekannt: In ihrem 1939 geschriebenen Essay über die Kritik meint Virginia Woolf, der Autor schätze »eine Besprechung nur noch der Wirkung wegen, die sie auf seinen Ruf und den Absatz seiner Bücher hat«[21]. Zu einem ähnlichen Ergebnis kommt gleichzeitig, 1939, Georg Lukács, der die Leser seiner Abhandlung über das Thema »Schriftsteller und Kritik« nach allerlei komplizierten und gelehrten Erwägungen mit einer ebenso simplen wie einleuchtenden These verblüfft, nämlich: »Für den Schriftsteller ist im allgemeinen eine ›gute‹ Kritik jene, die ihn lobt oder seine Nebenbuhler herunterreißt; eine ›schlechte‹ jene, die ihn tadelt oder seine Nebenbuhler fördert. «[22]

In der Tat ist es, wo immer und wie immer sich ein Autor über einen Kritiker äußert, nicht unnütz zu fragen, wie dieser Kritiker jenen Autor, zumal sein letztes Buch, beurteilt hat. Und wo ein Schriftsteller wieder einmal den Tiefstand der gesamten Literaturkritik beklagt, empfiehlt sich die Frage nach der Meinung der überwiegenden Mehrheit der Rezensenten über sein Werk, vor allem über sein letztes Buch. Freilich sollte man sich hüten, in subjektiven und situationsbedingten Ansichten über Kritiker und die Kri-

22 *Nicht nur in eigener Sache*

tik immer gleich Racheakte zu wittern und Unaufrichtigkeit oder
Perfidie da zu sehen, wo es sich zunächst einmal um Befangenheit
und Voreingenommenheit handelt, um die Selbstverständigung und
die Selbstverteidigung des Schriftstellers.

An solche jahrhundertealte Erfahrungen mag Walter Benjamin
gedacht haben, als er den Satz schrieb: »Für den Kritiker sind seine
Kollegen die höhere Instanz.«[23] Es hat sich also die Kritik der Kritik der Kritik anzunehmen. In dieser Beziehung kann man der
deutschen Literaturkritik Mangel weder an Eifer noch an Tempe-
ramentlosigkeit vorwerfen: Solange es sie gibt, solange zweifelt sie
an sich selber und stellt sich selbst immer wieder in Frage. Zufrie-
denheit mit den Leistungen der Zunft ist in diesem Gewerbe nicht
bekannt, ja, deutsche Kritiker lieben es, an dem Ast zu sägen, auf
dem sie sitzen; und das wenigstens spricht nicht gegen sie.

Schon am Anfang des neunzehnten Jahrhunderts, als Madame de
Staël durch Deutschland reiste, hatte das Métier offenbar starken
Zulauf: »Wie man in gewissen Städten mehr Ärzte findet als
Kranke – berichtete sie –, so gibt es in Deutschland zuweilen mehr
Kritiker als Autoren.«[24] Aber diese vielen Kritiker verglich einer
von ihnen, Joseph Görres, in einem Aufsatz vom Jahre 1804 mit
»giftigen Klapperschlangen, die in so manchen Winkel-Tribunalen
sich wälzen«; ohne Umschweife sagte er, was sie in seinen Augen
seien: »die Repräsentanten der Schande«[25].

Nicht glimpflicher ging wenig später, 1806, der Kritiker Adam
Müller mit jenen um, in denen er mitnichten seine Kollegen sah, die
jedoch damals für die deutschen Literaturzeitungen schrieben:
»Der unwürdige Widerspruch, in welchem einzelne wenige, vor-
treffliche, den höchsten Forderungen gewachsene Kritiken mit der
in der großen Majorität der Rezensionen herrschenden Flachheit,
Leerheit und Unwissenheit stehen«, beweise, »daß ihr Reich wirklich zu Ende geht«.[26]

Müller scheint zu optimistisch gewesen zu sein, denn genau
zwanzig Jahre später meint Ludwig Börne: »Deutsche Rezensionen lassen sich in der Kürze mit nichts treffender vergleichen, als
mit dem Löschpapier, auf dem sie gedruckt sind! . . . Es gibt kein
kritisches Blatt in Deutschland, das verdiente, sein eigener Gegenstand zu werden . . . In Deutschland schreibt jeder, der die Hand

Bemerkungen über Literaturkritik in Deutschland 23

zu nichts anderem gebraucht, und wer nicht schreiben kann, rezensiert.«[27]

In einem Brief vom Jahre 1883 erklärt Fontane: »Nichts liegt hier so darnieder, wie die Kritik. Die Betreffenden wissen gar nicht worauf es ankommt.«[28] Kurt Tucholsky ist 1931 nicht anderer Ansicht: »Was die deutsche Buchkritik anlangt – behauptet er in der ›Weltbühne‹ –, so ist sie auf einem Tiefstand angelangt, der kaum unterboten werden kann . . . Das Publikum liest diese dürftig verhüllten Waschzettel überhaupt nicht mehr, und wenn es sie liest, so orientiert es sich nicht an ihnen.«[29]

Und in der Bundesrepublik? 1960 meint Friedrich Sieburg: »Was die Rolle der Literaturkritik angeht, so sind in unserem Bereich kaum noch Illusionen erlaubt.«[30]

Kurz und gut: Die Kritisierten und die Kritisierenden, die angeblichen Opfer und ihre angeblichen Verfolger oder gar Henker, sie alle, die ein und dasselbe Phänomen von verschiedenen und oft auch entgegengesetzten Seiten sehen und sehen müssen – hier, in der fundamentalen Diagnose einer offenbar unheilbaren Krankheit sind sie sich seit zwei Jahrhunderten vollkommen einig.

Sie ist, kann man sagen, älter als die Kritik selber – und das wiederum hat mit einer elementaren Frage der Kunstbeurteilung zu tun. »Wir werden von einem Kunstwerk – sagt August Wilhelm Schlegel – nicht bloß als Menschen, sondern als Individuen affiziert, und das noch so ausgebildete Gefühl steht immer unter individuellen Beschränkungen.« Da es »durchaus keine Wissenschaft gibt, welche rein objektiv, allgemein gültig urteilen lehrte«, müsse die Kritik ihrem Wesen nach notwendig individuell sein, immer sei in ihr auch Subjektives enthalten.[31]

Hier, in der Relativität und Subjektivität, in der Fragwürdigkeit jeglicher Kunstbeurteilung hat ihre tiefsten Wurzeln jene berühmte Krise: Sie ging der erst durch die Entwicklung der Presse notwendig gewordenen Institutionalisierung der Kritik voran. In diesem Sinne mag die Misere der Kritik nicht etwa eine zeitweilige Erscheinung, sondern eine unvermeidliche Folge sein – ein permanenter Zustand, der sich gleichwohl ändert; und der sich in gewissen Grenzen natürlich auch verändern läßt.

V

Im Jahre 1755 publiziert der Buchhändler und Verleger, Kritiker und Redakteur, Romancier und Reiseschriftsteller Christoph Friedrich Nicolai, ein bedeutender und verdienstvoller Mann, der von Lessing geschätzt, von Goethe verspottet und von Fichte bekämpft wurde und den deutsche Literarhistoriker oft ungerecht behandelt haben, sein erstes Buch: »Briefe über den itzigen Zustand der schönen Wissenschaften in Deutschland«. In ihm verteidigt der damals übrigens erst zweiundzwanzigjährige Autor leidenschaftlich und fast schon beschwörend die Sache der Kritik, zumal das Recht und die Pflicht des Kritikers, negative Urteile zu fällen.

So schreibt er im siebzehnten Brief: »Werden Sie denn nicht aufhören, mir meine schwarze Galle vorzuwerfen! Dies ist ein Vorwurf, den ich so wenig verdiene, als oft er mir von Ihnen gemacht wird! Was bewegt Sie doch zu glauben, daß ich eigensinnig und menschenfeindlich handle? daß ich bei Schönheiten die Augen mutwillig zuschlösse, und daß ich nur Fehler finden will . . . Sie tadeln mich, daß ich mit vielen deutschen Schriftstellern nicht zufrieden bin; ist dies meine Schuld? wären diese Herren weniger mit sich zufrieden gewesen, so würden ihre Leser vielleicht mehr mit ihnen zufrieden sein! . . .«

Dem Kritiker, der eine negative Ansicht äußert – erklärt Nicolai – sei an nichts anderem gelegen als an dem Positiven: »Die Kritik nimmt also nicht aus Milzsucht, Haß oder Eigensinn ihren Ursprung, sie hat vielmehr die besten Zwecke, und so wehe sie der Eigenliebe gewisser Schriftsteller tut, so heilsam ist sie denselben und allen, die die schönen Wissenschaften lieben . . . Die Kritik ist die einzige Helferin, die, indem sie unsre Unvollkommenheit aufdeckt, in uns zugleich die Begierde nach höhern Vollkommenheiten anfachen kann.«[32]

Ähnlich wie Nicolai bemühen sich auch andere Schriftsteller der Aufklärung, den deutschen Lesern klarzumachen, welche Rolle der Negation in der Literaturkritik zukommt. Sie soll die Nichtkönner abschrecken, die Mittelmäßigen zu Bedeutenderem nötigen, die Großen warnen und, vor allem, die Leser bilden. »Einem

Bemerkungen über Literaturkritik in Deutschland   25

Menschen von gesundem Verstande, wenn man ihm Geschmack
beibringen will, braucht man es nur auseinander zu setzen, warum
ihm etwas nicht gefallen hat« – heißt es in der Ankündigung der
»Hamburgischen Dramaturgie«.[33]

Und im letzten seiner »Briefe antiquarischen Inhalts« sah sich
Lessing veranlaßt, das Publikum zu belehren, daß »jeder Tadel,
jeder Spott« dem Kunstrichter erlaubt sei und niemand ihm vor-
schreiben könne, »wie sanft oder wie hart, wie lieblich oder wie
bitter, er die Ausdrücke eines solchen Tadels oder Spottes wählen
soll. Er muß wissen, welche Wirkung er damit hervorbringen will,
und es ist notwendig, daß er seine Worte nach dieser Wirkung
abwäget.«[34]

So stark der Gegensatz zwischen den Romantikern und den Auf-
klärern auch war, so gewiß etwa Friedrich Schlegel nicht die
geringsten Skrupel hatte, das Bild Lessings kräftig zu retuschieren,
ja, es sich für den eigenen Bedarf zurechtzumachen,[35] so gab es
doch in dieser Beziehung zwischen ihnen keinen Meinungsunter-
schied – sowohl die großen Kritiker der Romantik als auch die
Vertreter der Aufklärung billigten der Negation innerhalb der Literaturkritik eine unerläßliche Funktion zu.

Es fällt auf, mit welcher Entschiedenheit Friedrich Schlegel
gerade diesen Aspekt akzentuiert hat. In seinen »Eisenfeilen«
erklärt er kurzerhand: »Die Kritik ist die Kunst, die Scheinleben-
digen in der Literatur zu töten.«[36] Worauf diese provozierende,
diese natürlich bewußt überspitzte Sentenz im Grunde abzielt, läßt
sich vor allem der Abhandlung »Lessings Geist aus seinen Schriften« entnehmen, an die man nicht oft genug erinnern kann.

Schlegel beklagt hier unter anderem die Voraussetzungen für die
Rezeption der Literatur, nämlich die Art, »wie seit Erfindung der
Buchdruckerei und Verbreitung des Buchhandels durch eine unge-
heure Masse ganz schlechter und schlechthin untauglicher Schriften der natürliche Sinn bei den Modernen verschwemmt, erdrückt,
verwirrt und mißleitet wird«. Es sei – konstatiert er ferner – »die
Masse des Falschen und Unechten, was in der Bücherwelt, ja auch
in der Denkart der Menschen die Stelle des Wahren und Echten
einnimmt, gegenwärtig ungeheuer groß. Damit nun wenigstens
Raum geschafft werde für die Keime des Bessern, müssen die Irr-

26 *Nicht nur in eigener Sache*

tümer und Hirngespinste jeder Art erst weggeschafft werden.«
Lessing habe »diese Kunst sein ganzes Leben hindurch, besonders
in der letzten Hälfte, trefflich geübt«, und Schlegel zögert nicht,
»jene billige Verachtung und Wegräumung des Mittelmäßigen oder
des Elenden« zu den wichtigsten Eigentümlichkeiten und Verdiensten der Lessingschen Kritik zu zählen.[37]

Aber so selbstverständlich für die großen Romantiker, zumal für
die beiden Schlegels diese anzweifelnde und in Frage stellende,
diese um der »Keime des Bessern« willen ablehnende und vernei-
nende Funktion der Literaturkritik auch war, so bald wurde sie
doch verkannt und infolgedessen nicht nur vernachlässigt, sondern
auch diffamiert. Einiges mag dazu Goethe beigetragen haben, vor
allem seine berühmte Definition der zerstörenden und der produktiven Kritik.

Seit anderthalb Jahrhunderten wird diese Definition von Generation zu Generation wie der Weisheit letzter Schluß weitergereicht
und immer wieder ehrfurchtsvoll zitiert. Sie stammt aus Goethes
im Jahre 1821 veröffentlichtem Aufsatz »Graf Carmagnola noch
einmal« und lautet: »Es gibt eine zerstörende Kritik und eine produktive. Jene ist sehr leicht; denn man darf sich nur irgendeinen
Maßstab, irgendein Musterbild, so borniert sie auch seien, in
Gedanken aufstellen, sodann aber kühnlich versichern: vorliegen-
des Kunstwerk passe nicht dazu, tauge deswegen nichts, die Sache
sei abgetan, und man dürfe ohne weiteres seine Forderung als
unbefriedigt erklären; und so befreit man sich von aller Dankbarkeit gegen den Künstler. Die produktive Kritik ist um ein gutes Teil
schwerer; sie fragt: Was hat sich der Autor vorgesetzt? ist dieser
Vorsatz vernünftig und verständig? und inwiefern ist es gelungen,
ihn auszuführen? Werden diese Fragen einsichtig und liebevoll
beantwortet, so helfen wir dem Verfasser nach, welcher bei seinen
ersten Arbeiten gewiß schon Vorschritte getan und sich unserer
Kritik entgegengehoben hat. Machen wir aufmerksam auf noch
einen Punkt, den man nicht genug beobachtet: daß man mehr um
des Autors als des Publikums willen urteilen müsse.«[38]

Gerhard F. Hering hat 1961 in der Einleitung zum ersten Band
seiner (übrigens sehr verdienstvollen) Anthologie »Meister der
deutschen Kritik« diese Passage Goethes mit der charakteristischen

Bemerkungen über Literaturkritik in Deutschland 27

Bemerkung versehen: »Hier bei Goethe in die Schule zu gehen, sollte selbstverständlich werden für alle diejenigen, die sich, auch vor den Horizonten der Katastrophen, weiter mit nur scheinbar so abseitigen Fragen beschäftigen wie mit denen der Kritik.«[39] Ist das wirklich zu empfehlen? Und wieso sollte es gar selbstverständlich sein?

Kein Zweifel, daß Goethe im Recht ist, wenn er sich verärgert gegen jene Kritiker wendet, die »irgendeinen Maßstab« oder »irgendein Musterbild« aufstellen und dann das zur Debatte stehende Kunstwerk ablehnen, weil es jenem Maßstab nicht entspricht. Ebenso berechtigt – und auch ebensowenig originell – ist die Forderung Goethes, der Kritiker solle fragen, was der Autor gewollt habe, ob dies vernünftig sei und inwiefern es realisiert wurde.

Dennoch haben wir es mit einer höchst fragwürdigen Alternative zu tun. In Friedrich Schlegels »Fragmenten zur Literatur und Poesie« findet sich der Satz: »Goethe ist zu sehr Dichter, um Kunstkenner zu sein.«[40] Dies mag eine etwas leichtfertige Behauptung sein, hier indes scheint sie durchaus nicht absurd. Jedenfalls ist es kaum der Kunstkenner Goethe, der die Aufgabe der Kritik definiert, vielmehr der zwar längst weltberühmte, doch nach wie vor um seine Wirkung besorgte Dichter.

Zunächst einmal: Mit jener »Dankbarkeit gegen den Künstler« meint Goethe nicht ein mögliches Ergebnis der kritischen Untersuchung, sondern deren offenbar unerläßliche Voraussetzung. Wie aber, wenn zu dieser Dankbarkeit – was immerhin für viele Fälle gilt – gar kein Anlaß besteht? Eine einsichtige und liebevolle Beantwortung der aufgeworfenen Fragen wird verlangt, denn »so helfen wir dem Verfasser nach«. Sollte dies wirklich die zentrale Aufgabe der Kritik sein?

In der Tat erklärt Goethe ohne Umschweife, »daß man mehr um des Autors als des Publikums willen urteilen müsse«. Von hier aus erhalten denn auch die Kategorien »zerstörend« und »produktiv« ihren Sinn: Als ein produktiver Kritiker bewährt sich vor allem derjenige, der sich bemüht, die Sache des Autors zu vertreten, ihm zu dienen und ihn in seiner Entwicklung zu fördern. Somit schließt die Goethesche Forderung nach der produktiven Kritik von vorn-

herein die Ablehnung des Gegenstandes der Betrachtung aus: Was
der Künstler beabsichtigt und tatsächlich geleistet hat, darf zwar
kritisch kommentiert, ja eventuell sogar »einsichtig und liebevoll«
angezweifelt, doch auf keinen Fall verneint werden.

Vielleicht wäre aber auch die Ansicht zulässig, daß Kritiken
zunächst einmal um der Literatur willen entstehen und mit dem
Blick nicht auf den Autor, sondern auf das Publikum geschrieben
werden sollten. Und daß es darauf ankomme, vor allem dem *Leser*
zu helfen, und daß somit die Frage, ob auch der Autor aus der
Kritik einen Nutzen ziehen könne, von durchaus nebensächlicher
Bedeutung sei.

Wie dem auch sei: Nicht Lessings Anschauungen über die Kritik
und auch nicht die der Schlegels wurden im neunzehnten Jahrhundert, zumal in der Zeit nach 1848, sanktioniert, sondern diese aus
einer Nebenarbeit des alten Goethe stammenden Bemerkungen:
Seine oberflächliche und dubiose Alternative war handlich und
bequem, auf sie konnte man sich rasch berufen, wo immer es galt,
die Literaturkritik in die Schranken zu weisen und zu verleum-
den.

Natürlich steht das Verhältnis zur Kritik im engsten Zusammenhang mit den geistigen Strömungen nach der Niederlage der Revolution von 1848, in den Jahren also, da man von Hegel nichts mehr
wissen wollte und Schopenhauer – nach einer Formulierung von
Georg Lukács – »der deutsch-spießbürgerlichen Abkehr vom
öffentlichen Leben die hochmütige Allüre eines Über-den-Dingen-
Stehens«[41] gab. Auf diese Zeit und erst recht auf die Jahre nach der
Reichsgründung von 1871 bezieht sich, was in Nietzsches Buch
»Morgenröte« unter dem Titel »Die Feindschaft der Deutschen
gegen die Aufklärung« zu lesen ist: »Der Kultus des Gefühls wurde
aufgerichtet an Stelle des Kultus der Vernunft, und die deutschen
Musiker, als Künstler des Unsichtbaren, Schwärmerischen, Mär-
chenhaften, Sehnsüchtigen, bauten an dem neuen Tempel erfolgreicher als alle Künstler des Wortes und der Gedanken.«[42] In der Tat
fand die Epoche ihren höchsten künstlerischen Ausdruck nicht in
Dramen oder Gedichten, nicht in Romanen oder Novellen, sondern in den Bühnenwerken eines Musikers – im »Tristan«, in den
»Meistersingern«.

Gern und oft zitierte man damals das fatale, freilich einem Monarchen in den Mund gelegte Schiller-Wort:
>»Drum soll der Sänger mit dem König gehen,
Sie beide wohnen auf der Menschheit Höhen!«
So etwa wollten viele ihre Dichter sehen: als Barden und Träumer, als Poeten, die auf der Menschheit Höhen nur gelangen konnten, wenn sie *mit* den Herrschern gingen. Erst der Dichter, der dem Fürsten diente, war der wahre Dichterfürst. Goethe und Karl August, Wagner und Ludwig II. – die in Wirklichkeit problematischen Beziehungen ließen sich leicht in nationale Leitbilder umstilisieren, die in den Augen der Untertanen die Verbrüderung von Macht und Kunst personifizierten.

Aus dieser Epoche der großen und so lange erwarteten nationalen Erfolge, der allgemeinen Selbstzufriedenheit und der immer mehr um sich greifenden Euphorie stammt vor allem jene bis heute spürbare deutsche Abneigung gegen Witz, Ironie und Scharfsinn, die Geringschätzung des Zivilisatorischen, des Urbanen und der Vernunft, das Mißtrauen gegen den Literaten und den Intellektuellen, wobei übrigens der Gerechtigkeit halber erwähnt werden soll, daß es – Robert Minder hat hierauf hingewiesen – nicht deutsche, sondern französische Nationalisten waren, die zuerst den Begriff »Intellektueller« im abfälligen Sinne gebraucht haben.[43]

Wo man aber die Dämmerung und das Geheimnisvolle mehr liebt als die Klarheit und das Nüchterne, wo man der Beschwörung mehr traut als der Analyse, wo man die Denker vor allem dann schätzt, wenn sie dichten, und die Dichter, wenn sie nicht denken, und wo man andererseits eine hartnäckige Schwäche für das Abstruse und Konfuse, für das Tiefsinnige oder, richtiger gesagt, für das Scheinbar-Tiefsinnige hat, da freilich kann kein Platz für die Kritik sein, da muß sie als etwas Lästiges und auch Anstößiges erscheinen.

Damals, in den siebziger Jahren, als sich die zünftige Germanistik von der Gegenwart abwandte und ihre Energie fast ausschließlich auf die ältere Dichtung richtete, als die historisierende und patinierende, die nahezu wertfreie Betrachtung der Literatur triumphierte, da konnte nur ein Außenseiter zur Zentralfigur der deutschen Kritik aufsteigen – jener Amateur und Autodidakt, der sich als ein Meister erwies: Theodor Fontane.

30 *Nicht nur in eigener Sache*

Er wußte sehr wohl, wie nötig es gerade in seiner Zeit war, die Aufgabe der Kritik und damit auch ihre negierende und ablehnende Funktion zu erklären und zu verteidigen. Und er kam dieser Pflicht mit bewundernswerter Geduld nach. »Wenn man uns doch glauben wollte – schrieb er 1871 in der »Vossischen Zeitung« –, daß wir lieber loben als tadeln, daß wir ohne Voreingenommenheit, ohne jegliche Sympathie oder Antipathie (was die Personenfrage angeht) an diese Dinge herantreten, daß wir keine Freunde und keine Feinde haben und daß uns lediglich die *Sache* am Herzen liegt! Man gebe uns Gutes, und wir werden nicht kritteln und mäkeln . . . Wir sind nicht dazu da, öffentliche Billets doux zu schreiben, sondern die Wahrheit zu sagen oder doch *das*, was uns als Wahrheit *erscheint*.«[44]

1883 hält es Fontane für richtig, wieder einmal kräftig auf den Tisch zu schlagen: »Es ist furchtbar billig und bequem, immer von den Anstandsverpflichtungen der Kritik zu sprechen; zum Himmelwetter, erfüllt selber erst durch eure Leistungen diese Verpflichtungen. Das andre wird sich finden. Wie's in den Wald hineinschallt, schallt's wieder heraus.«[45]

Er wendet sich gegen jene, »die nicht müde werden, von der gewohnheitsmäßigen Tadelsucht und der Neidhammelei der Kritik zu sprechen, als ob Kritik-Üben eine ruchlose Beschäftigung und der Kritiker in Person unter den vielen catilinarischen Existenzen die catilinarischste sei«[46], er protestiert gegen die Verherrlichung der Klassiker, Schillers etwa, in der er nur »schnöde Kritiklosigkeit« sieht, »die sich hundert hohe Namen gibt, und im Grunde nichts ist als Nachplapperei, Feigheit und Ungerechtigkeit«[47], er konstatiert knapp und trocken: »Schlecht ist schlecht und es muß gesagt werden. Hinterher können dann andere mit den Erklärungen und Milderungen kommen.«[48]

Wie Fontane plädiert auch Moritz Heimann für die negative Kritik; »die große, je nach Temperamenten sachliche, höhnische, verachtende oder blaguierende Entschiedenheit, mit der sie das völlig nichtige Unkraut bekämpfen«[49] – das eben zeichne, meint Heimann 1897, die wichtigsten Literaturkritiker seiner Zeit aus, zu denen er Paul Schlenther, die Brüder Hart und Fritz Mauthner zählt.

Bemerkungen über Literaturkritik in Deutschland 31

»Wer nicht Partei ergreifen kann, der hat zu schweigen« – dekretiert 1928 Walter Benjamin. In seinen Thesen über »die Technik des Kritikers« findet sich der harte Satz: »Nur wer vernichten kann, kann kritisieren.«[50]

Auch bei Tucholsky fallen, sobald er auf dieses Thema zu sprechen kommt, unbarmherzige Töne auf. So schreibt er in seinem Aufsatz »Kritik als Berufsstörung«: »Ich will dem Mann schaden, wenn ich ihn tadele. Ich will die Leser vor ihm warnen und die Verleger auch – ich will aus politischen, aus ästhetischen, aus andern offen anzugebenden Gründen diese Sorte Literatur mit den Mitteln unterdrücken, die einem Kritiker angemessen sind. Das heißt: ich habe die Leistung zu kritisieren und weiter nichts. Aber die mit aller Schärfe.«[51]

Ein Schriftsteller ganz anderer Art und Couleur, Gottfried Benn, postuliert ebenfalls eine strenge und womöglich radikale Kritik: »Was die Schärfe angeht – sagt er in seinem autobiographischen Buch »Doppelleben« –, bin ich der Meinung, daß in der geistigen Welt durch Schwammigkeit mehr Unheil entstand als durch Härte.«[52]

Allerdings scheint, was in solchen und ähnlichen Äußerungen der Kritik abverlangt wird, mitunter ein wenig banal. Denn wer für den Widerspruch eine Lanze bricht und die Funktion der Verneinung in der Kritik befürwortet, erinnert bloß an ihre elementaren Pflichten: Worauf er besteht, ist im Grunde nicht mehr, als daß man die Literatur ernst nimmt und ernst behandelt. Freilich erwiesen sich diese Forderungen immer wieder als notwendig; oft wurden sie erzwungen – abgesehen von allen anderen Faktoren – auch durch gewisse Praktiken des literarischen Alltags, die höchst trivial sein mögen und die man dennoch nicht bagatellisieren sollte.

VI

1755 hielt es der junge Nicolai für dringend erforderlich, die literarische Öffentlichkeit gegen jene aufzurufen, »die sich deutsche Kunstrichter nennen« und »mit ihren Lobsprüchen, mit ihren Anpreisungen, mit großen Dichtern und unsterblichen Geistern so freigebig sind, daß man öfters zweifeln muß, ob ihre allzugroße

32   *Nicht nur in eigener Sache*

Gelindigkeit mehr aus Parteilichkeit, oder aus Unwissenheit her-
rühre.«[53]

1762 kam Nicolai noch einmal auf dieses Thema zu sprechen:
»Wenn man sich nach den gewöhnlichen Rezensionen von neuen
Schriftstellern wollte einen Begriff machen, so müßte man glauben,
daß in Deutschland lauter Meisterstücke zum Vorschein kämen.
Wie sehr aber wird mehrenteils ein Leser, der Geschmack hat,
nicht seine Zeit beseufzen müssen, wenn er diese trefflichen Schriften selbst in die Hand nimmt; er würde gewiß dem Rezensenten
ungemeinen Dank wissen, wenn er, statt dem Verfasser Schmeiche-
leien zu sagen, dem Leser lieber die Wahrheit gesagt hätte.«[54]

Da Nicolai 1768 – in der Einleitung zur »Allgemeinen Deutschen
Bibliothek« – diese Krankheit des literarischen Lebens abermals
bedauert und verspottet, scheint sie im achtzehnten Jahrhundert
besonders lästig gewesen zu sein. Nur im achtzehnten Jahrhundert?

1926 verweist Robert Musil auf »die Leichtigkeit, mit der man
heute das höchste Lob spendet, wenn es einem gerade paßt« und
meint: »Man nehme sich die Mühe und sammle durch längere Weile
unsere Buchbesprechungen und Aufsätze . . . Man wird nach einigen Jahren mächtig darüber erstaunen, wie viele erschütterndste
Seelenverkünder, Meister der Darstellung, größte, beste, tiefste
Dichter, ganz große Dichter und endlich einmal wieder ein großer
Dichter im Laufe solcher Zeit der Nation geschenkt werden, wie
oft die beste Tiergeschichte, der beste Roman der letzten zehn
Jahre und das schönste Buch geschrieben wird.«[55]

Wenig später, 1931, meint Tucholsky: »Die Herren Tadler sind
noch Lichtblicke im literarischen Leben. Aber die Hudler des
Lobes . . . Ich habe mich oft gefragt, was denn diese Leute bewegen
mag, jeden Quark mit dem Prädikat ›bestes Buch der letzten sie-
benundfünfzig Jahre‹ auszuzeichnen.«[56]

In dieser Hinsicht scheint es immer nur schlimmer werden zu
können. Denn noch die düstersten Befunde übertrifft 1962 Sieburg, der sich nicht scheut, kurzerhand zu verkünden, »daß die
deutsche Literatur überhaupt auf keinen kritischen Widerstand
stößt . . . Sie hat keinen Gegner mehr, als Türen, die sie einrennen
möchte, stehen ihr weit offen.«[57]

Bemerkungen über Literaturkritik in Deutschland 33

Daß die permanente Lobhudelei sehr verschiedene Motive hat, liegt auf der Hand: Sie reichen von der baren Korruption, die sich nur in Ausnahmefällen einwandfrei nachweisen läßt, bis zur subjektiv ehrlichen Überschätzung der zeitgenössischen Literatur, die jedem Kritiker vorgeworfen werden kann – auch ein August Wilhelm Schlegel mußte, als er 1828 eine Auswahl seiner Schriften herausgab, feststellen, »er habe oft bei weitem zu viel gelobt«[58]. Häufig allerdings mag es weder das eine noch das andere sein, sondern gewöhnliche Bequemlichkeit und eine Folge der Einsicht, daß es leichter ist, mit der Welt in Frieden zu leben, wenn man sich an die Devise hält: »Seid nett zueinander!«

Die Literaturkritik belastet jedoch noch ein anderer Umstand, der die ohnehin heikle Frage der Kunstbewertung zusätzlich kompliziert: Während die Arbeit der Maler, Musiker oder Regisseure in der Regel nicht von Malern, Musikern oder Regisseuren beurteilt wird, sind es natürlich die Literaten, die über die Literaten schreiben.

Indes trifft jedenfalls auf deutsche Verhältnisse nach wie vor zu, was Moritz Heimann 1897 bemerkte: »Im allgemeinen befindet sich bei uns die kritische Tätigkeit im Nebenamt . . .«[59] So hatten und haben große deutsche Zeitungen – Curtius wies 1948 darauf hin – zwar fest angestellte Musik- und Theaterkritiker, aber fast nie ständige Literaturkritiker.[60]

Jene Literaten also, die über die Arbeiten der Literaten schreiben, sind nur sehr selten hauptberufliche Kritiker, oft hingegen Schriftsteller, deren Ehrgeiz nicht der Kritik, sondern einem anderen literarischen Gebiet gilt. Kein Zweifel, daß wir den Erzählern oder Lyrikern, die gelegentlich Rezensionen verfassen, doch darin nur eine zusätzliche Beschäftigung sehen, auch hervorragende kritische Texte verdanken.

Aber gerade sie, die Sonntagsjäger der Kritik, erweisen sich häufig als jene, die unentwegt von der Entdeckung neuer Meisterwerke zu berichten wissen. Wohin das führen kann und tatsächlich oft führt, ist nur allzu gut bekannt: »Die Fehler der Kritik – meinte 1755 Nicolai – schaden lange nicht so sehr als die Lobsprüche, die sich die Schriftsteller untereinander geben.«[61]

Das gleiche Übel beanstanden auch die vorher angeführten Kri-

34 *Nicht nur in eigener Sache*

tiker der Literaturkritik in unserem Jahrhundert. Tucholsky spricht widerwillig und verächtlich von den »Lobesversicherungsgesellschaften auf Gegenseitigkeit«[62]. Musil beschwert sich 1933, man habe »die Buchkritik zu einem großen Teil Literaten überlassen, die sich gegenseitig lobten«[63]. Verdrossen konstatiert Sieburg im Herbst 1959: »Die alljährliche Zeit des literarischen Wohlwollens ist wiedergekommen . . . Und nun fällt der laue Regen gegenseitiger Gefälligkeiten auf das dürre Gelände. Die Autoren schreiben über einander, sie preisen sich im Rundfunk, sie besprechen einander in den literarischen Rubriken . . . So entsteht die feige und langweilige Jasagerei, die alljährlich mit scheinheiliger Monotonie die literarische Luft verpestet.«[64]

Woran liegt das? Sollten etwa die Berufskritiker ehrlicher sein als jene, die Rezensenten nur im Nebenamt sind? Eine unsinnige Vermutung. Oder sollten es die besseren Kenner sein? Auch diese verallgemeinernde Behauptung wäre abwegig. Die Antwort ist auf einer anderen Ebene zu suchen: Wer Kritik als Beruf ausübt, weiß genau, was für ihn unentwegt auf dem Spiel steht – sein Renommee und damit die Basis seiner Existenz als Schriftsteller. Er kann es sich deshalb nicht leisten, leichtfertig zu urteilen.

»Ich stelle es mir beklemmend vor – schrieb Max Frisch –, wenn ein Buch, das ich zur Hand nehme, nicht ein Buch ist und ein Abend im Theater nicht ein Abend im Theater, sondern ein Examen auf meine kritische Geistesgegenwart. Ein öffentliches Examen.«[65] So ist es: Der Kritiker entscheidet von Fall zu Fall, immer wieder muß er sich bewähren, also seine Zuständigkeit beweisen, und jedesmal wächst oder schrumpft seine Autorität. Nur wenn er das Risiko seines Gewerbes ganz auf sich nimmt, wenn er tatsächlich jede neue Aufgabe als eine private und zugleich öffentliche Prüfung empfindet, nur dann kann es ihm – vielleicht! – gelingen, wenigstens einigermaßen den Ansprüchen gerecht zu werden, die sich aus seinem, sagen wir, Amt ergeben.

Doch wo die unbeirrbar gütigen Alleslober der jeweils zeitgenössischen Literatur zu suchen sind und was sie auch leiten mag – ihre Hymnen können das Vertrauen zur Kritik nur untergraben. Überdies haben wir es mit einer Plage zu tun, die so alt wie unausrottbar ist: Wo Bücher erscheinen und rezensiert werden, da lassen

Bemerkungen über Literaturkritik in Deutschland 35

sich Gefälligkeiten und Freundschaftsdienste (und natürlich auch Racheakte) nicht ausschalten; und immer werden sie – nur deshalb ist diese Frage nicht unwichtig – als sachliche und objektive Urteile getarnt.

Dabei handelt es sich um ein durchaus internationales Phänomen, nichts spezifisch Deutsches ist ihm anzumerken. Gewiß, nur daß es unter deutschen Verhältnissen eine besondere Bedeutung gewinnen konnte.

Denn jene in Deutschland ohnehin so stark ausgeprägte und schon traditionelle Kritikfeindschaft hat verständlicherweise die sich hier bietende Chance ausgiebig genützt: Wer also in Deutschland interessiert war, sich der Kritik, aus welchen Gründen auch immer, zu widersetzen, sie zu denunzieren und schließlich zu liquidieren, konnte dem Katalog der üblichen Vorwürfe (Neid und hämische Mißgunst, Überheblichkeit und ewige Besserwisserei, Maßstablosigkeit und Verwirrung der Kriterien) noch weitere Anschuldigungen hinzufügen – die der Heuchelei und der subtilen Bestechlichkeit.

Diffamierte man also die Kritiker einerseits als zerstörende und zersetzende Elemente, als unerträgliche Nörgler und Meckerer, als verhinderte Künstler und gescheiterte Existenzen, die sich an wahren Talenten schadlos hielten, so wurden sie andererseits als verlogene und korrupte Individuen geächtet, die schamlos genug seien, alles zu loben und zu preisen – zumindest jedenfalls die Produkte der einflußreichen Autoren und Verleger, von denen sie sich Gegenleistungen erhofften.

Auf diese Weise wurde es jenen, die die Kritik bekämpften, nie schwer gemacht, mit vielen scheinbar überzeugenden Argumenten aufzuwarten – sie selber war immer, ihrem eigenen Gesetz folgend, eifrig bemüht, die stichhaltigsten zu liefern. Aber die Gegner der Kritik wollten nicht einsehen, daß sie den Wagen mit einem seiner Räder verwechselten.

Also konnte der fatale Teufelskreis entstehen, den es in Deutschland seit Lessing gibt: Es war leicht, der Kritik als Institution die Anerkennung zu verweigern, weil die Kritik in der Tat oft schlecht war. Und sie mußte oft schlecht sein, weil ihr diese Anerkennung verweigert wurde.

VII

Jede Kritik, die es verdient, eine Kritik genannt zu werden, ist auch eine Polemik. Sie bezieht sich immer auf einen konkreten Gegenstand – und nie auf diesen Gegenstand allein. Indem der Kritiker ein Buch charakterisiert, indem er es befürwortet oder zurückweist, spricht er sich nicht nur für oder gegen einen Autor aus, sondern zugleich für oder gegen eine Schreibweise und Attitüde, eine Richtung oder Tendenz, eine Literatur. Er sieht also das Buch, das er behandelt, immer in einem bestimmten Zusammenhang. Er wertet es als Symptom.

Daher verbirgt sich in jeder einzelnen Kritik wenn auch nicht gerade »eine gute Ästhetik und noch dazu eine angewandte« – dies glaubte Jean Paul von »jeder guten Rezension« verlangen zu können[66] –, so doch ein Bekenntnis, dem sich mehr oder weniger genau entnehmen läßt, welche Art Literatur der Kritiker anstrebt und welche er verhindern möchte.

Freilich sind solche Bekenntnisse in hohem Maße zeitbedingt; und sie müssen es auch sein. Denn ähnlich wie etwa die Arbeiten der politischen Publizisten sind Kritiken ebenfalls immer aus der Situation zu verstehen, in der sie geschrieben wurden. Es sind Plädoyers, die sich aus der Praxis des literarischen Lebens ergeben. Oft ist es – heute nicht anders als vor zweihundert Jahren – erst der Hintergrund, der geistesgeschichtliche, der gesellschaftliche und politische, der die jeweiligen Motive des Kritikers begreiflich macht, der sie rechtfertigt oder auch kompromittiert; erst verschiedene (von ihm keineswegs immer erwähnte) Begleitumstände können, beispielsweise, die Heftigkeit mancher seiner Äußerungen erklären.

Gerade in den radikalen Urteilen eines Kritikers – »radikal sein ist die Sache an der Wurzel fassen«, heißt es bei Marx[67] –, da wo er die enthusiastische Zustimmung oder die entschiedene Ablehnung für erforderlich hält, sind in der Regel seine zentralen Bekenntnisse zu finden: Ob Hymnen oder Verrisse, stets handelt es sich darum, im Extremen das Exemplarische zu erkunden und zu zeigen.

Und dies gilt wohl in noch höherem Maße für Verrisse als für zustimmende Besprechungen. Gewiß, »gut und schlecht erschei-

Bemerkungen über Literaturkritik in Deutschland 37

nen die einzelnen Dinge nur in Beziehung auf ein Ganzes« – so
Adam Müller in seiner Vorlesung über das »Wesen der deutschen
Kritik«[68] –, aber in der Analyse eines Buches, das ihm gefällt,
braucht der Kritiker diese »Beziehung auf ein Ganzes« nicht unbedingt zu erläutern, weil sie sich, wenn er sein Urteil hinreichend
begründet hat, ohnehin und von selbst einstellen muß.

Bei dem Gegenstand jedoch, den er verwirft, ist der ausdrückli-
che Hinweis auf das Exemplarische unerläßlich; denn hier geht es
dem Kritiker vor allem um den Bezug zum Ganzen, um die zeitgenössische Literatur schlechthin. Man könnte sagen: Die Bücher,
die er befürwortet, hält der Kritiker natürlich *auch* für Symptome,
jene, die er mißbilligt, wertet er *nur* als Symptome.

Die wacker und treuherzig anmutende These: »Kritik ist nur
darauf aus, daß das Gute geschaffen werde« – sie findet sich in
Moritz Heimanns Schriften[69] – trifft also, den hartnäckigen Vorur-
teilen zum Trotz, auf Verrisse ebenfalls zu, ja, auf diese ganz besonders: Was sie anstreben, ist nichts anderes als eine aggressive Ver-
teidigung der Literatur.

Die von Goethe übernommene Alternative – hier die »zerstörende«, da die »produktive« Kritik – mutet daher ebenso simpel
wie auch demagogisch an: In vielen Fällen darf lediglich die »zerstörende«, die also, die sich gegen das Falsche und Schlechte wendet, den Anspruch erheben, als produktiv zu gelten. Denn wer das
Fragwürdige und Minderwertige im Vorhandenen erkennt und es
artikuliert, der verweist damit gewissermaßen automatisch auf das
Fehlende und das Erwünschte, auf das Bessere.

Aber zu diesem Zweck muß er das Negative so klar und so exakt
wie möglich aussprechen können und dürfen. Deutlichkeit heißt
das große Ziel der Kritik. Der Weg zu diesem Ziel ist jedoch von
allen Seiten mit Fallen umstellt.

Schwierig sei es – ich glaube, es war Bernard Shaw, der das
bemerkt hat –, ein Kritiker und zugleich ein Gentleman zu sein.
Jeder Kritiker weiß aus Erfahrung, daß es zahllose Situationen gibt,
in denen Höflichkeit dem Autor gegenüber nur auf Kosten der
Klarheit möglich ist. Hinter einer solchen Unklarheit verbirgt sich
aber immer eine gewisse Unaufrichtigkeit, die wiederum von der
bewußten Irreführung nur ein kleiner Schritt trennt.

38 Nicht nur in eigener Sache

»Man spricht vergebens viel, um zu *verreißen;* der andre hört von allem nur das Nein« – diese in Literatenkreisen gern wiederholte Paraphrase des »Iphigenie«-Worts stimmt eben nicht. Denn je undeutlicher und komplizierter die Ablehnung eines Buches ausgedrückt ist, desto leichter findet sich der betroffene Autor mit ihr ab, weil er annehmen kann – und meist zu Recht –, daß viele Leser die Intention der Kritik überhaupt nicht oder nur teilweise erfassen werden.

Hierher gehört neben gewissen spöttischen und nur für Kollegen bestimmten Seitenhieben – dieses läppische Gesellschaftsspiel mißbraucht in der Regel den Gegenstand der Betrachtung ebenso wie die Institution der Kritik – auch und vor allem die Anwendung von Ironie und Understatement. Denn wer in Deutschland ironisch schreibt und das Understatement liebt, muß damit rechnen, daß er – die journalistische Praxis beweist es immer wieder – die fatalsten Mißverständnisse begünstigt.

Aber auch in der angelsächsischen Kritik, in der das ironische Understatement seit alters her meisterhaft geübt wird, scheint es nicht gerade die Deutlichkeit des Urteils zu steigern. Ein so besonnener Kritiker der englischen Literaturkritik wie T. S. Eliot meinte: »Die meisten unserer Kritiker geben sich dem Bemühen um Vernebelung hin: durch Ausgleichen, durch Vertuschen, durch Beiseiteschieben, durch Hineinquetschen, durch Beschönigen, durch das Brauen angenehmer Beruhigungsmittel . . .«[70]

So wird oft für Höflichkeit oder Vornehmheit des Kritikers gehalten, was nichts anderes ist als Bequemlichkeit oder Kleinmut oder Unentschiedenheit, nichts anderes als Fahrlässigkeit jenen gegenüber, für die er schreibt. Der Kunstrichter – erklärte Lessing –, »der gegen alle nur höflich ist, ist im Grunde gegen die er höflich sein könnte, grob.« Und nach wie vor gilt, was Lessing den Kritikern empfahl: »Die Höflichkeit ist keine Pflicht: und nicht höflich sein, ist noch lange nicht, grob sein. Hingegen, zum besten der mehrern, freimütig sein, ist Pflicht; sogar es mit Gefahr sein, darüber für ungesittet und bösartig gehalten zu werden, ist Pflicht.«[71]

Gerade die Bemühung um maximale Deutlichkeit hat alle Kritiker, die in ihrer Zeit einflußreich waren, früher oder später dem

Bemerkungen über Literaturkritik in Deutschland 39

Vorwurf ausgesetzt, sie seien nicht nur ungesittet und bösartig, sondern auch hochmütig und selbstgerecht. Denn je klarer und genauer, je deutlicher ein Kritiker urteilt, desto nachdrücklicher und anschaulicher demonstriert er seinen Lesern und seinen Kollegen jene Unabhängigkeit, zu der sich viele von ihnen nicht aufschwingen können. Und je unabhängiger er ist, desto stärker und brutaler macht sich das Ressentiment gegen ihn bemerkbar und desto häufiger wird er beschuldigt, er maße sich an, eine unfehlbare Instanz zu sein.

Manche der großen Kritiker hielten es für richtig, hierauf zu antworten und ihr Publikum zu belehren, daß sie einzig und allein im eigenen Namen sprechen. So glaubte August Wilhelm Schlegel in der Ankündigung seiner Rezensionen für das »Ahtenäum« ausdrücklich mitteilen zu müssen, es handle sich dabei um »nichts weiter als Privatansichten eines in und mit der Literatur lebenden« und fügte hinzu: »Ein jedesmal vorangeschicktes: ›ich sollte vermeinen‹ würde nur lästig und langweilig sein, ohne an der Sache etwas zu verändern; wem aber die tief in der menschlichen Natur eingewurzelte Unart des Behauptens anstößig ist, der mag es sich immer hinzudenken.«[72]

Fontane, der einmal schrieb, »der nächste Zweck« sei, »doch wenigstens verstanden zu werden«, versicherte in einer Rezension von 1871: »Die Anmaßung liegt uns fern, uns als eine letzte, unfehlbare Instanz anzusehn, von der aus kein Appell an Höheres denkbar ist. Wer aufmerksam liest, wird deshalb, in steter Wiederkehr, Äußerungen in diesen unseren Kritiken finden, wie etwa: ›es will uns scheinen‹, ›wir hätten den Eindruck‹, ›wir geben anheim‹. Das ist nicht die Sprache eines absoluten Besserwissers. Allen Empfindlichkeiten kann unsereins freilich, von Métier wegen, nie und nimmer gerecht werden.«[73]

Indes haben derartige Beteuerungen nie viel bewirkt. Sicher ist jedenfalls: Der Kritiker, der den Mut zur Deutlichkeit nicht aufbringt, der sich fürchtet, als unhöflich zu gelten, der klaren Antworten ausweicht und sich hinter doppelsinnigen und dehnbaren Formulierungen verschanzt, der sich allzu bereitwillig mit »einerseits-andererseits« und mit »sowohl-als auch« behilft (obwohl manchen literarischen Phänomenen in der Tat nur eine ambivalente

Behandlung gerecht werden kann) – dieser Kritiker hat seinen Beruf verfehlt.

Mehr noch: Einem Kritiker gegenüber, dem der Vorwurf erspart bleibt, er sei anmaßend, und der auch nicht der schulmeisterlichen Attitüde bezichtigt wird, ist, glaube ich, besondere Skepsis angebracht. Warum?

In seinem Buch »Kritik und Wahrheit« trifft Roland Barthes den Kern dieser Frage. Der Kritiker sei gezwungen – meint er – »einen bestimmten ›Ton‹ anzuschlagen, und alles in allem kann der nur gebieterisch klingen. Der Kritiker mag zweifeln und auf vielfache Weise leiden . . ., letzten Endes kann er immer wieder nur auf eine Schreibweise rekurrieren, die Thesen und Postulate enthält . . . Im Dogmatismus der Schreibweise spricht sich ein Engagement aus, nicht eine Gewißheit oder Selbstgefälligkeit . . .«[74]

Der Kritiker, der weder auf Thesen noch auf Postulate verzichten will und der sich nicht scheut, die Dinge um der Klarheit willen auf die Spitze zu treiben, zeigt zusammen mit seinen Vorzügen auch seine Schwächen. Je stärker und offenkundiger sein Engagement, desto stärker der Widersprch, den er provoziert – oder auch die Zustimmung; er gilt dann entweder als anmaßend oder, viel seltener freilich, als souverän.

Und der beliebte Vergleich des Kritikers mit dem Schulmeister – übrigens nicht das Schlimmste, was einem Kritiker passieren kann –, bleibt, soweit ich es sehe, nur jenen erspart, die es vorziehen, die Wertung zu umgehen oder aber die Werturteile so zu chiffrieren, daß ihre Entzifferung schon einer besonderen Kunst gleichkommt. Nur am Rande sei noch vermerkt, daß natürlich jede Kritik, offen oder getarnt, auch eine pädagogische Absicht enthält. Das gehört seit eh und je zu dem Gewerbe.

VIII

In seinem »Tagebuch eines Lesers« bemerkt Werner Weber: »Recht haben oder Unrecht haben in der Kritik – darauf kommt es nicht an. Nur das eine ist sich der Kritiker schuldig, nur dies können die Mitstrebenden von ihm verlangen: daß er von Fall zu Fall – bestimmt durch Höflichkeit der Leidenschaft – deutlich sage, was

Bemerkungen über Literaturkritik in Deutschland   41

er meint. Nicht in demjenigen, was ich schreibe, liegt mein Verdienst oder meine Sünde als Kritiker; Verdienst oder Sünde liegen im Wie.« Hat jedoch der Literaturkritiker – fährt Weber fort – »die vollkommene Deutlichkeit erreicht, dann ist er jenseits von Irrtum und richtiger Einsicht; dann ist er eine Stimme des Daseins, die zur Melodie der Zeit gehört . . .«[75]

Ich kann hier meinem Züricher Kollegen nicht ganz folgen. Ja, gewiß, die Kritiker, denen immer nur daran gelegen ist, Recht zu haben, die verstockt und unbelehrbar an ihren einmal gefällten Urteilen festhalten (auch wenn sie sich längst als Vorurteile erwiesen haben), diese ewigen Besserwisser lassen sich zuschulden kommen, was mit dem Wesen der Kritik unvereinbar ist: Intoleranz und Fanatismus. Und so erforderlich und schätzenswert die Deutlichkeit, so sicher kann in der Literaturkritik wichtiger als das Ergebnis der Weg sein, der zu ihm geführt hat.

Aber dürfen wir deshalb die Resultate für belanglos oder auch nur für unerheblich halten? Börne hat in seiner 1820 geschriebenen Kritik die »Serapionsbrüder« E. T. A. Hoffmanns offensichtlich falsch eingeordnet und gänzlich unterschätzt; trotzdem ist sein Verriß ein hervorragendes literarhistorisches Dokument, weil in ihm einige Besonderheiten der Hoffmannschen Prosa treffend angedeutet wurden. Und doch spricht es, glaube ich, gegen den Kritiker Börne, daß er den Rang eines der größten deutschen Erzähler des Jahrhunderts so gründlich verkannt hat.[76]

Wer des Kritikers »Verdienst oder Sünde« nur im »Wie« sieht, schränkt damit seine Aufgabe ein und reduziert seine gesellschaftliche Verantwortung. »Die vollkommene Deutlichkeit« ist gewiß ein Ziel aufs innigste zu wünschen, daß sie aber den Kritiker auf eine Ebene »jenseits von Irrtum und richtiger Einsicht« gelangen läßt, will mir nicht einleuchten.

Fontanes kritische Prosa kann wahrlich als »eine Stimme des Daseins« gelten, »die zur Melodie der Zeit gehört«. Ist es somit gleichgültig, daß er einerseits Gottfried Keller als einen eher mittelmäßigen und epigonalen Schriftsteller charakterisierte und andererseits den jungen Gerhart Hauptmann sofort erkannte und bewunderte? Daß er sich in einem Fall doch wohl geirrt und in dem anderen eben nicht geirrt hat?[77]

42   *Nicht nur in eigener Sache*

Ist das wirklich so belanglos, daß Karl Kraus, dem es gegeben war, »die vollkommene Deutlichkeit« zu erreichen, Hofmannsthal und Schnitzler leidenschaftlich bekämpfte, hingegen Peter Altenberg für ein Genie hielt?[78] Daß Kerr in den zwanziger Jahren gegen Brecht war und Ihering für ihn gestritten hat – dürfen wir davon absehen, wenn wir uns Gedanken über die Kritiker Kerr und Ihering machen?[79]

Möglicherweise will Weber für die Kritiker, sofern sie nur die wünschenswerte schriftstellerische Qualität aufweisen können, eine Art Absolution, eine Generalamnestie beanspruchen. Nichts liegt mir ferner als die Annahme, ich könnte es mir leisten, auf die Wohltaten einer solchen Absolution oder Amnestie zu verzichten. Trotzdem bin ich gegen diesen menschenfreundlichen Vorschlag, weil ich befürchte, daß seine Verwirklichung die Willkür kritischer Urteile begünstigen und die Anarchie im literarischen Leben noch steigern würde.

Schließlich dürfen die Kritiker nicht deshalb eine Meinung äußern, weil sie ein Amt verwalten; vielmehr dürfen sie ein Amt verwalten, weil sie eine Meinung haben. Daher ist es, so suspekt uns auch die Kategorien »Irrtum und richtige Einsicht« in der Literatur geworden sein mögen, dringend nötig, diese Meinungen zu kontrollieren. Und sie bedürfen einer Überprüfung da vor allem, wo der Kritiker glaubte, extreme Urteile fällen zu müssen. Mit anderen Worten: Recht haben oder Unrecht haben in der Kritik – darauf kommt es gewiß nicht unbedingt und nicht immer an; aber auch darauf kann es ankommen – zumal bei Verrissen. Wer kritisiert, hat natürlich auch die Pflicht, sich selbst der Kritik zu stellen.

So wird hier eine Anzahl von Verrissen dem zweiten Blick ausgesetzt. Es handelt sich um Bücher von sehr unterschiedlicher Bedeutung, doch scheinen sie mir alle nach wie vor exemplarisch zu sein: als gescheiterte Versuche der deutschen Literatur der Gegenwart, der Realität dieser Jahre beizukommen.

Über manche dieser Fälle gingen die Ansichten der Kritik weit auseinander. Ob Günter Eichs »Maulwürfe« meist belanglose Lappalien oder tiefsinnige Dichtungen sind, ob Anderschs »Efraim« ein abstoßend koketter und peinlicher Roman ist oder zu den

Bemerkungen über Literaturkritik in Deutschland   43

Höhepunkten der zeitgenössischen Literatur gehört, ob es zutrifft, daß Lettaus Bemühung, in seinen »Feinden« das Kindische des Militärs zu zeigen, lediglich zur kindisch anmutenden Prosa geführt habe, ob Bichsels Buch »Die Jahreszeiten« ein totaler Fehlschlag war und ob Härtlings »Familienfest« von der Ohnmacht des Erzählers zeugt, ob »Das Vertrauen« der Anna Seghers noch als literarischer Gegenstand gelten kann – das mögen angesichts dessen, was sich heutzutage abspielt und was uns alle bedroht, fast schon komische, jedenfalls geringfügige Fragen sein.

Aber diejenigen, die sich das Leben ohne Kunst und ohne Literatur schwer vorstellen können, haben das Recht und gelegentlich sogar die Pflicht, solche Fragen sehr ernst zu nehmen. Wenn ich mir erlaube, sie hier noch einmal zu stellen, so auch in der Hoffnung, daß diese Auseinandersetzungen mit symptomatischen Büchern ihrerseits als Symptome des literarischen Lebens gelten dürfen.

Haben die in diesem Buch abgedruckten Verrisse eigentlich konkrete Folgen gehabt? Wie wir nie genau wissen, was ein Roman oder ein Theaterstück bewirkt oder vereitelt hat, so läßt sich fast nie mit einiger Sicherheit ermitteln, was mit einer Kritik erreicht wurde. Mit meinem Urteil über den Roman »Örtlich betäubt« von Günter Grass stand ich nicht allein: Von der deutschen Literaturkritik zwar mehr oder weniger entschieden, doch fast einmütig abgelehnt, gehörte dieser Roman dennoch zu den erfolgreichsten der Saison. Aber hat das überhaupt mit dem Wert oder Unwert von »Örtlich betäubt« zu tun oder vielleicht nur mit dem (freilich zu Recht bestehenden) Ruhm seines Autors?

Martin Walsers »Zimmerschlacht« ging trotz meiner und anderer ungünstiger Kritiken über viele Bühnen der Bundesrepublik. Aber vielleicht waren es gerade die Schwächen dieses Stückes, der Ulk und der Klamauk, die ihm zu den zahlreichen Aufführungen verhalfen? Was hier über Rudolf Hagelstanges »Altherrensommer« zu lesen ist, konnte natürlich nicht verhindern, daß dieses Buch monatelang an der Spitze der Bestsellerlisten zu finden war. Warum natürlich? Weil es kaum anzunehmen ist, daß das Publikum, dem diese Prosa gefällt, Literaturkritiken liest.

Auf jeden Fall empfiehlt es sich, den direkten Einfluß der Kritik

44 Nicht nur in eigener Sache

auf den Erfolg oder den Mißerfolg, zumal den kommerziellen, einzelner Bücher nicht zu überschätzen. Und für die Gegner wie für die Anhänger der Kritik mag es in gleichem Maße tröstlich sein, daß kein Kritiker – und wäre er auch ein Genie – ein lebendiges literarisches Kunstwerk zu vernichten und ein totes zu beleben vermag.

Gern und oft beschuldigt man die Kritiker literarischer Morde. Doch sollte man sich hüten, für Mörder jene zu halten, zu deren Pflichten es gehört, Epidemien zu diagnostizieren und Totenscheine auszustellen. Aber Bestseller zu managen oder zu verhindern, ist nicht Sache der Kritiker – das liegt in der Kompetenz eines anderen Gewerbes –, sie können nur Erkenntnisprozesse und Entwicklungen anregen und einleiten, begünstigen und beschleunigen und freilich auch hemmen.

Was übrigens die von mir verrissenen Autoren empfinden mögen, ist mir nicht unbekannt. Da ich einige Bücher verfaßt und mehrere Sammelbände herausgegeben habe, konnte ich schon oft Kritiken meiner Arbeit lesen. Es waren darunter auch viele, sehr viele Verrisse, und sie ließen an Aggressivität und Härte nichts zu wünschen übrig.

Ich will nicht verheimlichen, was ich mir während der Lektüre dieser Verrisse in der Regel dachte – daß hier von sachlicher und fundierter Kritik überhaupt nicht die Rede sein könne, daß es sich vielmehr um oberflächliche, ungerechte und bösartige Attacken handle, die meine Absichten gänzlich verkennen und auf perfide Weise entstellen und zu diesem Zweck Bagatellen hochspielen und auch noch unentwegt Zitate aus dem Zusammenhang reißen. Kurz und gut: Ich reagierte ebenso wie jeder andere Autor.

Wie nämlich die Autoren, die über die Unarten und Sünden der Kritik klagen, sich, sobald sie selber Bücher rezensieren, die gleichen Unarten und Sünden zuschulden kommen lassen, so sind auch die Kritiker, sobald ihre eigenen Bücher rezensiert werden, mit der Empfindlichkeit und Verwundbarkeit geschlagen, die mehr oder weniger für alle Autoren charakteristisch sind. Und es mag eine tiefere Gerechtigkeit darin sein, daß – wie die Geschichte der Literaturkritik lehrt – jene, die viel verreißen, besonders oft verrissen werden: Das literarische Gewerbe war immer schon gefährlich,

Bemerkungen über Literaturkritik in Deutschland 45

wer es ernsthaft ausübt, riskiert, daß er Sturm ernten wird, und wer Wind sät, der muß erst recht mit Stürmen rechnen.

So möchte dieses Buch verstanden werden als ein Beitrag zum Gespräch über deutsche Literatur und Kritik in diesen Jahren und als Plädoyer für jene Verneinung, hinter der sich nichts anderes verbirgt als eine entschiedene, vielleicht sogar leidenschaftliche Bejahung. (1970)

Bankrott einer Erzählerin

ANNA SEGHERS:
»Das Vertrauen«

Den Bewunderern der großen deutschen Erzählerin Anna Seghers bleibt nichts erspart. Schon konnte man hoffen, es sei ihr gelungen, den schauerlichen Tiefpunkt ihrer schriftstellerischen Laufbahn – und damit meine ich den 1959 publizierten Roman »Die Entscheidung« – einigermaßen zu überwinden: Einerseits nämlich enthielten die kleinen Bücher, die sie Anfang und Mitte der sechziger Jahre veröffentlicht hatte, zwar nicht mehr als unerhebliche Nebenarbeiten, doch immerhin solche, deren sie sich keineswegs zu schämen brauchte; und andererseits mußte es auffallen, daß die Zeit verstrich, ohne daß Anna Seghers ihre unbarmherzige Drohung, sie werde der »Entscheidung« noch einen zweiten Band folgen lassen, wahrgemacht hätte.

Denn eine erneute Behandlung der bereits bekannten und durchweg fatalen Motive und Figuren konnte nach menschlichem Ermessen nur zu einer erneuten Katastrophe führen. Aber das, was jetzt leider vorliegt, dieser Roman mit dem Titel »Das Vertrauen«[1], übertrifft die ärgsten Befürchtungen, und dies auf schwer vorstellbare Weise.

Gewiß erscheinen alljährlich in beiden Teilen Deutschlands viele langweilige und geschmacklose und vollkommen mißratene Bücher, und sie stammen bisweilen von Autoren, die früher Hervorragendes geleistet haben. Doch dieses Produkt von Anna Seghers ist nicht nur langweilig und geschmacklos und vollkommen mißraten, es ist auch noch töricht und verlogen und, vor allem, obszön.

Die Handlung spielt im Jahre 1953 in der DDR, in der Bundesrepublik und in den USA. Die Menschen, die Anna Seghers auftreten läßt, gehören zwei verschiedenen Gruppen an: Sie sind gut oder böse. Nun sollte man aber nicht annehmen, die Guten seien nur im Osten und die Bösen nur im Westen.

Freilich haben die DDR-Bürger, sofern es nicht ganz junge Menschen sind, für Frieden, Freiheit und Fortschritt gekämpft – in der Sowjetunion oder im Spanischen Bürgerkrieg oder in deutschen Konzentrationslagern. Die Bundesrepublikaner hingegen, die uns dieser Roman vorführt, waren meist in der SS oder haben zumindest mit den Nazis allerlei Geschäfte gemacht. Dennoch gibt es auch in der DDR böse Menschen. Nur daß sie nach dem Westen fliehen. Und auch im Westen gibt es neben den Industriellen und ihren verdummten Knechten auch gute Menschen. Nur daß sie sich nach der DDR sehnen.

Wer gut und wer böse ist, wird uns immer nachdrücklich mitgeteilt: »Er sah vor sich Ulspergers schönes, hartes Gesicht, seine aufrechte Haltung.« Einer, der ein schönes und hartes Gesicht hat und sich überdies aufrecht hält, ist natürlich ein vorbildlicher Kommunist. Oder: »Hell stach es aus Janauschs weißblauen Augen heraus in Webers ruhigen, noch jungen Blick, als berührten sich die Spitzen zweier elektrisch geladenen Drähte.« Und selbst der Klassenletzte ahnt, daß sich derjenige, aus dessen Augen etwas heraussticht, als ein Verräter, der andere hingegen als ein treuer Sohn des Arbeiter- und Bauernstaates erweisen wird.

Aber mit einer derartigen Kennzeichnung ihrer Gestalten gibt sich Anna Seghers nicht zufrieden, sie hat neuerdings noch massivere Mittel in Reserve: Um die Abscheulichkeit jenes Janausch, aus dessen Augen etwas heraussticht, vollends zu verdeutlichen, läßt uns die Erzählerin wissen, daß er einen ekelerregenden Geruch verbreitet.

Da dieser Roman etwas straffer und etwas weniger chaotisch als »Die Entscheidung« wirkt, drängt sich sein Zynismus geradezu auf: Die Darstellung gesellschaftlicher Zustände und politischer Ereignisse zeugt von absoluter Verachtung der Leser, die hier buchstäblich wie Schwachsinnige behandelt werden. Wer hat eigentlich am 17. Juni 1953 gegen die SED rebelliert? Laut Anna Seghers waren es lediglich Agenten, Idioten und stinkende Individuen. Das intellektuelle Niveau dieser Kapitel erinnert nicht etwa an die Leit-

48 Bankrott einer Erzählerin

artikel im »Neuen Deutschland«, sondern an jene in FDJ-Zeitungen aus der Provinz.

Viel Platz wird in dem Roman dem Tod Stalins eingeräumt oder, genauer gesagt, der Reaktion der DDR-Bürger auf dieses Ereignis. Am Tag, an dem unzählige Kommunisten in der ganzen Welt glaubten, aufatmen zu können, gibt es in dem Anna-Seghers-Roman nur pure Verzweiflung: »Auch solche, die bisher diesen Tod nicht so stark empfunden hatten, fühlten erschrocken, daß ihnen etwas Schweres, Unwiederbringliches geschehen war.« Sogar ein aus der DDR geflüchteter Wissenschaftler ist tief erschüttert: »Die Todesbotschaft hatte ihn gepackt wie eine eiserne und eisige Kralle, wie ein Fieberstoß . . .«

Kaum anders als in den Büchern, die vor rund zwanzig Jahren in den kommunistischen Ländern gedruckt wurden, erscheint Stalin auch hier als der Weiseste aller Weisen, als der gütige Vater der Nationen, als der geniale Heerführer, der den Nationalsozialismus zerschmettert hat, den freilich Anna Seghers nie »Nationalsozialismus« nennt: Gehorsam befolgt sie die Sprachregelung, die unliebsame Assoziationen vermeiden soll – es heißt »Hitlerfaschismus«.

Abgesehen von wenigen und zaghaften Fragen einiger Figuren – und es sind Fragen, die sofort eindeutig beantwortet und widerlegt werden –, findet sich im ganzen Roman kein einziges Wort gegen Stalin. Nicht einmal den berüchtigten antisemitischen Ärzteprozeß, den Stalin kurz vor seinem Tod angeordnet hat, will Anna Seghers unmißverständlich verurteilen. Im Gegenteil: Der Roman bietet – wie ungeheuerlich und unwahrscheinlich dies auch anmuten mag – sogar eine halbe Rechtfertigung dieses Prozesses.

Hat man etwa Anna Seghers in der DDR zu derartigem gezwungen? Nein, das ist nicht wahr. Gewiß, auch von ihr wird nicht gedruckt, was die SED nicht gedruckt sehen will. Aber es gibt keinen einzigen Schriftsteller zwischen der Elbe und der Oder, der sich mehr herausnehmen könnte als sie. Was sie hier über Stalin geschrieben hat, hat sie freiwillig geschrieben.

Ist ihr die Wahrheit über Stalin etwa unbekannt? Eine lächerliche Vermutung. Sie weiß über Stalin ebenso Bescheid wie über die Sowjetunion von gestern und heute oder über den 17. Juni 1953.

Nur haben alle Informationen und Fakten und Enthüllungen nichts an ihrem vorwiegend oder ausschließlich emotionalen Verhältnis zu Stalin geändert. Man kann es, glaube ich, nicht anders bezeichnen als mit dem Wort »Liebe«.

Übrigens fällt es auf, daß Anna Seghers in ihren früheren Romanen und Erzählungen nur selten und meist sehr wortkarg auf Stalin zu sprechen kam. Möglich also, daß wir es jetzt mit einer Art Trotzreaktion zu tun haben, einer allerdings besonders abstoßenden. Schamlos scheint mir die Liebe der alten Anna Seghers zu Stalin zu sein. In diesem Sinne halte ich den Roman »Das Vertrauen« für obszön.

Läßt sich nichts Freundliches über den Roman sagen? Immerhin vierhundertfünfzig Seiten Prosa aus der Feder der Dichterin, der wir den »Aufstand der Fischer von Santa Barbara« und »Das siebte Kreuz« und »Transit« verdanken und manche wundervolle Geschichte. Ich bitte mir zu glauben, daß ich gern einen Absatz oder wenigstens einige Zeilen zitieren würde, die als Oasen in dieser Wüste gelten könnten. Ich habe solche Zeilen nicht gefunden. Intellektuelle Armseligkeit und sprachliche Ohnmacht entsprechen einander auf fatale Weise. So bleibt der allerdings sehr fragwürdige Trost, daß dieses Buch niemanden verdummen kann: denn es ist zu langweilig.

Wer jedoch von dem Roman »Das Vertrauen« auf das Niveau der heutigen Literatur der DDR schließen wollte, wäre leichtsinnig. Dieses Niveau ist erheblich höher. Und ich denke dabei nicht etwa an Autoren, die drüben mehr oder weniger in Ungnade sind. 1966 habe ich sehr kritisch über den Roman »Die Aula« von Hermann Kant geschrieben.[2] Die damalige Beurteilung scheint mir nach wie vor nicht ungerecht zu sein. Verglichen jedoch mit dem »Vertrauen« ist »Die Aula« eine große geistige und literarische Leistung.

Doch hüte man sich, und das kann nicht nachdrücklich genug gesagt werden, vor Genugtuung oder Schadenfreude. Denn der neue Roman bietet lediglich zur Trauer Anlaß – zur Trauer um die große Erzählerin Anna Seghers. (1969)

Der eingebildete Partisan

HANS ERICH NOSSACK:
»Der Fall d'Arthez«

Um mit dem Fazit zu beginnen: Ich bin gegen Nossacks neuen Roman, dieser »Fall d'Arthez«[1] mißfällt mir entschieden. Doch glaube ich, einige Abschnitte, die sich vor allem in seiner zweiten Hälfte finden, zu den Glanzstücken der deutschen Prosa von heute zählen zu können. Beides kommt übrigens für diejenigen, die Hans Erich Nossacks sonderbare Sicht und hartnäckige Eigenart kennen, keineswegs überraschend: Nicht die Existenz der Schwächen und Vorzüge ist hier also verwunderlich, wohl aber ihre Intensität. Wieder einmal fordert dieser ungewöhnliche Romancier extreme Urteile heraus.

Der Klappentext behauptet, Nossack habe d'Arthez, jenen für meinen Geschmack etwas zu selbstlosen und zu noblen Intellektuellen aus Balzac's »Verlorenen Illusionen«, wieder aufleben lassen und in unserer Gegenwart angesiedelt. Das stimmt nicht. In Wirklichkeit hat der Mann, dessen Geschichte hier erzählt wird, sehr viel mit den früheren Helden Nossacks gemein und, genau betrachtet, nur wenig mit der Balzacschen Figur.

Es handelt sich um das schwarze Schaf einer reichen Industriellen-Familie, einen gewissen Ernst Nasemann, der zum Entsetzen seiner Angehörigen Pantomime wird, seinen Beruf außerordentlich ernst nimmt und obendrein seine zahlreichen Verwandten durch eine unbürgerlich-skurrile Lebensweise verärgert. Dies alles läßt nicht unbedingt an die mehrfach erwähnten »Verlorenen Illusionen« denken, sondern an ein freilich bescheideneres und uns näherstehendes Vorbild, von dem indes in dem Buch nie die Rede ist – an die »Ansichten eines Clowns«.

Während jedoch Bölls Hans Schnier an penetrantem Selbstmitleid krankt – Nossack hat es neulich in einem Interview tadelnd vermerkt –, zeichnet sich sein Nasemann durch Selbstbewußtsein, ja sogar durch Hochmut aus. Und seine Ambitionen und Ziele scheinen sich nicht auf den Bereich der Kunst zu beschränken. Darauf deutet schon sein Pseudonym hin – dieser Pantomime eben nennt sich »d'Arthez« –, das Nossack als Bekenntnis und Programm verstanden wissen will. Denn für Nasemann und seine Freunde verkörpert der Balzacsche d'Arthez »das intellektuelle Gewissen« nicht nur des damaligen Frankreich, er ist, meinen sie, das »Vorbild geblieben für die geduldig arbeitende, geheime intellektuelle Opposition. Ein Vorbild darin, sich von keiner falschen Aktualität vom Ziel abbringen zu lassen«. Sie bewundern ihn und wollen ihm nacheifern, weil er es gelernt habe, »seine Exterritorialität zu verheimlichen oder zu tarnen.«

So typisch diese Geschichte vom Pantomimen Nasemann für Nossack auch ist, so entsteht doch zunächst der Eindruck, als würde er jetzt von manchen – nicht gerade erfreulichen – Eigentümlichkeiten seiner Epik ein wenig abrücken. In ihr fiel fast immer jene nachdrücklich betonte Dualität auf, die in seinen Büchern der sechziger Jahre – »Nach dem letzten Aufstand«, »Das kennt man« – zu schroffen Gegenüberstellungen geführt hat: Das Bild des Lebens in durchaus realen und greifbaren Milieus innerhalb der Bundesrepublik wurde mit einem parabolischen, phantastisch-utopischen Universum konfrontiert.

Im Roman »Der Fall d'Arthez«, dessen Handlung vorwiegend in Frankfurt und gelegentlich in Berlin spielt, bleibt das Überirdische, wenn man von dem Epilog absieht, ausgespart; Nossacks Schwäche für Symbole und sein Hang zum Allegorischen scheint überwunden oder doch zumindest weniger aufdringlich zu sein. Aber die Freude wäre verfrüht, denn wieder wird die Realität auf mehr oder weniger glückliche Weise mythologisiert, auch in diesem Roman will Nossack auf die eigentümliche Zweiteilung der Welt nicht verzichten. Nur verläuft die Trennungslinie jetzt auf einer anderen Ebene.

Da stehen auf der einen Seite die Künstler und Intellektuellen, die entsagungsvoll und spartanisch lebenden Außenseiter der Gesellschaft, die für sich die »Exterritorialität« in Anspruch neh-

52 *Der eingebildete Partisan*

men und sich zu einem »freiwilligen Rückzug ins Partisanenda-
sein« entscheiden. Sie alle sind – um ein Lieblingswort von Nossack zu verwenden – »Grenzüberschreiter«, die nicht nur ihren
eigenen Weg suchen, sondern auch den kühnen Vorstoß ins Unbe-
kannte und Geheimnisvolle wagen, dessen Existenz die anderen
nicht einmal ahnen. Jene anderen, die natürlich die Mehrheit repräsentieren, sind die Prosaischen, die gewöhnlichen Sterblichen,
Kaufleute, Ingenieure oder Beamte, die vor sich hinleben, an Geld
und Karriere denken und sich letztlich als ziemlich zynische Nutz-
nießer des Daseins erweisen.

Bei der Ausstattung seines Personals mit Charaktereigenschaften
und mit allerlei Besonderheiten zeigt sich Nossack nicht gerade
zimperlich: Wird den einen der Adel der Seele nachgerühmt, so
den anderen bestenfalls der Sinn für das Praktische bescheinigt.
Gut und Böse, Licht und Schatten sind säuberlich getrennt, die
Zugehörigkeit der Figuren zu dieser oder jener Seite ist so leicht
erkennbar wie beim Schachspiel.

Daß ein derartiges Bild zeitgenössischer Gestalten und Verhältnisse fast immer Widerspruch hervorruft, versteht sich von selbst.
Und alle Sympathie, mit der Nossack seine »geheime intellektuelle
Opposition« bedenkt, können nicht verhindern, daß sich die simple Frage aufdrängt, was denn diese Worte eigentlich bedeuten sollen. Der Schriftsteller und Bibliothekar Lembke-Lambert, dem
Nossack am häufigsten seine allgemeinen Äußerungen anvertraut,
sagt hier: »Eins der ersten Gesetze dürfte wohl sein, daß man sich
seine Exterritorialität nicht anmerken lassen darf.« Sei's drum, aber
man wird doch fragen dürfen, wozu diese Exterritorialität nötig
oder gut sein soll.

Eine Antwort ist in dem Roman nicht zu finden, erst ganz am
Ende wird Nossack deutlicher. Da heißt es über den Balzacschen
d'Arthez: »Er hat sich damals nicht auf den Betrieb eingelassen, er
hielt sich abseits, arbeitete, wartete und schwieg ... Da er sich
abseits hielt und schwieg, konnte man ihn nicht mit den Zähnen
packen. Ein großes Ärgernis. Genau wie heute.«

Ich glaube hingegen: ein ganz großes Mißverständnis. Sich auf
den Betrieb nicht einlassen? Das scheint mir ein dürftiges und
wenig effektives Programm zu sein, das überdies meist aus einer

Not eine Tugend zu machen versucht. Denn jene, die sich abseits halten und schweigen, tun dies in der Regel eher unfreiwillig. Für die Gesellschaft sind sie jedenfalls kein Ärgernis: Nichts ist für jene einfacher, als die Intellektuellen, die sich distanzieren und warten, kurzerhand zu ignorieren. Ein Ärgernis sind immer nur diejenigen Schriftsteller und Künstler, die keinerlei Exterritorialität für sich beanspruchen, die sich vielmehr auf den Betrieb einlassen, um mit seiner Hilfe auf die Gesellschaft direkt Einfluß ausüben zu können.

Immer wieder heißt es von den Helden Nossacks, sie müßten sich tarnen. Aber was verbirgt sich hinter ihrem mysteriösen Getue, was tarnen sie also? Vielleicht nur ihre Unfähigkeit, sich im Leben zurechtzufinden? Wie dem auch sei: Es sind Phantome und Romantizismen, die den Blick der Helden Nossacks – und seinen eigenen – trüben und verstellen. Nicht zuletzt daher fällt es schwer, den forschen, einsamen und vornehmen Künstler Nasemann-d'Arthez ernst zu nehmen. Die Figur scheint ebensowenig glaubwürdig und ebenso anachronistisch wie die seines Freundes Lembke-Lambert, der halbe Nächte am Fenster seiner Dachwohnung und lediglich in Gesellschaft einer kopflosen Kleiderpuppe zu verbringen pflegt, dessen wahrer Gesprächspartner jedoch »das schlafende Frankfurt« ist.

Zu allem Unglück dürfen diese beiden Nossack-Helden unentwegt und mit Leichtigkeit über ihren Gegenspieler triumphieren: Es ist ein Oberregierungsrat Doktor Glatschke vom politischen Geheimdienst, der die – nur durch eine Verwechslung ausgelöste – Untersuchung des Falles d'Arthez leitet. Da er schon einmal Glatschke heißt, läßt er sich stets aufs Glatteis führen und tappt prompt in alle Fallen, die ihm, dem Dümmlichen, die beiden Intellektuellen stellen: Er meint allen Ernstes, sie seien Mitglieder einer gefährlichen internationalen Organisation.

Selbst wenn Nossack mit seiner Vermutung, der politische Geheimdienst in der Bundesrepublik beschäftige auf leitenden Posten die allerdümmsten Söhne der Nation, recht hätte, wäre es schon aus dramaturgischen Gründen klüger, jenem Oberregierungsrat wenigstens etwas Verstand zu gönnen. Übrigens war sich Nossack dessen bewußt, denn er läßt Lembke-Lambert dem Ich-

54 *Der eingebildete Partisan*

Erzähler sagen: »Ihr Herr Dr. Glatschke ist dumm, das ist leicht zu
sehen, und noch leichter ist es, sich darüber lustig zu machen.«
Aber was hilft diese Einsicht, wenn sie doch keinerlei Änderung
bewirkt? Und da Glatschkes Amt Informationen und Dokumente
über Nasemann-d'Arthez sammelt, wird wieder einmal entdeckt,
was deutsche Romanciers seit Jahren gern und häufig entdecken:
daß man nämlich mit behördlichen Ermittlungen dem Wesen einer
menschlichen Existenz nie beikommen kann: »Was in den Akten
steht, hat nichts mit der Wirklichkeit zu schaffen, das ist eine konstruierte Wirklichkeit für Sicherheitsämter.«

Der Spott, mit dem Nossack die behördlichen Dossiers bedenkt,
ist billig und wird besonders fragwürdig, wenn es sich herausstellt,
daß man auch ihm, dem Romancier, nicht unbedingt trauen kann.
Da hören wir, daß sich die Familie Nasemann während des Krieges
an der Nylon-Produktion bereichert hat. Nur daß es damals Nylon
überhaupt noch nicht gab. Da wird das besagte Amt »Staatssicher-
heitsdienst« genannt, obwohl es sich nicht in der DDR befindet,
sondern in der Bundesrepublik. Das sind, zugegeben, unerhebliche
Kleinigkeiten, Lappalien, bei denen man sich nicht aufhalten sollte.
Doch kein anderer als Nossack selber meint und in eben diesem
Roman: »Kleinigkeiten lassen sich nicht erfinden. Nur in ihnen
liegt Wahrheit.« Übertreiben wir nicht: keineswegs nur in ihnen,
aber bestimmt in ihnen auch.

Das alles hat zugleich mit der Perspektive zu tun, aus der hier
angeblich erzählt wird. Den jungen Mediziner, der in Nossacks
Buch »Das kennt man« die Äußerungen einer sterbenden Patientin
registriert hatte, löst jetzt ein junger Jurist ab, der in jenem Frankfurter Geheimdienst tätig war: Er referiert den Fall, mit dem er
sich nicht nur beruflich befaßt hat, in aller Ausführlichkeit, in seinen Bericht fügt er auch Protokolle und Zeugenaussagen ein sowie
Niederschriften von Tonband-Aufnahmen und allerlei Notizen.

Der Roman »Der Fall d'Arthez« gehört also zu den vielen
Büchern, die bemüht sind, die Belletristik als Nicht-Belletristik
auszugeben und die Fiktion als Dokument zu maskieren. Dies sei
ja, könnte man gleich einwenden, lediglich eine literarische Konvention, die zwar schon etwas betulich und altmodisch anmutet,

der sich indes auch heute noch manches abgewinnen läßt. Einverstanden. Wie aber, wenn der Autor die Rolle des vorgeschobenen Berichterstatters nicht durchhalten kann? Wenn das, was uns als Dokument vorgesetzt wird, eher ein fragwürdiges Produkt der Phantasie zu sein scheint, wenn es sich doch immer wieder als eine durchsichtige und mühevoll konstruierte Fiktion erweist? Dann läßt sich die Frage, was die harmlose Komödie denn eigentlich soll, nicht mehr unterdrücken. Und das listige Täuschungsmanöver, um das sich der Epiker so bemüht hat, beginnt, einem etwas kindischen Versteckspiel zu ähneln.

Das trifft leider auf den »Fall d'Arthez« zu. Den gelegentlichen Verstellungskünsten des Autors zum Trotz läßt sich fast nie glauben, derjenige, der diese Geschichte erzählt, sei tatsächlich ein junger Mann und auch noch ein Jurist und ein Beamter der politischen Geheimpolizei. Unverkennbar bleibt nicht nur Nossacks herbpoetische und kühl-lässige Sprache, sondern vor allem sein Blickwinkel, seine zu nicht geringem Teil generationsbedingte Art, die Umwelt zu sehen und zu deuten.

Überdies zeigt sich, daß die Position dieses fiktiven Berichterstatters, der die beiden hier gegeneinander gestellten Welten verbinden soll, Nossack nur behindert und seine Möglichkeiten eingeschränkt hat. Oft sieht er keinen anderen Ausweg, als die Perspektive seines epischen Sachwalters kurzerhand zu ignorieren und ihn über Vorgänge erzählen zu lassen, bei denen dieser gar nicht zugegen sein konnte. Und wie werden solche Episoden in den Ich-Roman eingebaut? Seit Uwe Johnson das Stichwort »Mutmaßungen« und Max Frisch die Formel »Ich stelle mir vor« in Umlauf gebracht haben, wenden unsere Romanciers eine Patentlösung an: In der neuen deutschen Prosa kann man sich vor diesen »Ich-stelle-mir-vor«-Szenen nicht mehr retten.

So, jetzt habe ich genug an diesem Roman genörgelt, jetzt muß ich nur noch sagen, warum ich dennoch keineswegs bedaure, ihn gelesen zu haben. Es sind einige im zweiten Teil des Buches untergebrachte Skizzen und Episoden, die, was immer gegen den »Fall d'Arthez« einzuwenden ist, wieder mit Nossack versöhnen. Er erzählt, wie ein Mann am Bett seiner sterbenden Frau einschläft. Er schildert, wie im Frühjahr 1945 ein geflüchteter KZ-Häftling sei-

56   *Der eingebildete Partisan*

nen inzwischen ebenfalls geflohenen KZ-Wächter trifft und was
sich daraus ergibt. Er beschreibt, wie ein ruhiger, gesetzter Herr
mit einer Prostituierten ins Stundenhotel geht und wie sich beide
hier verhalten. Er läßt eine junge Buchhändlerin berichten, was ihr
bewußt gemacht hat, daß es richtiger ist, mit ihrem Verlobten,
einem sehr korrekten und tüchtigen Ingenieur, zu brechen.

Solche in sich geschlossene Stücke, die eigentlich mit dem
Roman, auch wenn sie seine Figuren betreffen, nichts zu tun
haben, zeigen erneut die außerordentlichen Qualitäten des Schriftstellers Nossack – seine Beobachtungsgabe und Menschenkennt-
nis, seine Imagination und Sensibilität. Wie herrlich kann er schreiben, wenn er sich von seinen verschwommenen und pseudophilo-
sophischen Ideen nicht beirren läßt, wenn er sich von dem weltfremden Humbug freimacht, der ihm die Sicht versperrt. Kurz und
gut: Ich bin gegen Nossacks Roman, aber diese Abschnitte werde
ich nicht so bald vergessen.   (1968)

Edle Menschen

STEFAN ANDRES:
»Der Taubenturm«

Der geschätzte Schriftsteller Stefan Andres, dem die deutsche Leserschaft schon viele Romane und zahlreiche Erzählungen verdankt, hat uns nun ein neues Werk beschert. »Der Taubenturm«[1] ist, um es gleich zu sagen, ein erbauliches und bedeutungsvolles Buch, das reichlich Trost spendet und mit liebevollem Zuspruch nicht geizt. Und das, wie man hört, die Beladenen rasch zu erquikken vermag.

Manche Rezensenten haben sich vor dem neuen Roman bereits ehrerbietig verneigt. Auch findet sich der Titel seit Wochen auf jener Bestseller-Liste des »Spiegels«, die ebensowenig ernst genommen wie ignoriert wird. So ist »Der Taubenturm« auf jeden Fall ein würdiger literarischer, wenn nicht gar dichterischer Gegenstand, der es verdient, daß man ihn aufmerksam und respektvoll betrachtet.

Vom Schicksal gütiger und edler Menschen in schwerer Zeit erzählt uns Stefan Andres. Es handelt sich vornehmlich um eine deutsche Familie, die während des Zweiten Weltkrieges in Italien lebt. Sie bewohnt in einem kleinen ärmlichen Ort in der Bucht von Salerno – vernachlässigt und etwas schmutzig, aber malerisch und sehr sympathisch – ein »auf dem Felsen ragendes patriarchalisches Barockhaus mit den Kuppeln und Terrassen«. In unmittelbarer Nachbarschaft des zwar verkommenen, doch schönen Hauses befindet sich ein wiederum sehr malerischer, wenn auch verfallener Friedhof. Er gemahnt den Familienvater Odilo, einen fünfzigjährigen Sinologen, oft an die Vergänglichkeit unseres Daseins.

Daß Odilo ein feinfühlender und edler Mann ist, sagt er uns selbst. Denn ein großer Teil des Romans besteht aus seinen Tagebuch-Eintragungen, in denen er freimütig nicht nur über seine Familie berichtet und über das Leben schlechthin meditiert, sondern uns auch in seine Seele blicken läßt. Er, der sich gelegentlich als einen »grauhaarigen Gelehrten« bezeichnet, spricht von seiner »Mandarin-Weisheit«, seiner Charakterstärke und Entschiedenheit. Er notiert gern schmeichelhafte Äußerungen seiner Frau, die ihm bisweilen »Format« bescheinigt, er betont häufig, daß er, zumindest von seinen Kindern, für allwissend gehalten wird. Mit erfrischender Direktheit verkündet er: »Meine Tat war überwiegend selbstlos, in der Zielsetzung gerecht und sinnvoll und dem von ihr Betroffenen nützlich.« Er stellt fest: »Mein Elan in der gestrigen Nacht wird mich – ich ahne es! – noch gereuen!«

Odilos Frau, die umsichtige Susanne, einst eine »verwöhnte junge Weltreisende«, mit der er in Peking zusammmen war, kam »folgsam« mit ihm nach Italien. Über ihr Wesen brauchen wir ebenfalls nicht zu rätseln. Es ist – teilt uns Odilo mit – »ausgewogen, hoffnungsvoll, stark«. Ihr Leben – hören wir – »stand von jeher unter dem Dreigestirn: Unabhängigkeit, Gerechtigkeit, Reinheit!« Seine Gattin nennt der grauhaarige Gelehrte gern: »meine Nike«. Das hat gewisse konkrete Folgen. Denn: »Ich spreche diesen Namen leise aus und spüre dabei, wie sich ein Spalt auftut . . .« Welcher Spalt ist es, der sich so bereitwillig öffnet? Hier hält es der Dichter für angebracht, quälende Ungewißheit walten zu lassen.

Zwei Kinder gibt es: den fünfjährigen Urban – es ist ein herzig Bübchen – und die zehnjährige Felizitas, aus deren Sicht der andere Teil des Romans erzählt wird. Das resolute Mädchen, das häufig ihre Familienangehörigen belauschen muß, zeichnet sich bisweilen durch eine verblüffende Reife aus – und bei anderen Gelegenheiten durch überraschende Kindlichkeit. Den Leser, der etwa meinen sollte, beides sei ihrem Alter nicht eben angemessen, beruhigt Stefan Andres, indem er Vater Odilo die außergewöhnlichen Möglichkeiten der Tochter wahrnehmen läßt: »Welch eine Mischung, diese Felizitas! In manchen Augenblicken kommt sie mir wie fünfzehn, manchmal wie fünf vor . . .«

Von besonderer Bedeutung für das Buch ist jedoch noch ein drittes Kind unseres Ehepaars, die Tochter Madleen – in dieser Familie werden vornehme Namen bevorzugt, auch der Kater heißt Kalli-

Stefan Andres: »Der Taubenturm« 59

machos –, die freilich nicht mehr unter den Lebenden weilt, sich jedoch als stets gegenwärtig erweist. Ihr Tod, dessen alle Familienmitglieder immer wieder in wohlklingenden Worten gedenken – sie wurde kurz vor Beginn der Romanhandlung vom Typhus hingerafft, wozu übrigens auch ein schlechter italienischer Arzt beigetragen hat –, gibt dem »Taubenturm« die unverwechselbare Note einer schönen und erhabenen Trauer. Seit jener Nacht, in der Madleen starb, könne Odilo, wie er uns gesteht, »wohl den Tod leichtnehmen, aber nicht das Leben«.

Auf seine Gattin hat der Verlust der Tochter einen anderen Einfluß ausgeübt. Dem klagenden und seufzenden Ehemann antwortet Frau Susanne: »Ihr Grab ist noch nicht eingesunken – und ich sollte bei dir liegen, Odilo? – wie kannst du das von mir verlangen? – ich soll Lust in meinem Schoß haben, wo ich sie trug –.« Nach dieser Erklärung lesen wir: »Und da weinte sie.«

Doch auch für die Heiterkeit ist in dem Buch gesorgt. Urkomisch sind etwa die Ausdrücke, deren sich die liebe kleine Felizitas so gern bedient: »Popaganda«, »paffizistische Ausgeburten«, »präwaffel-itische Gestalten«, »Entfernung von der Puppe«, »Hochzeitszeichen eines teuflischen Staates«, »Alle-arten« und »Alle-irrten« (für Alliierten). Und Deutschland nennt sie – wie hübsch – das »Ruckediguck-Land«.

Dem Vater Odilo hingegen weist Stefan Andres einen eher auf das Philosophische gerichteten Humor zu. So hat der grauhaarige Gelehrte auf die Innenseite der Tür des auf dem (malerischen) Hof des Barockhauses gelegenen Klosetts mit weißer Farbe die Worte Heraklits gemalt: »Panta rhei – Alles fließt.« In der Tat: das rechte Wort am rechten Ort. Dank der pädagogischen Bemühungen Odilos kommen die Leser des »Taubenturms« in den Genuß zahlreicher Formulierungen von erstaunlicher Bildkraft. Um nämlich seinen kleinen Kindern zeitgeschichtliche Erscheinungen zu verdeutlichen, gibt er ihnen Beispiele von nicht alltäglicher Anschaulichkeit.

Was, etwa, ist ein Übermensch? »Ein Mensch der seine Suppe nicht essen will, weil er sich für zu gut, zu fein, zu groß hält und sie nun stehenläßt, die Suppe, ja, sie an die Wand knallt – das ist ein Übermensch.« Und über Diktatoren: »Bei denen darf man nicht

60 *Edle Menschen*

einmal aufs Töpfchen gehen, wenn man will oder sooft man will.«
– Der »deutsche Ordnungsfimmel« – was wird mit diesem Begriff
eigentlich gemeint? »Das ist – erklärt Vater Odilo – wenn du einem
Jungen, der auf der Treppe sitzt und ein Häufchen macht, mit der
Hand auf den Kopf drückst, daß er drinsitzt.« Mit Maximen, die
ins Religiöse reichen, spart Andres' Sachwalter ebenfalls nicht:
»Aus der Nähe besehen, sind wir doch alle Bettler . . ., vor Gott
sind wir alle arm und in jeder Hinsicht bedürftig.« Oder: »Der
Mensch, der gestorben ist, der denkt über den Tod ganz
anders.«

Aber so belehrend »Der Taubenturm« auch ist, sowenig vergißt
der Dichter, daß sich das Publikum nach einer dramatischen und
spannenden Handlung sehnt. Allerlei geht hier vor sich, und die
Behauptung des Klappentextes, wir hätten es mit einem »abenteu-
erlichen Geschehen« zu tun, trifft vollkommen zu.

Es taucht also – man schreibt das Jahr 1943 und die Landung der
Alliierten in Italien steht bevor – ein Bruder der Frau Susanne auf,
ein Major der Wehrmacht und ein strammer Nazi. Ein dämlicher
und böser Mensch ist es, ein widerlicher Kerl, der den Kindern
seiner Schwester vom mitgeführten Süßigkeiten-Vorrat partout
nichts abgeben will. Da der Sinologe Odilo dem unlängst erhaltenen Gestellungsbefehl der Wehrmacht nicht nachgekommen ist
und befürchtet, sein übler Schwager könne ihn denunzieren, verwandelt er ihn mit Hilfe eines starken Schlafmittels in eine »bro-
delnde Masse aus Speck, Eifer und Pflichtbewußtsein«, in einen
»rasselnden, fauchenden, sybillierenden Schnarcher«. Und macht
ihn auf diese Weise zum Deserteur wider Willen und schließlich zu
seinem privaten Kriegsgefangenen.

Bald erscheinen in dem schmucken Barockhaus deutsche Soldaten – an ihrer Spitze ein »in der Uniform des Molochstaates stek-
kender Studienrat« –, die den verschwundenen Major suchen. Der
aber verbirgt sich samt Schwager Odilo in einem Brunnen. Um den
Studienrat rasch abzulenken, unterhält ihn Frau Susanne mit allerlei Einzelheiten der Abtreibung, der sie sich kürzlich unterzogen
hatte. Die Szene ist pikant und aufregend zugleich. Denn das
intime Gespräch findet just am Rande des besagten Brunnens statt,
in dem der versteckte Ehemann nun Eifersuchtsqualen leidet.

Der Studienrat in der Uniform eines Oberleutnants, auch er ein edler Mann und überdies ein Dichter, also feinfühlend, verzichtet auf die weitere Haussuchung, obwohl er den wahren Sachverhalt ahnt: »Er kam ihr mit dem Gesicht näher, immer näher, bis seine Lippen ihre Stirn berührten . . .« Zum Abschied sagt er der Frau Susanne: »Es bleibt dabei: ich bewundere Sie!« Wenig später wird der gütige Studienrat auf schauderhafte Weise getötet, die Deutschen ziehen ab, und es kommen die Alliierten: mit Bonbons und Schokolade und Einladungen für Kinder. Doch wird es plötzlich wieder sehr traurig. Die kleine Felizitas erkrankt ernsthaft. Aber ein amerikanischer Militärarzt erweist sich als liebevoller Retter in schrecklicher Not. Hieß der böse deutsche Onkel, der keine Bonbons geben wollte, Willi, so heißt der gute amerikanische Onkel William. Wie übersichtlich.

Am Ende hat sich die ganze Familie auf der Terrasse des »patriarchalischen Barockhauses« versammelt. Und siehe: Es naht ein Flugzeug, in dem jener edle amerikanische Arzt sitzt. Und siehe, er läßt am Fallschirm ein dickes Paket herab, das, wie das Leben es so manchmal fügt, gerade auf der Terrasse landet. Und es herrscht eitel Freude. Ein schönes Schlußbild.

Übrigens wollte Frau Susanne bei der Besatzungsarmee als Übersetzerin tätig sein. Dies wurde ihr jedoch von unserem Sinologen streng untersagt. Warum? »Weil ich nicht will, daß ein anderer Mann, und wär's der Papst, dir etwas befehlen darf.« – »Gut, sagte sie, dann ernähre uns!«

In der Tat macht sich Odilo sofort an die Arbeit. Er will Postkarten für amerikanische Soldaten zeichnen: »Muß mich dabei in einen Kleinbürger verwandeln – similia similibus! – sonst verkaufe ich nichts. Sahnige Sentimentalitäten, Himbeereis am Abendhimmel, grottengrünes, grottenblaues Meer und das keusche Weiß einer Welle, die schlafengeht. Hoffentlich find ich, wenn ich kühn tauche, die wärmliche Kitschquelle im Meer meiner Möglichkeiten.« Dies sind wohl die besten Formulierungen in unserem Roman. Nur scheint es, daß Stefan Andres, der vor Jahrzehnten die Erzählungen »El Greco malt den Großinquisitor« und »Wir sind Utopia« geschrieben hat, selber der Mühe, kühn zu tauchen, enthoben war. (1966)

Vorsichhinblödeln

GÜNTER EICH:

»Maulwürfe« und
»Kulka, Hilpert, Elefanten«

In einem dieser Prosastücke heißt es: »So gibt es nichts, was er sich nicht erlauben könnte . . . Er kann auch so schlecht singen wie er will, alle sind von seinem harmonischen Gewinsel hingerissen.« Der Gott Apollon ist es, den Günter Eich meint. Wer weiß, ob sich hier nicht zugleich ein persönliches Bekenntnis des listigen und hintergründigen Poeten verbirgt. Zuzutrauen wäre es ihm gewiß. Denn schon seit Jahren kann er sich alles erlauben. Er mag in der Tat so schlecht singen, wie er will – er wird doch gelobt, gerühmt und wohl aufrichtig geliebt.

Aber wem gilt das eigentlich? Dem stillen und strengen Lyriker, der für die Erlebnisse seiner Generation den einfachsten und stärksten dichterischen Ausdruck zu finden vermochte? Oder vielleicht jenem, der lakonisch raunend das Geheimnisvolle beschworen und die erhabene Dunkelheit gespendet hat, die in Deutschland nach wie vor vielen Lesern trefflich mundet und auch das Herz mancher Interpreten hoch schlagen läßt? Warum trifft diese Poesie in der literarischen Öffentlichkeit auf keinerlei Widerstand? »Wer macht sich die Mühe, mein Feind zu sein?« – fragt Eich in einem Prosastück mit dem Titel »Altern«. Andere Poeten der Nachkriegszeit – von Benn und Brecht bis zu Grass und Enzensberger – brauchten sich hierüber nicht zu beklagen. Sollte es gar so sein, daß man den Dichter der »Träume« liebt, ohne ihn ganz ernst zu nehmen?

Wenn es tatsächlich solche und ähnliche Fragen sind, die den vielfach Preisgekrönten beunruhigen – und dies ist zumindest wahrscheinlich –, dann wird er auch des Beifalls nicht ganz froh sein können, mit dem die Kritik seine neuen Veröffentlichungen –

Günter Eich: »Maulwürfe« und »Kulka, Hilpert, Elefanten« 63

»Maulwürfe«[1] und »Kulka, Hilpert, Elefanten«[2] – noch bereitwilliger als früher bedenkt. Denn es ist Beifall besonderer Art.

Ich habe bisher über Eichs Prosa fünf Kritiken gelesen und zwar von Peter Bichsel (»Der Spiegel«), Wolfgang Hildesheimer (»Die Zeit«), Hans Egon Holthusen (»Die Welt der Literatur«), Urs Jenny (»Die Weltwoche«) und Rolf Michaelis (»Frankfurter Allgemeine Zeitung«).[3] Es handelt sich hier um ganz hervorragende Kenner der Literatur, und ihre Äußerungen enthalten, wie nicht anders zu erwarten war, viele bedeutsame Einsichten. Nichts liegt mir ferner, als meinen Kollegen eins auszuwischen: Schließlich sitze ich selber im Glashaus. Ich möchte lediglich – und mit allem schuldigen Respekt – auf gewisse Eigentümlichkeiten in diesen Kritiken aufmerksam machen.

Zumindest drei von ihnen zeichnen sich durch eine auffallend düstere Stimmung aus. So beschwört Holthusen »die Unbegreiflichkeit der Welt, die Unmöglichkeit, durch regelrechtes Nachdenken in ihre Geheimnisse einzudringen«. Hildesheimer verkündet, »daß unsere Realität . . . sich dem poetischen Ausdruck entzieht, daß ihre Banalität, ihre widersinnigen Aspekte, nur noch, gleichnishaft, in Wortspielen wiederzugeben sind . . .« Das ist zunächst ein bißchen unlogisch: Wenn sich etwas gleichnishaft darstellen läßt, dann ist damit bereits erwiesen, daß es sich dem poetischen Ausdruck nicht entzieht. Überdies sollte Hildesheimer, meine ich, derartige Hiobsbotschaften auf seine eigenen künstlerischen Schwierigkeiten einschränken, statt sie der gesamten modernen Literatur in die Schuhe zu schieben. Gleich folgt die nächste düstere Kunde: »Die Lyrik wird, auch dort, wo sie das Material des Grauens zu transportieren sucht, zunehmend unbrauchbar . . .« Der Bannstrahl trifft offenbar die gesamte zeitgenössische Lyrik und nicht nur jene, die überraschenderweise den Ehrgeiz hat, Material zu transportieren. Peter Bichsel verbreitet gleichfalls Katastrophenmeldungen: Seiner Ansicht nach entziehen sich Eichs Sätze ebenso der Interpretation wie die Wirklichkeit schlechthin: »Kommentare werden vor ihnen lächerlich«. Indes sind damit nicht nur Bichsels Kommentare gemeint, sondern offenbar sämtliche und ein für allemal.

Aus solchen Voraussetzungen ergibt sich ein aufschlußreiches

Vokabular. Holthusen sieht in Eichs Prosastücken »Argumente einer tiefen metaphysischen Melancholie«. Die Wahrheit sei für ihn »der Ort einer ›mystischen‹ Innewerdung«. Hildesheimer wiederum glaubt, daß Eich »einen niemals gehörten Wortlaut der Wahrheit« schaffe und eine »erleuchtende Einsicht« biete. »Aus Sprache gekelterte Erleuchtungen« wurden auch Michaelis zuteil, der überdies eine »rätselhafte Irrealität« und den Prozeß »magischer Verschmelzung von Wirklichkeit und Metapher« konstatiert. Jenny, dessen Besprechung sich – ähnlich wie die von Michaelis – noch in Grenzen hält, verzichtet auf große Worte. Aber am Ende kann er nicht umhin, von »Offenbarungen« zu sprechen. Die Krone setzt dem Ganzen jedoch wieder Hildesheimer auf: Er nennt Eich kurzerhand einen »Erwählten«.

»Mystische Innewerdung« und »magische Verschmelzung«, »Erleuchtung« und »Offenbarung« – wenn solche Vokabeln, die man sonst eher von Geistlichen zu hören bekommt, unversehens in der Literaturkritik auftauchen, dann muß etwas faul sein im Staate Dänemark. Was ist denn faul? Um es gleich und ohne Umschweife zu sagen: Eichs Prosa.

Er gehört zu jenem nicht wenigen deutschen Autoren unserer Zeit, deren Werk die beliebte Theorie widerlegt, die da besagt, daß heutzutage die traditionellen literarischen Gattungen stets ineinander übergehen und somit ganz verschwinden: Nach einem nicht geglückten novellistischen Versuch von 1934 wandte er sich ausschließlich der Lyrik zu. Sein Werk besteht aus Gedichten, poetischen Hörspielen und Marionettenspielen.

Trotzdem kommt die jetzige Hinwendung zur Prosa nicht überraschend. Denn Mitte der sechziger Jahre war Eich an einen Punkt angelangt, der sich nicht mehr überschreiten ließ. Jenseits der Gre_ze, die er nicht ohne Konsequenz erreichen wollte und mit den Versen der Sammlung »Anlässe und Steingärten« (1966) auch tatsächlich erreicht hatte, gab es nur noch eins: das absolute Verstummen. Als vielleicht einzige Möglichkeit, diesem Schweigen zu entrinnen, bot sich jene Form an, die dem lyrischen Gedicht am nächsten zu stehen scheint: die poetische Skizze in Prosa.

Mit Geschichten oder lyrischen Berichten haben diese kleinen Prosastücke allerdings nichts gemein, es sind vielmehr poetische

Notizen, Bruchstücke spröder Monologe, Rudimente düsterer Anekdoten, flüchtige Impressionen, verspielte Arabesken und plötzliche Kapriolen. Nicht mit Ergebnissen in irgendeinem Sinne kann eine solche Prosa aufwarten, wohl aber mit kaum definierbaren Farben und Tönen. Was sie andeutet, sind Regungen und Stimmungen, Unbewußtes und Geahntes, Skurriles und Wunderliches. An den Höhepunkten, die Eichs Weisheit leicht und seine Klage souverän, seine Trauer heiter und seinen Humor zart erscheinen lassen, wird unaufdringlich spürbar, daß hier ein verzweifelter Dichter versucht, sich gegen die Flut des Nichts zu wehren.

Also nicht mehr und nicht weniger als ein persönliches, ein privates Buch? Nein, keineswegs. Da heißt es einmal: »Wie übersetzt man sich ins Allgemeine?« Und das ist ernst gemeint. In dem Prosastück »Notizblatt eines Tänzers« findet sich Eichs Programm: »Mir liegt nichts daran, mich anmutig zu bewegen – wer mir das nachrühmt, macht mich ärgerlich . . . Denn darum geht es: Eine unbetretene Stelle zu betreten. Nein, keine Himalaya-Kundfahrt, keine Wüstenexpedition. Hier, direkt in Rhodos müßte es sein, hic salta . . .« Und im »Nachwort von König Midas« heißt es, Apollons Gesang sei »böse«, denn: »Apollon singt so, daß die Welt so bleiben muß, wie sie ist. Seine Harmonien lassen vergessen, wie viel auf Erden mißlungen ist . . . Und alles, was vollkommen schön ist, wie Apollon und Apollons Gesang, wiegt das Mißlungene nicht auf, sondern macht es ärger . . .« Eich hingegen feiert denjenigen, den Apollon besiegt hat: »Nun ist Marsyas tot, niemand mehr nimmt sich der Lahmen, Tauben und Blinden an, der Schwachsinnigen und Eselsohrigen, – geschlagene Brüder, setzt die Liste der Genitive fort.«

Es bleibt nicht nur bei der löblichen Absicht: In der Tat zielen Eichs ostentative Marginalien auf das Zentrale ab. Und erweisen sich doch meist als einigermaßen peinliche Lappalien. Warum eigentlich? So gering die Entfernung zwischen der Lyrik und der Prosa auch sein mag – der Schritt ins benachbarte Terrain will nur selten glücken: Die Prosa ist doch eine Dimension, in der andere Gesetze der Akustik und der Optik gelten, des Raumes und der Perspektive und schließlich auch der Logik. Das zeigt sich zunächst einmal in der Diktion. Von den einstigen Tugenden der

Eichschen Verse – Sachlichkeit, Einfachheit, Trockenheit – ist nicht mehr viel geblieben. Der lapidare Poet bringt überraschenderweise das Kunststück zustande, mit wenigen Worten geschwätzig zu wirken. Er, der in seiner großen Lyrik so prosaisch war, wird nun in der Prosa allzu lyrisch.

Aber die Sprache versagt sich ihm und büßt ihre Anschaulichkeit ein: »Puls und Blätter sind Schritte, die nicht eintreten.« Oder: »Die Seele hat ihre Muskulatur.« Klischees aus ehrenwerten Beständen der deutschen Poesie werden nicht verpönt: Von der Nacht hören wir, die man »mit schweigenden Klavieren« anredet und mit »schweigenden Spiralnebeln«. Hier und da wandelt Eich Redewendungen der Alltagssprache ab (»Dann fällt es einem wie Brillen von den Augen«) oder nimmt sie wörtlich: Ein Mann soll die Tassen in seinem Schrank zählen, aber es gelingt ihm nicht. Wir verstehen: Er hat nicht alle Tassen im Schrank. Ein Prosastück beginnt: »Hinter der zuen Tür wohnt Leibniz . . .« Etwas weiter: »Auch den Optimismus habe ich ihm durch die zue Tür mit Klopfzeichen eingeblasen.« Nein, es tut mir leid, ich kann mich mit einer »zuen« Tür nicht abfinden.

Als Grundelement der Prosa Eichs erweist sich das Wortspiel, der Wortscherz. Allerdings bahnte sich das schon in den Gedichten an. In »Anlässe und Steingärten« gab es, beispielsweise, die »Baumwollust« und »Kandidierte Chinesen«, da mußte man lesen: »Der Mett heiligte die Zwickel«. Jetzt ist vom »Übermorgenland« die Rede. Und: »Heute bin ich kopflastig, das ist selten, ich zitiere wie Espenlaub . . .« Oder: »Weltläufig oder läufig, sagt man sich, es kommt auf dasselbe heraus.«

Auf der Jagd nach Pointen und Effekten nimmt Eich mit, was sich gerade am Wege bietet. Wird »verminderte Portogebühr« erwähnt, dann muß der Name des Fredericus-Darstellers Otto Gebühr zu einem Kalauer herhalten: »Alles mit Gebühr, gebührend, wie sichs gebührt, wie sich friedrecht.« Über die Kalauer selbst wird auch auf dieser Ebene gescherzt: »Die Etymologie hat nachgewiesen, daß Kalauer nicht aus Calau stammen. Sie stammen aus Luckau.« Und: »Wie gesagt, Kalauer sind keine Steigerung von Calau. Aber mir sind sie recht. Eine Möglichkeit, die Welt zu begreifen, vielleicht die einzige . . .« Wenn es doch wenigstens gute

Günter Eich: »Maulwürfe« und »Kulka, Hilpert, Elefanten« 67

Kalauer wären, aber sogar das – wohl von Wolfgang Neuss stammende – »Jüngste Gerücht« bleibt uns nicht erspart.

Offenbar ist für Eich kein Spaß zu läppisch, kein Ulk zu dürftig: »Ich sagte ihm, daß ich mich nur in Frauen verliebe, die Lisa heißen . . . (Ich kenne sie alle. Sie sind ganz verschieden, haben aber etwas undefinierbar Gemeinsames, wahrscheinlich den Namen.)« Ein Prosastück setzt an: »Eßgeschirr, bei uns auch Das Eßgeschirr genannt, eine Stadt in Anatolien . . . Schnee fällt dort nie, in schlechten Zeitläuften aber reichlich.« Ein anderes Prosastück beginnt mit dem Satz: »Ich bin nicht aus Lübeck, bin ein sonstiger Christ . . .«

In der Skizze »Sünde« heißt es: »Die Versuchung des Fleisches ist mir nicht fremd. Ich gestehe, daß ich ihr fast täglich erliege (außer Freitags, wo wir Fisch haben).« In derselben Skizze überlegt sich Eich – Urs Jenny findet diese Stelle besonders poetisch, ja bewegend –, wie der Vorname der Allmutter Natur heißt, und kommt zum Ergebnis: Ellfrihde, Walltrautt und Ingeburck. In einem anderen Prosastück gibt es den bemerkenswerten Satz »A ist ein Buchstabe, der nur in Erkältungen vorkommt.« Und: »Sei der Seele des gewesenen Feuerwehrhauptmanns Alois Kluibenschädl gnädig. Zuviel ä ä. Zuviel Alternative zwischen Blähungen und verräterischen Zaunpfählen.« Ein Prosastück wird mit der Erklärung eröffnet: »Ich heiße bbbbbb . . .«

Die meisten dieser Skizzen schwanken zwischen gewaltsam forcierter Munterkeit, mühsam aufgepumptem Galgenhumor und kaum noch zu überbietender Albernheit. Max Frisch hat versucht, derartige Neigungen Eichs zu entschuldigen: »Was er als Blödelei vorgibt, ist nicht weit davon. Andere spielen jetzt Pingpong.«[4] Blödelei – dies scheint mir das, leider, treffende Wort zu sein. Aber an die von Frisch freundlicherweise angedeutete Alternative glaube ich ebensowenig wie vermutlich er selber. Wer unbedingt will, kann Eichs Vorsichhinblödeln rechtfertigen und sogar verherrlichen: Es wird dann als Ausdruck der Verzweiflung an dieser Welt verklärt und als eigenwillige, wenn nicht einzig mögliche Antwort des Künstlers auf die Grausamkeit unserer Epoche gedeutet.

Natürlich gibt es einen unverkennbaren Zusammenhang zwischen dieser Prosa und dem, was sich in unserer Umwelt abspielt.

Nur daß Eich sein bestimmt aufrichtiges Entsetzen zu Ausverkaufspreisen verschleudert: Zu billig ist sein Zorn, zu einfach macht er es sich mit seiner Anklage. Das zeigt sich gerade in jenen Stücken, die noch zu den besten gehören. So sammelt ein Mann »historische Gummiknüppel aus Ost und West« und besitzt ein Modell »67 Berlin«, an dem sich »unter einem guten Fixativ Mädchenhaar und Mädchenhaut« befinden. Von ähnlicher Deutlichkeit ist das Stück »Episode«: »Ich wache auf und bin gleich im Notstand. Die Gründe weiß ich nicht genau, verhafte aber vorsorglich meine Kinder, Verhaftungen müssen sein . . . Mit den Handschellen klirrend patrouilliere ich durch die Etagen . . . Durchgreifen. Ordnung ist das halbe Leben, die andere Hälfte auch . . . Um elf habe ich auch das Erdgeschoß auf Vordermann gebracht.« – Zu simpel und zu plump scheint mir eine derartige Zeitkritik zu sein.

Wo aber Eich auf die direkte Benennung dessen, was er angreifen möchte, verzichtet, da landet er sofort im Verschwommenen und Nichtssagenden. Zu beliebig und zu willkürlich sind dann die Sprünge seiner Imagination, um überzeugen zu können. Er flüchtet ins Unkontrollierbare und entzieht sich damit jeder Verantwortung – der intellektuellen und moralischen ebenso wie der dichterischen im weitesten Sinne des Wortes. Nicht etwa, daß Eich zu jenen Dichtern gehört, die (mit Nietzsche zu sprechen) ihre Gewässer trüben, damit sie tief scheinen – das besorgen seine Interpreten –, aber der Verdacht läßt sich nicht von der Hand weisen, daß hier eine vollkommene Leere getarnt und garniert werden soll. »Oft schlage ich die Beine übereinander . . . und denke nach. Aber ohne Ergebnis.« Selbst wenn dies einem Dichter zustößt, ist es noch nicht mitteilenswert. Im Prosastück »Altern« heißt es: »Ich kenne die ganze Welt, sie spielt sich im Parterre ab . . .« Dies erinnert mich an den bekannten Vergleich des Lebens mit einer Hühnerleiter.

Das letzte Stück der Sammlung »Maulwürfe« enthält eine Art Fazit: »Lügen haben kurze Beine und lange Ohren, dazwischen ist alles möglich, Schönheit und Gestalt. Die Wahrheit hat Akne und Furunkulose, das haben Lügen nicht.« Der Schlußsatz bezieht sich wiederum auf die Wahrheit, doch lautet er jetzt: »Sie hat kurze

Günter Eich: »Maulwürfe« und »Kulka, Hilpert, Elefanten« 69

Beine und lange Ohren.« Also gleicht die Wahrheit der Lüge? Lassen sie sich nicht mehr voneinander unterscheiden? Wozu dann überhaupt noch schreiben? In der Tat heißt es hier: »Und warum nicht gleich schweigen? Die Katze hat recht.«

So will es mir scheinen, daß Eichs müde und im Grunde lustlose, meist nicht einmal artistische Spiele mit Formulierungen und Motiven seine Lyrik eher pervertieren als kontinuieren. »Ich schreibe Gedichte, um mich in der Wirklichkeit zu orientieren«[5], lautet sein vielzitiertes Bekenntnis. Mit den resignierten Prosaparaphrasen schiebt er hingegen die Wirklichkeit von sich. »Hier werden Scheinfrüchte geworfen«, heißt es in einer der Skizzen. In der »Präambel« freilich meint Eich: »Meine Maulwürfe sind schädlich, man soll sich keine Illusionen machen.« Aber ich befürchte, daß er es ist, der sich hier Illusionen macht: Seine Maulwürfe sind vollkommen harmlos und unschädlich.

Wer den Schaden anrichtet, sind die leichtsinnigen Apologeten Eichs, die uns einreden wollen, seine meist belanglosen oder peinlichen Lappalien seien tiefsinnige Dichtungen. Damit wird, glaube ich, nicht zuletzt jenem ein Unrecht angetan, dem wir – noch einmal sei's gesagt – zu größtem Dank verpflichtet sind, der aber gerade deshalb keines Piedestals bedarf. Wir sollten uns hüten, den Poeten Günter Eich unter Denkmalsschutz zu stellen.

(1968)

Gesalbt mit süßem Öl

FRIEDRICH TORBERG:
»Süßkind von Trimberg«

Das Süßkind von Trimberg, einer von den einhundertvierzig Poeten, deren Verse in der Manessischen Handschrift vereint sind, zu den bedeutenderen Dichtern des 13. Jahrhunderts keineswegs gehört – (die meisten Literaturgeschichten und Nachschlagewerke nennen ihn überhaupt nicht, auch in Peter Wapnewskis *Deutscher Literatur des Mittelalters*[1] bleibt er unerwähnt) –, dessen zumindest können wir sicher sein.

Ob er tatsächlich ein Jude war, ist hingegen höchst zweifelhaft. Denn wir wissen über ihn fast nichts und das wenige nur aus zweiter und dritter Hand. So kann man hier alles vermuten und nichts beweisen. Ein Romancier, den Süßkind und das Mittelalter interessieren, mag das für eine ideale Situation halten: Seiner Phantasie scheinen keine Grenzen gesetzt, er kann aus der Figur machen, was er will – vorausgesetzt natürlich, daß er es kann. Was wollte Friedrich Torberg?

In seinem Roman[2] ist Süßkind ein Jude, der von seinem Vater, einem Arzt im Dienste der Grafen von Trimburg, im Geist der jüdischen Religion und Tradition erzogen wird. Doch wächst er, da es in dem Dorf, das jenen Grafen gehört, sonst keine Juden gibt, nur unter Nichtjuden auf. Als Dreizehnjähriger überlebt er einen Pogrom, dem seine Eltern zum Opfer fallen. Allein geblieben, geht er auf Wanderschaft: Er begleitet einen Bettelmönch, arbeitet bei einem Steinmetz, lernt die Liebe kennen, trifft gute und böse Menschen und hat das Bedürfnis, »Lieder zu machen«. Der Zufall hilft ihm: Ein Minnesänger nimmt sich seiner an, mit der Zeit wird auch Süßkind selber ein fahrender und nicht erfolgloser Sänger.

Er dichtet in deutscher Sprache, aber er bleibt dem Judentum

Friedrich Torberg: »Süßkind von Trimberg« 71

treu. Von den Adelsherren wird er geschätzt und geschützt, denn er
ist unter den fahrenden Musikanten ein einigermaßen exotischer
Vogel. Von den Juden wird er geachtet, denn er kommt ja bei den
Nichtjuden gut an. Als er jedoch in einem parabolischen Lied die
Willkür der Mächtigen anzuklagen wagt und auch noch den eitlen
Bischof von Würzburg kränkt, beginnt sein Stern zu sinken.
Schließlich wird er von allen verlassen und verstoßen, übrigens
auch von den Juden, die befürchten, man könnte sie für seine allzu
kühnen Verse verantwortlich machen. Immer schon war er ein Hei-
matloser, nun ist er nur noch ein »abgewiesener Landstreicher«. Er
stirbt einsam und verbittert.

Der diesen Roman geschrieben hat, ist nicht etwa – um einen
Lieblingsausdruck Fontanes zu verwenden – »ein matter Pilger«,
der der freundlichen Ermunterung bedürftig und auf gütige Nach-
sicht der Kritik (etwa im berüchtigten Wiedergutmachungstonfall)
angewiesen wäre. Ich schätze Friedrich Torberg seit vielen Jahren.
Auf manchen seiner Wege vermochte ich ihm nicht zu folgen, sie
schienen mir bedauerliche Irrwege. Doch der Mut und die Integri-
tät dieses streitbaren Einzelgängers waren und sind für mich ebenso
außer Zweifel wie sein Scharfblick, sein Esprit, sein Witz. Und ich
bewundere keineswegs nur den Publizisten, den Theaterkritiker
und Polemiker, sondern auch den immer noch nicht hinreichend
anerkannten Epiker, dessen Möglichkeiten der leider kaum beach-
tete Band *Golems Wiederkehr*[3] (1968) eindrucksvoll bewiesen hat.

Eben deshalb und weil es sich um ein sehr persönliches Buch und
um das Werk wohl von Jahrzehnten handelt, fällt es mir besonders
schwer zu sagen, was, glaube ich, nicht ungesagt bleiben darf und
was gerade in diesem Fall nicht beschönigt werden sollte: Der
Roman *Süßkind von Trimberg* ist ein absolutes Mißverständnis.

Zunächst einmal: Was soll das Ganze? Wollte Torberg eine Art
Künstlerroman liefern und die Geschichte eines nonkonformisti-
schen Schriftstellers erzählen, der an der Gesellschaft scheitert?
Dies kann man hier auch finden, doch verweist schon das Motto –
und die Schluß-Apostrophe ebenfalls – auf mehr und anderes: Torberg geht es (sehr allgemein ausgedrückt) um die Tragödie der
Juden. Ich lese den Roman als Gleichnis vom Juden inmitten der
nichtjüdischen Welt.

72 *Gesalbt mit süßem Öl*

Inwiefern war für ein solches Gleichnis, frage ich mich, die Figur des angeblich jüdischen Minnesängers geeignet? Einerseits konnte sich Torberg von den zwölf vorhandenen (freilich recht kurzen und zum Teil eher nichtssagenden) Texten von Süßkind von Trimberg inspirieren lassen: Er hat sie denn auch neu übersetzt, in die Handlung eingebaut und auf seine Art (bisweilen recht frei) gedeutet. Andererseits aber nötigte ihn der Rückgriff auf die Süßkind-Gestalt, den Roman im dreizehnten Jahrhundert spielen zu lassen. Dies indes war – aus zwei sehr verschiedenen Gründen – eine fatale Entscheidung.

Man vergegenwärtige sich die historische Situation: Inmitten der deutschen Welt lebte eine fremde Bevölkerungsgruppe, die an orientalischen und zum Teil mysteriösen oder mysteriös scheinenden Sitten und Lebensgewohnheiten festhielt, die ihrer archaischen Religion hartnäckig treu blieb und das Christentum als Irrlehre ablehnte, die sich von der Umwelt konsequent absonderte und auch abschloß (das Getto war ursprünglich eine Erfindung der Juden und nicht der Christen!) und deren Vertreter oft genug (aus welchen Gründen auch immer) Berufe ausübten, die höchst unbeliebt waren (etwa Geldverleiher). Dies alles in finsteren Zeiten, in denen Grausamkeit und brutale Willkür an der Tagesordnung waren.

Ich denke nicht daran, die mittelalterlichen Judenverfolgungen zu rechtfertigen. Nur meine ich, daß sie diejenigen in der Geschichte der Menschheit sind, über die man sich am wenigsten wundern kann. Wer das Gleichnis vom Juden inmitten der nicht-jüdischen Welt in diese Epoche grauenvoller Rückständigkeit projiziert, in die Zeit jenes religiösen Fanatismus, dem schließlich nicht nur Juden zum Opfer fielen, der nimmt unversehens der ganzen Frage ihre exemplarische Schärfe.

Als Heinrich Heine einst die (um 1500 spielende) Geschichte des *Rabbi von Bacherach* erzählte, da hatte er eine aufgeklärte bürgerliche Gesellschaft, in der sich gerade die Emanzipation der Juden vollzog, warnend an die Schrecken der Vergangenheit erinnern wollen. Heute jedoch, nach Auschwitz und Treblinka, sind mittelalterliche Judenverfolgungen als Kontrastmotive schlecht brauchbar.[4] Sie wirken, so weit hat es das zwanzigste Jahrhundert eben gebracht, fast schon harmlos.

Der andere Grund, der mir Torbergs Stoffwahl unglücklich scheinen läßt, ist rein literarischer Art. Kann man sich in unseren siebziger Jahren überhaupt noch einen im Mittelalter spielenden Roman von einigem literarischen Anspruch vorstellen? Ich bin da sehr unsicher, wobei ich natürlich weiß, daß alle Bedenken der Kritik – hier wie in jedem anderen Fall – ein Epiker mit einer unerwarteten und originellen Lösung außer Kraft setzen kann. Aber ich bin ganz sicher, daß heute ein solcher historischer Roman indiskutabel werden oder jedenfalls mißlingen muß, wenn der Autor – wie Torberg – sämtliche Errungenschaften der modernen Literatur auf so großzügige wie entwaffnende Weise ignoriert und tut, als lebten wir immer noch im neunzehnten Jahrhundert.

Torberg erzählt bieder und treuherzig, meist gradlinig und gemächlich. Der Zweifel an der Darstellbarkeit der Welt ist ihm offenbar fremd, von Ironie und Parodie will er, der in seiner Publizistik oft wunderbar ironisch ist und der auch ausgezeichnet Parodien verfaßt hat, nichts wissen. Wie seine Vision des Mittelalters noch unverkennbar romantische oder postromantische Züge trägt, so läßt auch seine Erzählhaltung am ehesten an die würdevoll historisierende und als realistisch geltende Epik etwa zwischen Scheffels *Ekkehard* und Gustav Freytags *Ahnen* denken.

Was von Torberg als Wirklichkeit ausgegeben wird, was wir für bare Münze nehmen sollen, erweist sich als purer Kulissenzauber. Der Eindruck entsteht, als habe der vorzügliche Theaterspezialist den merkwürdigen Ehrgeiz gehabt, jenen längst überflüssigen Kostümen und Requisiten, mit denen einst die Ritterstücke ausgestattet wurden, zu neuen Ehren zu verhelfen. Jedenfalls erinnert der Roman streckenweise nicht etwa an einen Farbfilm auf Breitleinwand, sondern an eine Festaufführung des *Käthchen von Heilbronn* eben in Heilbronn und vor hundert Jahren.

Nicht weniger fragwürdig als die Szenerie ist die Hauptfigur des Romans. Dieser Süßkind von Trimberg soll unbedingt ein stolzer Jude und ein deutscher Minnesänger, ein ganzer Kerl und ein zarter Dichter zugleich sein. Ein schmucker Kavalier ist er, dem die Mädchen und Damen gern und rasch Einlaß gewähren in Kammer und Schoß. Er liebt wie Heine und leidet wie Torberg. Und wenn es darauf ankommt, kann er auch kräftig zuschlagen und einen

74 Gesalbt mit süßem Öl

bedrohten Rabbi verteidigen: Er ist ein David mit den Muskeln Goliaths, ein strahlender Siegfried, doch mit der Trauer Kafkas und dem Lächeln Dajans. Er ist kein Ritter und doch ohne Furcht und Tadel. Er ähnelt auf fatale Weise den Protagonisten in den Romanen für die reifere Jugend von vorgestern und den positiven Helden in den Romanen des sozialistischen Realismus von gestern.

Wie in diesen Büchern werden auch hier die Leser immer wieder und sehr ausführlich belehrt – insbesondere über jüdische Sitten und Gebräuche und über allerlei Vorschriften der mosaischen Religion. Man könnte meinen, *Süßkind von Trimberg* sei ein Auftragswerk der Gesellschaft für christlich-jüdische Zusammenarbeit, geschrieben zur Feier der alljährlichen »Woche der Brüderlichkeit«.

Und wie liest sich das alles? Torberg hat sich, man merkt es deutlich, viel Mühe gegeben, eine Sprache zu finden, die seiner Vision des Mittelalters gerecht werden könnte. Neben Passagen in modernem, wenn auch etwas betulichem Deutsch fallen hier altertümliche Floskeln auf (»Denn die Hebräer sind ein gar strenges Volk«), biblisch getönte Sätze (»Und haben in dieser Nacht ihrer mehr als siebzig den Tod gefunden um des heiligen Namens willen, und es war noch nicht genug«) und viele Phrasen mit angestrengtpoetischem Anspruch (»Mittlerweile hatte der Fühling sich allenthalben niedergelassen und eingerichtet«).

Doch ist die Uneinheitlichkeit der Diktion bei weitem nicht so schlimm wie ihre würdevolle Feierlichkeit. Diese Prosa erstickt am Rhapsodisch-Gewichtigen: Sie ist gesalbt mit süßem Öl. So beschreibt Torberg, wie der junge Süßkind vom deutschen Wald zu seinem ersten deutschen Gedicht inspiriert wird: »Die Lichtung, an die er endlich geriet, lohnte es ihm. In sanfter Abwärtsneigung tat sie sich vor ihm auf, vom Horizont her floß ein letzter Widerschein der untergegangenen Sonne durch die Wipfel, am Rand des Ovals, in schmalem Bett, wand sich ein Wildbach über allerlei Geröll und Wurzelwerk, ein Vogelruf verklang, dann war es still. Aufatmend hatte Süßkind sich niedergelassen und an einen Baum gelehnt, die angezogenen Beine im Korb der verschränkten Hände geborgen. Eine namenlose Zärtlichkeit überkam ihn, nein, erfüllte ihn, nein, beides: sie drang auf ihn ein und drang aus ihm hervor, es waren

Friedrich Torberg: »Süßkind von Trimberg« 75

zwei Zärtlichkeiten, die sich miteinander paarten und eins wurden, eine namenlose Zärtlichkeit ... Der Wildbach rieselte aufwärts und aller Herzschlag pochte den Sternen zu und aller Wald war seine Rückenlehne. Süßkind erhob sich und breitete die Arme aus, um sich zu vergewissern, daß noch er selbst es war.«

So neckisch schildert Torberg die Tochter des Meisters Balthasar: »Sie hatte grüne Augen, die Brigitte, und braunes Haar, das sie in dicken Zöpfen trug, und einen breiten Mund mit starken weißen Zähnen, die sie beim Lachen fröhlich herzeigte; und sie lachte oft. Auch ihre Beine zeigte sie her, wenn ihr spielerisch danach zumut war, sich auf einen der Steinblöcke zu schwingen, die in der Werkstatt umherstanden; und es war ihr oft danach zumut. Auch ihre weißen Schultern zeigte sie her und ihre weiße Haut, wenn sie sich nach einem Werkzeug bückte oder sonst einen Handgriff tat, daß ihr der Kittel hinabglitt; und dorthin glitt er oft und wäre wohl noch weitergeglitten, hätten sich nicht die kleinen, straffen Brüste ihm entgegengestellt und ihn aufgehalten, die Brüste und nicht das Schnürband rundum, das schien sich da immer ein wenig zu lockern, und ehe es wieder richtig saß, mußte sie lang daran herumzupfen, länger als Süßkind hinsehen konnte.«

Daß einer, der wie Torberg bei Karl Kraus in die Lehre gegangen ist, derartiges schreiben konnte, läßt sich schwer begreifen. Eine solche Liebesszene wird heute nicht einmal von der Trivialliteratur geboten: »›Warte, mein Süßkind, warte. Mußt keine Angst haben, mußt mir nichts zeigen, ich zeig's dir schon selbst.‹ Und ihre Hand an seiner Wange, und ihre Hand an seiner Schulter unterm Hemd, und ihre Hand hautnah und heiß und ihre Hand –. War sie älter geworden, Brigitte, war sie nicht immer schon älter gewesen als er? Oder war's nur die große Sicherheit, mit der sie sich ihm entdeckte und ihn aufnahm ins Heimliche und Heimatliche, darin er geborgen lag wie nirgends zuvor, darin er sich verströmte, als sollte es kein Hernach mehr geben irgend je, als wäre jetzt aller Zeiten heiliges Ende gekommen?«

Wer es mit Friedrich Torberg gut meint und wem die große Sache, um die es hier geht, wichtig ist – beides nehme ich für mich in Anspruch –, der kann ihm und uns nur wünschen, daß dieses Buch möglichst schnell vergessen wird. (1972)

Adel der Seele

RUDOLF HAGELSTANGE:
»Altherrensommer«

Noch ist nicht aller Tage Abend. Noch ist es um die heil'ge deutsche Kunst, um den poetischen Roman zumal, so schlecht nicht bestellt, wie es uns die professionellen Meckerer und Kritikaster, diese zersetzenden Nörgler und Miesmacher gelegentlich einreden wollen.

Ich jedenfalls kann diesmal mit froher Borschaft aufwarten: Der geschätzte deutsche Dichter Rudolf Hagelstange, Verfasser zahlreicher und beliebter Bücher in Vers und Prosa sowie Vizepräsident des Deutschen PEN-Zentrums, dieser rührige und mehrfach preisgekrönte Künstler hat uns ein neues Werk beschert, das reichlich spendet, was viele Leser in Stadt und Land heutzutage vermissen müssen: Belehrung und Unterhaltung, Weisheit und Humor, Trost und Zuspruch.

Eine Reiseschilderung oder ein Roman? – so werden vielleicht manche Leser des »Altherrensommer«[1] fragen wollen. Doch wäre dies, meine ich, eine müßige Frage, weil hier einem Dichter endlich einmal die Synthese gelungen ist: Wir haben es mit einem stimmungsvollen und nachdenklichen Prosawerk zu tun, einem rechten Herzensbuch, das zart und kernig zugleich ist und in gepflegter und oft erlesener Sprache Einblick gewährt in unsere garstige und bisweilen dennoch beglückende Welt und viele ihrer schwierigen Probleme.

Zwei deutsche Männer stehen im Mittelpunkt. Es sind gebildete und feinsinnige, aufrechte und doch empfindsame, moderne und doch vornehme Menschen. Mehr als alles andere zeichnet sie der Adel der Seele aus – und so ist es ihnen bestimmt, unglücklich und einsam zu sein und still zu leiden. Sind es etwa Künstler, Dichter

Rudolf Hagelstange: »Altherrensommer« 77

gar, die in diesem Buch dem deutschen Vaterland – wenn auch aus verschiedenen Gründen – den Rücken kehren und auf einem italienischen Luxusdampfer nach Ostasien eilen? Ja und nein.

Der jüngere nämlich – er heißt Oliver Kitz und sucht das Weite, weil er so einer langjährigen erotischen Bindung zu entgehen hofft – verfügt zwar über einen »zu schönen Eindrücken und edlen Empfindungen gewillten Geist«, ist jedoch, wie er uns selber mitteilt, nur »ein verhinderter Poet«. Der andere aber, der etwa sechzigjährige Thomas Theodor Thannhausen, »ein sorgfältig gekleideter, sonnengebräunter Herr«, der nach dem Fernen Osten strebt, weil er beschlossen hat, sich »möglichst unauffällig aus der Reihe der Lebenden zu entfernen« und dies gerade dort tun möchte, ist ein wahrer Dichter.

Verbirgt sich in der Figur des subtilen Träumers und mutigen Einzelgängers Thannhausen, dieses souveränen und faszinierenden Gentlemans, dieses skeptischen und elegischen Globetrotters, der Charme mit Esprit verbindet, dieses glücklicherweise überall geschätzten und doch noch nicht in seiner vollen Bedeutung erkannten und daher trotz vieler Ehrungen noch nicht hinreichend gewürdigten Künstlers, dieses deutschen Poeten, der sich »altmodisch um Stil und Logik bemüht« und den junge Damen aus besten Familien auch in exotischen Ländern verehren und persönlich kennenzulernen wünschen – verbirgt sich also in dieser schillernden und betörenden Figur etwa ein Autoporträt des Dichters Hagelstange?

Schlichten Lesern, die das leichtfertig vermuten könnten, sei sofort geantwortet: Nein! Denn es ist klar, daß kein Autor im Ernst soviel Lob und Zärtlichkeit an seine eigene Person verschwenden kann. Indes gehört Thannhausen zu den Bewunderern Rudolf Hagelstanges, was den »Altherrensommer« außerordentlich bereichert: Er kann aus seinen Reden und Aufsätzen ganze Abschnitte auswendig und weiß sie auch bei passender Gelegenheit zwanglos in Gespräche einzufügen.

Diese beiden Ostasienfahrer vereint rasch eine innige Beziehung: »Ich werde versuchen, Sie auf den Weg zu sich selbst zu bringen«, sagt Thannhausen zu seinem jüngeren Freund. Allerdings müssen die beiden Deutschen, wie das nun einmal auf Schiffen ist, die

78 Adel der Seele

Gesellschaft auch anderer Menschen ertragen, meist kauziger Ausländer, die zwar aus guten Kreisen kommen – die Handlung spielt in der ersten Klasse –, doch etwas aufdringlich sind.

Da gibt es etwa die Russin Tamara, die »eine Zeit ihres Lebens in der gestrengen Schule Terpsichores gedient« hatte. Wir hören, daß diese ehemalige Petersburger Primaballerina »seelisch absolut unkorsettiert« sei und daß andererseits in ihrem »hochgeschnürten Busen die verschiedenen Seelen miteinander rangen«. Ferner gibt es eine britische Teezüchterin namens Sylvia, die »ein von archäologischem Ballast nicht freies Buch« geschrieben hat. »Mit allen Poren verlangte sie nach Wärme, nach Frucht . . .« – lesen wir. Und gleich ahnen wir auch menschliche Konflikte an Bord dieses Luxusdampfers.

Überraschender- und peinlicherweise stellt sich heraus, daß eine dieser Damen »in einem deutschen Konzentrationslager einige Monate verbracht hatte«. Indes brauchen wir nichts zu befürchten: Gerade in heiklen Situationen bewähren sich Hagelstanges Ich-Erzähler als taktvoll-umsichtige Gesprächspartner: »›Ich weiß von diesen Lagern, gnädige Frau‹, sagte ich insgeheim die Mühen verwünschend, die mir das bestellte frische, aber offenbar aufgebratene Täubchen verursachte, ›und muß vielleicht nicht versichern, daß ich diese folgenschwere Epoche deutscher Geschichte beklage. Aber da ich fünfzehn Jahre zählte, als sich mein damaliger Führer aus der Politik wieder zurückzog, werden Sie meine Verantwortung für diese Zustände nicht überschätzen. Ich hoffe, Sie haben nicht allzuviel gelitten in jener für viele Menschen so unerfreulichen Zeit.‹«

Nachdem die Passagiere zunächst »das strahlende Napoli« von weitem sehen durften, betrachten sie die Küste Kretas: »Ich hatte das Glück, dieses mir unvergeßliche Stück Erde zu entdecken und es solange in meine Augen zu nehmen, bis die Bewegung des Schiffes es mir entführte.« Und dann: »Das Land des Nil-Diktators kommt in Sicht.« Aber wer fühlt und denkt wie unser Oliver Kitz, der kann diesen Abschnitt der Reise nicht leichtfertig genießen, denn: »In der von Abwässern getrübten Flut befinden sich noch immer etliche Tropfen jenes ungarischen Blutes, das Chruschtschow und Bulganin sich im Suezkanal von den Händen waschen konnten ... Dieser Verkehrsweg wird noch lange ein Kainszeichen auf der Stirn unserer zeitgenössischen Gesellschaft bleiben.«

Inzwischen geht das Leben weiter, man spielt Bridge (»Ich beherrsche dieses aristokratische Spiel nicht«) oder beobachtet Schwärme fliegender Fische: Sie sind »von einer geheimnisvollen Ordnung gegliedert, wie sie den perlenden Tonreihen Chopinscher Läufe und Kadenzen innewohnt – eine lautlose Musik ...« Den Wundern der Natur haben die Gestalten Hagelstanges seelische Aufschwünge zu verdanken: »Ich nahm ihre Hände, die mir entgegenkamen oder zufielen wie Zweige oder Blumen, die man bricht ..., Frauenhände mit nie ausgeschöpfter Zärtlichkeit begabt, bedingungslos stürzende Körper. Und mit einem Mal, so schien es mir, begriff ich das Glück und das Elend des Menschen, seine zufällige Erhabenheit und sein unausweichliches Verfallen und Vergehn. Ich küßte ihre Hände.« Es handelt sich, wenn ich nicht ganz irre, um die Hände Sylvias.

Aber erst viel später, in Indien, kommen sich die beiden, Sylvia und Oliver, näher – doch nicht etwa so, wie manche verdorbenen Leser dies jetzt annehmen. Nein, Rudolf Hagelstange hat nichts gemein mit jenen vielen schamlosen und schmutzigen deutschen Schriftstellern, den – wie es im »Altherrensommer« heißt – »kleinen Konjunkturferkeln, die ausschließlich ans Geschäft denken« und sich daher eines »sexuellen Naturalismus« befleißigen.

Gewiß, auch dem Dichter Hagelstange und seinen Helden sind menschliche Instinkte nicht fremd, nur geben sie ihnen nicht nach, denn sie wissen noch, was Zucht und Sitte und Scham bedeuten: »Und zum guten und allerletzten Ende waren wir eben doch ein Mann und eine Frau (a man and a woman). Wir standen in der Polarität der Geschlechter, und was wir unseren Leibern nicht zugestanden (oder eingestanden), erlaubten wir unseren Seelen.«

Dabei verschweigt der Dichter Hagelstange keineswegs, daß die edle Britin leidet: »Ihre dunklen Augen glänzten, ihre Nasenflügel witterten wie die eines Wildes. Ihre Hände betasteten immer wieder nervös den Damast des Tischtuches.« Auf der nächsten Seite erreicht diese schöne erotische Episode ihren Höhepunkt: »Sie hängte sich verzweifelt an meinen Hals und koordinierte meine

80 Adel der Seele

beiden Wangenküsse zu einem lechzenden dritten, in den sich ein paar warme salzige Tränen mischten. Dann riß sie sich los und lief davon . . .«

Zwischendurch werden uns wertvolle Belehrungen allgemeiner Art geboten – so über die moderne Literatur (sie »wird gemanagt, nicht nur in ihrem Erfolg, auch in ihrer Substanz«), über Asien (»Wange an Wange schläft in Asien die Schönheit mit dem Aussatz, Seite an Seite gehen der Reichtum und die Armut«) oder über das Leben schlechthin (»Ein schöner Mund, den Charme und Witz bewegen, zählt zu den Wundern dieser Welt«).

Häufig würzen den »Altherrensommer« poetische Bilder und Vergleiche von einzigartiger Anschaulichkeit. Was sehen unsere Reisenden auf dem Marktplatz in Karachi? »Die Schenkel der Mehlsäcke, die Arschbacken der Kürbisse, die Millionen Traubenbrüste . . .« Und in einem Laden in Aden? »Wie energiegeladene Spieldosen standen sie da, verschlüsselte Dämonen der Technik, verhalten blinkend, automatische Büchsen der Pandora, die auf die wählende Hand warteten . . .« Gemeint sind Reiseschreibmaschinen. – Oder: »Über die glorreiche Majestät des Gebirgszugs vor uns, an dem wir entlangeleiten, zwei aneinander geschmiegte Singvögel auf die Schwinge eines Adlers gesetzt . . .« Mit dem Adler ist ein Jet-Flugzeug gemeint und mit den beiden aneinander geschmiegten Singvögeln kein anderer als unser Dichter Thannhausen und seine burmesische Freundin. Und damit wären wir mitten in jener Geschichte, die dem Ganzen die Krone aufsetzt.

Schlicht ist diese Geschichte und innig. Die junge (und sehr vornehme) Burmesin verdankt dem Goethe-Institut gute Kenntnisse nicht nur des Deutschen, sondern auch der Poesie Thannhausens. Damit sind die Voraussetzungen für eine tiefere Verständigung gegeben, zumal der Dichter schon beim ersten Tanz mit seiner Verehrerin begreift, »daß es eine besondere Vergünstigung war, diese weichen, ganz wachen Glieder zu spüren, die schuldlosen Hände zu halten, in diese schönen dunkel glänzenden Augen zu sehen«.

Dann wird die Tierwelt zum Vergleich herangezogen: »Er sah ihr nach und dachte: Für ein Reh steht sie zu gut im Fleisch. Für einen Frischling ist sie zu grazil. Ein kräftiges Füllen – das träfe schon

besser.« Rasch werden beide von überwältigenden Gefühlen ergrif-
fen: »Und sie sahen einander an. Länger als zuvor; anders als
zuvor. Für einen Zeitraum, den keiner von beiden hätte bemessen
können, . . . waren sie allein auf diesem kleinen Platz, den der
bestirnte Himmel wie eine lautlose Kantilene überspannte.«

Bald jedoch ist es nicht nur diese lautlose Kantilene, die die beiden verbindet. Denn die vom Goethe-Institut in Liebe zur deutschen Dichtung erzogene burmesische Jungfrau möchte sich dem
bewunderten Poeten hingeben: Sie spüre das Verlangen, heißt es in
dem Roman, dessen Autor sich oft weltgewandt fremder Sprachen
bedient, »to make love with him«. Freilich kann sie dem vornehmen Künstler das Werk ihrer Entjungferung nicht zumuten, weshalb sie zunächst einen einheimischen Arzt aufsucht. Dann aber
steht der von beiden Seiten ersehnten Vereinigung nichts mehr im
Wege. Er erwartet sie auf dem Flughafen: »Sie kommt die Gangway
herab, in leichten Sandalen und lächelnd auf mich zu, und ich
hänge ihr die weiße Blütenkette um den Hals. ›Wir können uns
küssen‹, sagt sie leise. Und wir tun es.«

Doch auch hier, versteht sich, ist glücklicherweise nichts von
jenen widerlichen Ferkeleien da, mit denen die modernen Literaten
das deutsche Schrifttum besudeln und verpesten. Bis zum Ende
bleibt der »Altherrensommer« zart und sauber: »Die Luft war wie
eisgekühlter Champagner. Ich sah in den leisen weißen Wirbel und
dachte meiner jungen Liebsten . . . Und auf mich fiel Schnee, auf
mein Leben, mein Tun, mein nichtiges Werk. Schnee bedeckte
meine Haare, hängte sich an meine Wimpern, küßte meine Wangen
und Lippen.«

The rest is silence.   (1969)

Der Kaiser ist nackt

STEFAN HEYM:
»5 Tage im Juni«

Es ist schon richtig, daß Stefan Heym, wie bei uns mitunter behauptet wird, zu den berühmtesten Schriftstellern der DDR gehört. Allerdings verdankt er diesen Ruhm weniger der Qualität seiner Bücher als vor allem der ängstlichen und hartnäckigen Taktik der SED, die seine literarischen Erzeugnisse, seit er sich Mitte der sechziger Jahre einige kühne Banalitäten über den sozialistischen Realismus geleistet hat, eher den westdeutschen Lesern als den Bewohnern des Arbeiter-und-Bauern-Staates gönnt.

Andererseits hält man es in Ost-Berlin nicht für nötig, den populären Autor und alten Kommunisten besonders streng zu behandeln. Im Unterschied etwa zu dem erheblich jüngeren Wolf Biermann, der von Kompromissen nach wie vor nichts wissen will, ist Heym ein umgänglicher Mann, mit dem sich reden läßt. Zu seinem sechzigsten Geburtstag im April 1973 machten ihm hohe Parteifunktionäre ihre diplomatische Aufwartung: den reichlichen Blumengaben entsprach Freundliches im »Neuen Deutschland«. Seither informiert man uns ziemlich regelmäßig, daß dieses oder jenes Werk von Stefan Heym, das man in der Bundesrepublik wieder vergessen hat, bald auch in der DDR erhältlich sein werde; wenig später ist zu lesen, daß ein anderes seiner Bücher, das von einem Ost-Berliner Verlag bereits angekündigt war, dort vermutlich doch nicht erscheinen könne. Unsere Kenner der DDR-Szene interpretieren diese Nachrichten oder Gerüchte als Symptome, sei es der Verhärtung, sei es der Liberalisierung des Kulturlebens im anderen deutschen Staat.

Hinzu kommen die Interviews, die der keineswegs auf den Mund gefallene oder gar die Werbung verachtende Stefan Heym

Stefan Heym: »5 Tage im Juni« 83

den Publikationsorganen in der kapitalistischen Welt gern und oft gewährt. Was er jenen schuldet, die seine öffentlichen Auftritte (hüben hoffnungsvoll und drüben mißtrauisch) beobachten, weiß er natürlich sehr wohl: Immer darf der westliche Reporter zumindest *eine* dreiste Frage stellen, die es Heym ermöglicht, erneut seine Unabhängigkeit und sein kritisches Verhältnis zur SED zu beweisen. Aber man braucht auch nie lange auf die Belehrung zu warten, daß dem Kommunismus, trotz der Fehler der leider etwas engstirnigen Genossen, die glorreiche Zukunft gehöre. – So entsteht jener Widerspruch, den man hierzulande gern als dialektisch bezeichnet. Er mundet dem westlichen Publikum vortrefflich. Ob nun dialektisch oder nicht – auf jeden Fall wird der Wolf satt und das Schäflein bleibt heil und unser Stefan Heym im Gespräch.

Das alles ist sehr spannend. Wenn man dies auch noch seinen Büchern nachrühmen könnte, wäre Anlaß zu eitel Freude. Doch darum ist es, offen gesagt, nicht so gut bestellt: Denn Stefan Heym verfügt über mehr Intelligenz als Geschmack, er hat mehr Mut als Talent. Auch wenn es von ihm einige amüsante satirische Geschichten gibt und in seinem Roman »Der König David Bericht« (1972) parodistische Elemente auffallen, die von augenzwinkerndem Witz und einer sympathisch-boshaften Phantasie zeugen, so haben wir es doch weniger mit einem Epiker zu tun, der die polemische Zeitkritik anstrebt, als mit einem Zeitkritiker, der sich der epischen Form lediglich als Verpackung und Vehikel für mehr oder weniger aktuelle Befunde und Diagnosen bedient.

Von allen Büchern Heyms fand in den sechziger Jahren sein Roman über den 17. Juni – »Der Tag X« – das stärkste Echo und dies vielleicht deshalb, weil er überhaupt nicht publiziert wurde. Er habe ihn, berichtet der Autor, in den Jahren 1954 bis 1958 zunächst in englischer Sprache geschrieben (auf diesen Umstand legt der ehemalige Emigrant Heym ganz besonderen Wert) und erst dann ins Deutsche übersetzt. Das 1959 abgeschlossene Manuskript wurde von der Partei ohne Diskussion abgelehnt: Seinem Weg zum mysteriösen Ruhm stand nun nichts mehr im Wege – weder seine literarische Qualität noch seine politische Tendenz. Und Heym selber hörte nicht auf, in Interviews an die Existenz des verbotenen

84 Der Kaiser ist nackt

Buches zu erinnern: Was zu uns als pikantes Gerücht gedrungen war, avancierte bald zur Legende mit diskreten Märtyrertönen.

Dieser Legende versetzte Robert Havemann einen unsanften Stoß: Er erklärte in seiner Autobiographie »Fragen, Antworten, Fragen«, Heym solle dankbar sein, daß die Veröffentlichung seines Romans von der Partei verhindert wurde. Denn er habe »die grundfalsche offizielle Lesart« übernommen, »wonach der ›17. Juni‹ ein von den westlichen Geheimdiensten organisiertes konterrevolutionäres Unternehmen war«[1]. Also schrieb Havemann im Jahre 1972. Wenig später ging Heym ans Werk: Er verfertigte eine Neufassung, wobei er das ursprüngliche Manuskript lediglich »als Materialsammlung« verwertet haben will. Das muß übrigens sehr anstrengend gewesen sein. Denn wenn wir auch nicht wissen, wieviel in den »5 Tagen im Juni«[2] (dies der neue Titel) tatsächlich aus dem »Tag X« stammt, so ist es immerhin unverkennbar, daß Heym mit dem Blick in zwei Richtungen gearbeitet hat: Die Neufassung sollte für die DDR akzeptabel und für die Bundesrepublik attraktiv sein. Daran ist heuzutage nicht wenigen Autoren diesseits und jenseits der Elbe gelegen: Ob dieser so beliebte deutsche Silberblick auch unserer zeitgenössischen Literatur zugute kommt, muß zumindest bezweifelt werden.

Heyms Rechnung ist jedenfalls nicht ganz aufgegangen: Das neue Buch durfte zwar in der Bundesrepublik erscheinen, doch wurde es in der DDR abermals verboten. Und wer weiß, ob er seiner Partei für diese Entscheidung nicht ebenso dankbar sein sollte wie für die Verhinderung der legendären Erstfassung. Denn Heym ist ein in der DDR verfolgter Schriftsteller geblieben und darf also im Westen weiterhin von jenem Sonderrabatt profitieren, der in solchen Fällen von unserer literarischen Öffentlichkeit menschenfreundlich gewährt wird. Und im übrigen schmecken verbotene Früchte überall besonders gut. Mit anderen Worten: Man kann sich denken, daß dieser Roman in der DDR, wohin gewiß schon viele Exemplare gelangt sind, ein aufmerksames, ja sogar aufgeregtes Publikum findet, das hier endlich lesen kann, was zwar im Grunde alle wissen, was jedoch noch nie von einem DDR-Autor beschrieben wurde. Nach wie vor erinnern viele Schriftsteller in der kommunistischen Welt an das Kind aus Andersens Märchen:

Alle sehen, daß der Kaiser nackt ist, aber sie, die Schriftsteller, sind die einzigen, die es zu sagen oder wenigstens anzudeuten versuchen.

Diesen Lesern in der DDR mögen unsere Einwände gegen die »5 Tage im Juni« nebensächlich oder gar weltfremd vorkommen. Indes läßt es sich nicht verheimlichen, daß wir es zwar mit einem bemerkenswerten zeitgeschichtlichen Dokument, doch zugleich mit einem dürftigen und erschreckend oberflächlichen Roman zu tun haben. Aber er ist nicht etwa deshalb so arg mißraten, weil Stefan Heym nicht sagen durfte, was er sagen wollte, sondern weil er nicht erzählen konnte, was er – da er sich zu diesem Thema entschlossen hatte – hätte erzählen müssen. Nicht an der Zensur ist er also gescheitert, sondern an den Grenzen seines literarischen Talents.

Die Handlung beginnt am 13. Juni und reicht bis zum Abend des 17. Juni 1953. Sie spielt vorwiegend unter den Arbeitern und Angestellten eines fiktiven Ost-Berliner Industriebetriebs. Heym gibt sich viel Mühe, die Unzufriedenheit und die Verbitterung der Arbeiter zu zeigen und auch und vor allem die Umstände zu schildern, die sie gezwungen haben, sich gegen das Regime zu wehren, zu streiken und zu demonstrieren. Andererseits macht er deutlich, daß die Parteiführung von den Sorgen und Nöten jener Klasse, deren Sachwalter und Repräsentant sie zu sein vorgab, nichts wußte und offenbar auch nichts wissen wollte. Schließlich zögert er nicht, in sein Buch kurze Szenen aufzunehmen, die erkennen lassen, wie groß die Ratlosigkeit der SED-Führung angesichts der offenen Rebellion gewesen war.

Aber diese Motive finden sich in einem auffallend wirren Roman, der, obwohl Heym an ihm viele Jahre gearbeitet hat, flüchtig und hastig geschrieben scheint und dessen Lektüre viel Geduld erfordert. Er gehört zu jenen Büchern, die man erst beim zweiten Lesen ganz verstehen kann, ohne freilich die Gewißheit zu erlangen, daß es sich gelohnt hat, sie überhaupt zu lesen.

Die Zahl der Personen ist übermäßig groß, was damit zusammenhängen mag, daß die ursprüngliche Fassung etwa doppelt so umfangreich war wie die endgültige. Heyms Romanfiguren voneinander zu unterscheiden ist oft nicht leicht, dafür kann man, wie

86 *Der Kaiser ist nackt*

beim Fußballspiel, gleich erkennen, auf welcher Seite sie stehen. Da gibt es Bürger der DDR mit widerlichen Zähnen und spinnenhaften Fingern, sie haben in ihrem Wesen »etwas Lauerndes und zugleich Herrisches«, sie sind geil und feige und mißhandeln Frauen. Von einem heißt es, er habe »in besseren Tagen die Zwangsarbeiter von Rowno« drangsaliert, dem anderen wird wenigstens ein Vater nachgesagt, der in der SS war. Sie alle sind – wie könnte es anders sein? – westliche Agenten: »Wenn es brodelt, steigt der Dreck nach oben« – werden wir belehrt.

Doch treten in diesem Roman auch ganz andere Menschen auf: Der Gewerkschaftsfunktionär Witte (»Ich habe nie vergessen, daß ich ein Arbeiter bin«), ein ganz vorbildlicher Kerl, der freilich bisweilen etwas selbständig denkt, was ihm gar nicht gut bekommt; der Parteisekretär Banggartz, der wieder etwas zu unselbständig ist, aber dafür »die Partei als seine wahre Familie« betrachtet; der wackere Arbeiter Kallmann (»Ich hab' mir den halben Daumen abgeschnitten als junger Mann und hab' ihn mir mit dem Taschentuch festgebunden und weitergearbeitet«), der sich leider vom Klassenfeind ein wenig mißbrauchen läßt und am Ende, wie es sich für einen solch polternden deutschen Helden schickt, die Welt nicht mehr versteht; und auch jene herben und aufopferungsvollen Arbeiterinnen sind wieder da, bei denen sich hinter der rauhen Schale der weiche Kern und unter der derben Kluft der feste Busen verbirgt.

Wie man sieht, geniert sich Stefan Heym nicht, das Standardpersonal der DDR-Romane des sozialistischen Realismus fast ganz zu übernehmen. Seine schriftstellerische Technik weicht hingegen ein wenig von dieser Schablone ab. Hier und da blendet er, einer westlichen Mode von vorgestern folgend, in die Handlung allerlei Dokumente ein. Und während die Genossen bei Heym so reden, wie sie einst in den Romanen des braven Willi Bredel geredet haben, darf sich das West-Berliner Striptease-Mädchen, das natürlich mit üblen Agenten munkelt, in stummen Selbstgesprächen artikulieren. Sie sind sinnigerweise dem Schlußmonolog aus jenem »Ulysses« nachgebildet, der in der DDR als abstoßendes Produkt der modernen westlichen Literatur gilt und dort noch immer zu den unerwünschten Büchern gehört. So ist der Joyce auf den Heym

Stefan Heym: »5 Tage im Juni« 87

gekommen. Sieht man von diesen verkrampften Modernismen ab, dann triumphiert hier ein Stil, der wiederum tröstlich ist. Denn die Sprache dieses Buches beweist, daß es immer noch einen, sagen wir, gesamtdeutschen Trivialroman gibt: »›Prost!‹ antwortete vom anderen Tischende her der Dreher Bartel, schüttete sich seinen Korn in den Rachen und biß in seine Bockwurst, daß der Saft spritzte.« Der deutsche Kitsch ist vorerst unteilbar.

Aber immerhin hat Heym seine ursprüngliche Version der Vorgänge vom 17. Juni revidiert. Auch jetzt schreibt er westlichen Geheimdiensten eine wichtige Rolle zu, doch für die Verhältnisse, die zur Rebellion geführt haben, macht er die Partei und die Regierung verantwortlich. Er wirft jenen, die damals an der Spitze standen, folgenschwere Fehler vor. Damit freilich ist es nicht getan. Denn die Kluft, die in der kommunistischen Welt die alltägliche Wirklichkeit von dem ideellen Programm trennt, hat ihre Ursache nicht in den Irrtümern oder Fehlern der jeweils die Macht ausübenden Politiker. Nicht darum geht es, daß derartige kommunistische Politiker das Programm der Partei kompromittieren, sondern daß dieses Programm immer wieder derartige Politiker ermöglicht, ja nötig macht. Gerade hier endet Heyms Einsicht: Er rechtfertigt niemanden, aber was eine logische und auch unvermeidbare Konsequenz der theoretischen Grundlage war, stellt er als einen bedauerlichen Betriebsunfall dar, den menschliches Versagen verschuldet haben soll.

So endet das Buch mit einem eindeutigen Bekenntnis zur SED. Den Funktionär Witte, der oft Heyms Ansichten ausdrücken darf, läßt er sagen: »Trotz ihrer Fehler und Mängel – es gibt nur die eine Partei, nur die eine Fahne.« Und ebendeshalb darf der Roman »5 Tage im Juni« in der DDR nicht erscheinen, und Stefan Heym ist auf einen Verlag angewiesen, über den der Klassenfeind verfügt. Zur Schadenfreude besteht nicht der geringste Anlaß.

(1974)

Sentimentalität und Gewissensbisse

ALFRED ANDERSCH:
»Efraim«

Anläßlich der Frankfurter Buchmesse 1967 hat das Fernsehen zwölf bekannte Kritiker gebeten, die drei ihrer Ansicht nach wichtigsten literarischen Neuerscheinungen zu nennen. Die Antwortliste umfaßt fünfundzwanzig verschiedene Titel, darunter auch einige deutsche Romane. Doch der einzige Roman, den ein prominenter deutscher Schriftsteller in diesem Herbst vorlegen konnte, Alfred Anderschs »Efraim«[1], wurde von keinem der Befragten genannt – sie wollten lieber auf dürftige Versuche jüngerer Autoren und auf ausländische Bücher hinweisen als auf dieses immerhin ernste epische Vorhaben. Offenbar wird also der »Efraim« von der deutschen Kritik mißbilligt. Ist es so?

Von den vielen Besprechungen dieses Buches, die in der bundesrepublikanischen Presse bisher zu lesen waren, kenne ich rund zehn. Sie sind fast alle sehr freundlich, betont respektvoll, zum Teil enthusiastisch. Häufig finden sich Superlative: Wir hätten es mit dem bedeutendsten Werk von Andersch zu tun oder mit dem besten deutschen Roman des Jahres 1967 oder gar mit einem Höhepunkt der zeitgenössischen Literatur schlechthin. Gewiß, hier und da werden auch Bedenken geäußert, aber meist zögernd, zurückhaltend und rücksichtsvoll und gelegentlich in demselben nahezu weihevollen Tonfall, der sich in der Zustimmung bemerkbar macht.

Warum schweigen diejenigen, die das Buch ablehnen? Und warum liest man – von Ausnahmen abgesehen – die Ansichten nur jener, die es befürworten? Weshalb wird über den »Efraim« in literarischen Kreisen oft mit geradezu aggressiver Verachtung gesprochen und in der Presse schonungsvoll und feierlich? Die deutsche

Alfred Andersch: »Efraim« 89

Kritik ist doch sonst nicht eben zimperlich. Die Ursachen dieser nicht alltäglichen Situation sollten in dem Buch gesucht werden, um das es hier geht.

Andersch läßt einen deutschen Juden die Geschichte seines Lebens erzählen. Es handelt sich um einen Georg Efraim aus Berlin, der 1935 – damals noch Gymnasiast – von seinen Eltern nach England geschickt wurde, während des Krieges in der britischen Armee gedient hat und später als Journalist erfolgreich war: Er ist nun ein Starreporter der englischen Presse, der sich im Auftrag eines großen Londoner Wochenblatts abwechselnd in verschiedenen europäischen und asiatischen Hauptstädten aufhält. Und Deutschland? Seine Mutter ist in Theresienstadt umgekommen, sein Vater in Auschwitz. Deutschland geht Georg Efraim nichts an. Doch 1962 muß er der Kuba-Krise wegen für seine Zeitung nach Berlin fliegen. Hier sieht er eine Stadt, die ihm vertraut ist und dennoch fremd bleibt. Er kennt hier niemanden, man ist freundlich zu ihm, aber er spürt Distanz. Mit dieser deutschen Welt will er nichts mehr zu tun haben. Trotzdem irritiert sie ihn. Und das Mädchen, in das er sich verliebt, ist eine Deutsche.

Ein Heimatloser soll er also sein und dies gleich im mehrfachen Sinne. Weder fühlt er sich als Engländer noch als Deutscher. In London ist er offenbar nicht zu Hause und in Berlin erst recht nicht. Im Judentum konnte er nie einen Halt finden, das Christentum war ihm wohl immer gleichgültig. Die Engländerin, die er in London geheiratet hat, mußte er verlassen, die Deutsche, die er in Berlin liebt, wird nicht zu ihm kommen. Der Journalismus hat ihn enttäuscht, er sucht einen neuen Beruf, er möchte Schriftsteller werden. Was ihm das Leben verweigert hat, erhofft er sich von der Literatur: Glück.

»Efraim« ist also ein Buch über Deutsche und Juden, über die Schuld von gestern und die Fragwürdigkeit von heute, über Auschwitz und die Folgen, über Gesellschaft, Politik und Moral. Da Anderschs Held viel über seine gescheiterte Ehe mit einer Fotografin Meg und seine kurze Freundschaft mit der Berlinerin Anna erzählt, da er uns freimütig Einblick in seine zahlreichen erotischen Hemmungen und Komplexe gewährt, haben wir es zugleich mit einem Roman über Liebe, Sex und Ehe zu tun. Und schließlich wird uns hier noch die Geschichte der Entstehung eines Romans geboten, eben jenes ersten Buches, das Efraim, nachdem er auf den Journalismus verzichtet hat, schreibt und das nun vor uns liegt. Kein Zweifel, Andersch geht auf die wichtigsten Fragen der Epoche ein. Warum bleibt »Efraim« dennoch so belanglos? Das Buch scheint reichhaltig zu sein. Weshalb ist es doch erschreckend armselig? Mehr: Warum erweist es sich als geradezu peinlich? Es sind, glaube ich, einige verschiedene Umstände, die diese penetrante Peinlichkeit bewirkt haben.

Zunächst einmal fällt die Ähnlichkeit des Romans »Efraim« mit früheren Büchern Anderschs auf. Was er auch erzählen mag – immer stehen im Mittelpunkt enttäuschte, resignierte und meist verbitterte Menschen, die sich als Benachteiligte und als gescheiterte Existenzen fühlen. Nachdem ihnen ihre Ideale abhanden gekommen sind, wollen sie nicht mehr »mitspielen«. Sie möchten »aussteigen« und womöglich ein neues Leben beginnen. Sie kehren der als zweifelhaft oder als verwerflich empfundenen Realität den Rücken und suchen Schutz, wenn nicht unmittelbar im Ästhetischen, so doch in einer Traumlandschaft und, vor allem, in der Introversion. (»Ich antwortete auf den totalen Staat mit der totalen Introversion« – heißt es in den »Kirschen der Freiheit«.) Und stets sind es Heimatlose, die wir in einer Übergangsperiode kennenlernen: Denn sie vermochten sich zwar von ihrem bisherigen Lebensbereich zu trennen, aber in einem neuen konnten sie nicht heimisch werden.

Worauf Andersch zurückgegriffen hat, ist nichts anderes als eine altehrwürdige, sehr beliebte und oft allzu bequeme Antithese des deutschen Romans, zumal des neunzehnten Jahrhunderts: Außenwelt und Innenwelt. In der frühen Epik Anderschs ermangelt jedoch dieser Rückgriff nicht einer tieferen Berechtigung: Wenn in den »Kirschen der Freiheit« und in dem Roman »Sansibar«, in Büchern also, die zwischen 1933 und 1945 spielen, die Flucht nach innen als Antwort des Individuums auf die Epoche und ihre Schrecken verstanden werden sollte, so fehlte dem Motiv weder die moralische noch die zeitgeschichtliche Legitimation. Aber was hier überzeugend wirken konnte, mutete in dem auf bundesrepublikanischem Hintergrund spielenden Roman »Die Rote« schon eini-

Alfred Andersch: »Efraim« 91

germaßen anachronistisch an – und zugleich unfreiwillig komisch.

Denselben Gegensatz – Außenwelt und Innenwelt, Politik und Kunst – will Andersch jetzt mit den Erlebnissen und Meditationen des Journalisten Efraim beglaubigen. Das Emigrantenschicksal soll noch einmal die etwas naive und auf jeden Fall romantisch verbrämte Antithese verdeutlichen. Nur wenig unterscheidet sich Efraim von seinen Vorgängern: Auch er gehört zu jenen leidenden, enttäuschten und fliehenden Andersch-Protagonisten, den Heimatlosen, die ihrer Umwelt endgültig überdrüssig sind, die sich absetzen und sich zu einem »Inseldasein« entschließen. Auch er ist einer der Ausgestoßenen, die einsam in trüben Tagen – bei Andersch regnet es meist – in sich gehen. Nur daß Andersch seinen traditionellen Helden diesmal judaisiert hat oder, richtiger gesagt, judaisieren wollte. Durfte er das? Das hängt immer nur vom Ergebnis ab: Der Romancier darf alles, was er kann. Aber Andersch hat hier etwas versucht, was seine schriftstellerischen Möglichkeiten weit übersteigt.

Gewiß ist sein Efraim ein lieber Mensch, dem viele Vorzüge nachgesagt werden können: Er erweist sich als zart und edel, taktvoll und ritterlich, gebildet und musisch, nachdenklich und skeptisch, gewandt und elegant. Obwohl ein nervöser und subtiler Ästhet, kann er seinem Gegner, wenn es darauf ankommt, auch einen kräftigen Kinnhaken versetzen. Er stammt aus einem sehr vornehmen Hause, doch mangelt es ihm nicht an menschenfreundlichem Verständnis und aufrichtigem Interesse für das proletarische Milieu. Er mag ein cleverer Journalist sein, aber sein Idol ist Beckett.

Indes werden auch ganz andere Dimensionen in dem Porträt Efraims – wohlgemerkt einem Selbstporträt – angedeutet. Der umsichtige Reporter beschreibt sein eigenes Gesicht als »eine trockene, ausgeglühte Landschaft, auf Wasser wartend, auf das Heil, auf die Erlösung«. Er habe – gesteht er –«Nachrichten-Chemie als einen Zweig der Heilsgeschichte« betrieben. Wenn ich das recht verstehe, soll der Journalist, der in vielen Ländern zu Hause ist, einen Zug ins Ahasverische erhalten und etwas von jenem sozialrevolutionären Pathos, das bei Andersch längst zur Schablone erstarrt ist.

92 *Sentimentalität und Gewissensbisse*

Dieser Efraim, dessen Gesicht also einer auf das Heil und die Erlösung wartenden Landschaft gleicht, spricht bei anderer Gelegenheit von dem »medaillonartigen Eindruck, den wir Semiten, Abkömmlinge einer Mittelmeerkultur, auf die Nordländer machen«. Daß Juden, auf wen auch immer, einen solchen Eindruck machen, scheint mir, mit Verlaub, purer Mumpitz zu sein. Trotzdem ist die Formulierung aufschlußreich. Denn der von Andersch unermüdlich stilisierte und in einer fatalen, süßlich-philosemitischen Aura gezeigte Held hat mit der Realität nichts gemein und erweckt in der Tat nur noch einen »medaillonartigen Eindruck«.

Andersch mag dies geahnt haben, weshalb er seinen Efraim zusätzlich mit allerlei Schwächen versieht, um ihn wenigstens etwas menschlicher zu machen. Sie betreffen meist das Sexuelle. So erfahren wir, daß er den Geschlechtsverkehr »eigentlich« nicht möge, jedoch vor Sinnlichkeit vergehe, andererseits aber Angst vor den Frauen habe. Im Grunde kann er es nur mit seiner Frau Meg »tun«, von der er weggegangen ist, weil sie ein Verhältnis mit seinem Londoner Chef hat. Der Leser wird viele Seiten hindurch mit der Frage beunruhigt, auf welchem Möbelstück die beiden es »miteinander getrieben« haben. Wir erfahren es erst auf Seite 463: Ein Schaukelstuhl war es, aber beileibe kein gewöhnlicher, sondern »ein viktorianisches Möbel aus geschwungenem Bugholz«.

In Rom hatte Efraim eine Beziehung mit einer sympathischen Prostituierten; obwohl sie von dem Andersch-Protagonisten angemessen entlohnt und gut behandelt wurde, sei ihm bewußt geworden, daß er einen Menschen ausbeute und erniedrige. Gelegentlich onaniert er, worauf er besonders oft und gern zu sprechen kommt und was ihm großen Kummer bereitet; weiß der Teufel übrigens, warum er sich der diskreten Tätigkeit gerade im Lesesaal des Presseklubs in Rom hingeben muß, wo er denn auch prompt von einem taktlosen deutschen Journalisten gestört wird. Ferner interessiert sich Efraim leidenschaftlich für pornographische Bücher und Zeitschriften, doch fehlt dem weitgereisten Journalisten, wie wir glauben sollen, der Mut, sie zu kaufen. – War es Anderschs Absicht, uns einen Mann vorzuführen, der über vierzig Jahre alt ist und immer noch in seiner Pubertät steckt?

Daß Efraim in England Starreporter werden konnte, ist schon

Alfred Andersch: »Efraim« 93

deshalb vollkommen unvorstellbar, weil er sich nicht ausdrückt wie ein guter englischer Journalist, vielmehr wie ein besonders schlechter deutscher Schriftsteller. Wenn er uns mitteilen will, die Begegnung mit der jungen Anna habe ihn zu seinem Roman veranlaßt, dann müssen wir lesen, daß »dieses große, schattenhafte Mädchen mich dazu disponiert hat, gewisse Zeichenanordnungen einzuleiten, mit derer Hilfe es mir hoffentlich möglich sein wird, meine Position auszumachen«. Er habe sich versenkt – sagt Efraim bei anderer Gelegenheit – »in ein Meer von Erinnerungen und Überlegungen, auf dem Bruchstücke formulierter Texte schwimmen, mit deren Hilfe ich vielleicht ein Floß zimmern kann«. Noch umständlicher und prätentiöser und schiefer geht es kaum.

Überdies fällt es schwer, an Efraims Journalisten-Karriere in England zu glauben, weil er von Andersch zwar mit allerlei Attributen versehen wurde, doch leider nicht mit viel Verstand. Das hat für den Roman, da ja ausnahmslos alles in Efraims Sicht geboten wird, verheerende Folgen. Efraim erzählt nicht nur über sich selbst, seine Erotik und seine Arbeit, sondern auch über die Welt schlechthin. Andersch geizt nicht mit Schauplätzen und Milieus, Bildern und Themen. Hier Rom, da London, mal West-Berlin, mal Ost-Berlin, ein Restaurant in der Nähe der Spanischen Treppe und eine Redaktion in der Fleet Street, eine fesche Party am Kurfürstendamm und ein malerischer Friedhof in Neukölln (»eine Gräberstätte still in dem milden Oktoberlicht«), die Mauer und der Kommunismus, die »Insel« (Kuba) und Kennedy, Augstein und Strauß, Kriegsverbrecherprozesse und Studentendemonstrationen, der Jazz und das Umgangsdeutsch, Beckett und Virginia Woolf.

Als Reporter der englischen Presse habe er sich, behauptet Efraim, niemals mit der Oberfläche der Dinge begnügt. Das können wir nicht nachprüfen. Hier aber sind die meisten Darlegungen entwaffnend banal und naiv zugleich, ein Klischee jagt das andere. Der deutsche Verleger ist blond, »ungeheuer humorlos« und zeichnet sich durch Gründlichkeit aus. Der jüdische Journalist wird »von Unrast beherrscht« und trägt natürlich »randlose Gläser, die mich zum Intellektuellen machen«; um den Angestellten der Jüdischen Gemeinde – in Berlin Anno 1962 – ist »etwas Morgenländi-

94 *Sentimentalität und Gewissensbisse*

sches«, der alte enttäuschte Kommunist hat »ein nicht nur von Arbeit, sondern auch von Leiden ausgehöhltes Gesicht«. In Rom ist es trocken und sonnig, in London feucht, grau und neblig.

»Daß ich in diesen Aufzeichnungen immer wieder in Reflexionen und Analysen gerate, macht mir Kummer. Es ist ein Kunstfehler.« – Mit dem Kunstfehler könnte man sich leicht abfinden, wenn den Reflexionen wenigstens etwas mehr Intelligenz anzumerken wäre. West-Berlin – entdeckt Efraim – »ist nicht das gleiche wie der Westen«. Es sei – versichert er – »ein Unterschied zwischen Zyklon B und einer Bombe, die vom Himmel fällt«. Und wenn sich Andersch über Beckett äußert, dann ist natürlich von der »absoluten Sinnlosigkeit der Welt« die Rede. Immer wieder wird uns der bare Kitsch offeriert: »Während eines langen Baß-Solos schüttelte sie ihn (ihren Körper) nur gerade so viel, daß ihr grünsilbernes Kleid über ihn hinfließen konnte wie Wasser über einen Weidenast. Durch die glitzernde Geste hin, die sie auf solche Weise in den grün-goldenen Teich des Lokals warf, suchte ich das durchsichtige Braun ihrer Augen zu finden; und als ich sie gefunden hatte, wandte sie ihren Blick nicht ab.«

Der unfreiwillige Humor erreicht seinen Höhepunkt in den altväterlich-biederen erotischen Szenen: »Besonders die weiße Bluse, die ich Muße hatte zu betrachten, während sie das gehackte Schweinefleisch in die Pfanne tat und es mit Zwiebelringen versetzte, hat eine Bedeutung für mich gewonnen, weil ich nämlich, nach dem Mittagessen, als der alte Krystek uns wieder alleingelassen hatte, um in sein Brikettgeschäft zurückzukehren, versucht habe, ihre Knöpfe zu öffnen. Ich bin dabei nicht weitergekommen als bis zum alleröbersten Knopf; dennoch weht manchmal noch die Vorstellung von weißem preußischen Leinen in meine römischen Tage und Nächte wie eine kühle Verheißung.«

Ich weiß, Alfred Andersch ist ein integrer, ein verdienstvoller und ehrenwerter Mann, aber seine Geschmacklosigkeit schrickt nicht einmal vor den Opfern der Gaskammern zurück. Da wird einmal »das alte rote römische Licht« erwähnt. Dann läßt er seinen Efraim sagen: »Irgendwie bringt dieses Licht es fertig, einen die Tatsache ertragen zu lassen, daß . . . meine Eltern und Esthers Mutter . . . maschinell getötet und verbrannt worden sind; . . . es läßt einen vermuten, auch das schärfste, das sinnloseste Leiden würde am Ende eingeschmolzen in eine Summe des Schmerzes, in eine Dämmerung aus Rot.« – Hier zeigt sich, daß Kitsch auch eine moralische Kategorie sein kann.

Für manche Schwäche dieses Buches hat Andersch gleich die Rechtfertigung parat: Sein Ich-Erzähler könne eben keine Romane schreiben (»Ich bin gottseidank doch kein richtiger Romancier!«). Daß ein Autor die Mängel seines Produkts dem vorgeschobenen Ich-Erzähler zur Last legt, haben wir schon oft erleben müssen. Aber der Ernst, mit dem Andersch immer wieder auf die begrenzten Möglichkeiten seines Mediums hinweist, ist zumindest verblüffend.

So teilt uns Efraim mit, daß er seine Erinnerung »nur flüchtig notiere« und »erst später ins reine schreiben werde«, was er offenbar nicht mehr geschafft hat. Nach rund 170 Seiten erklärt er, das alles besage nichts, und er könne das Manuskript in den Papierkorb werfen, was er indes mitnichten tut. Er fragt: »Soll ich unter diesen Umständen das Begonnene überhaupt fortsetzen?« Plötzlich lesen wir: »Überhaupt ist der ganze vorige Absatz eine ziemlich genaue Rekonstruktion meines Primaner- und Barackenstils . . .« Nach einer fatalen Beschreibung heißt es: »Ich bin unzufrieden mit dieser Beschreibung . . .« Nach schauderhaften Vergleichen sagt uns der Ich-Erzähler treuherzig: »Es fällt mir kein anderer Vergleich ein.«

Einigermaßen überraschend ist die Behauptung: »Es ist gleichgültig, wo man lebt, was man tut, wer man ist.« Einige Seiten weiter folgt die Zurücknahme der Sentenz: Der Satz sei doch »übertrieben und sentimental« und »wahrscheinlich ist er sogar falsch«. Nach einer nicht eben geistreichen Reflexion, die in der These »Beziehungen sind alles« gipfelt, erkennt Anderschs Ich-Erzähler, sein Buch werde durch eine solche Reflexion nur schwerfällig, weshalb er sie »wahrscheinlich wieder streichen werde«. Dann heißt es in Klammern: »Ich habe mich entschlossen, sie doch stehen zu lassen.«

Gegen Ende fügt Andersch die entschuldigenden Floskeln immer häufiger ein. Er könne – beruhigt sich Efraim – »das Ganze als absolut unverbindlichen Versuch betrachten«, ihm gehe der

Ehrgeiz ab, einen Roman zu verfassen, er habe doch nur »eine ganz gewöhnliche Dreiecksgeschichte« erzählt. Und auf der letzten Seite überlegt er sich, ob er sein Buch »noch einmal gänzlich umschreiben sollte«.

Sogar der Leitgedanke des ganzen Romans wird schließlich annulliert. Unzählige Male mußten wir lesen, das Leben des Menschen sei »nichts als ein großes Durcheinander« und »purer Zufall«. Und dies, was Efraim als »sein großes Gedankengebäude über den Zufall und das Chaos« ausgegeben hat, bezeichnet er am Ende als eine »philosophische Marotte«, die im Grunde das Buch überflüssig mache: »Wenn alles auf Zufall beruhte . . ., dann wäre es nicht nötig gewesen, mich so zu demaskieren, wie ich mich in der Tat demaskiert habe«.

Aber alle selbstkritischen und rechtfertigenden Bemerkungen können die Sache nicht mehr retten. Sie wirken abstoßend kokett und machen diesen peinlichen Roman nur noch peinlicher. Allerdings scheint »Efraim« erfolgreich zu sein. Und nicht ohne Grund. Sentimentalität und Gewissensbisse, Sex und Auschwitz, Binsenweisheiten und herbes Aroma, der Mief der Provinz und der Duft der großen weiten Welt – diese Mischung gefällt. (1967)

Die zerredete Revolution

PETER WEISS:
»Trotzki im Exil«

Was sich hier abspielte, kommt mir widerwärtig und obszön vor:
In Düsseldorf, der angeblich reichsten Stadt der reichen Bundesrepublik Deutschland, in einem Theaterneubau, der die öffentliche
Hand nicht weniger als vierzig Millionen Mark gekostet hat und
der sich zwischen dem Bürohaus eines der größten Konzerne
Europas und der Filiale einer der mächtigsten Banken des Erdballs
befindet, wurde ein Stück aufgeführt, das die Weltrevolution rühmt
und die Hinrichtung der bürgerlichen Gesellschaft fordert; und
jene, die den Zuschauerraum füllen – ich war nicht in der Premiere,
sondern in einer ganz gewöhnlichen Repertoire-Aufführung –,
sind typische Vertreter ebendieser Gesellschaft, meist offenbar
wohlhabende Düsseldorfer, die natürlich nichts weniger wünschen
als die kommunistische Herrschaft an Rhein und Ruhr.

Dennoch habe ich nach keinem einzigen Satz dieses Stückes
Widerspruch gehört – und auch keine Zustimmung; für dieses
Publikum ist, was hier auf der Bühne geschieht, so wichtig wie
etwa die Intrigen um Boris Godunow, ja, mir will scheinen, daß die
Mitteilung des Lehárschen Zarewitsch, es stehe ein Soldat am Wol-
gastrand, bei den deutschen Stadttheaterabonnenten ungleich stär-
kere Reaktionen auslöst als Trotzkis Ruf nach der permanenten
Revolution. Warum lassen die Düsseldorfer – aber die Hamburger
oder die Frankfurter würden sich kaum anders verhalten – alles
über sich ergehen? Man speit sie an, und sie tun, als wäre es ein
harmloser und lieber Regenschauer. Der Grund ist einfach: Sie
halten das, was man ihnen bietet, für Literatur, für Kunst. Sie
konsumieren es als Dichtung.

In der Tat hat das Stück »Trotzki im Exil«, von Peter Weiss[1] mit

98 Die zerredete Revolution

Kunst und Literatur etwas gemein – nämlich die Person des Verfassers; wir verdanken ihm schließlich das »Marat«-Drama und einige hervorragende Prosabücher, die zwischen 1960 und 1963 erschienen sind. Und was immer Peter Weiss noch schreiben mag, er kann nur sich selber kompromittieren, nicht sein früheres Werk, das aus der Geschichte der deutschen Literatur nach 1945 nicht mehr wegzudenken ist.

Der Impuls zu dem neuen Stück war vornehmlich politischer Art. Man erinnert sich, daß Weiss 1965 – er war damals schon fast fünfzig Jahre alt – vom Kommunismus hingerissen wurde, in dem er, wie Millionen vor ihm, das gelobte Land der Solidarität und der Gerechtigkeit entdeckte.[2] Er hatte es leichter als andere: Denn das bürgerliche Schweden, wo er seit Jahrzehnten lebt, ist ein sicherer Port, von dem es sich gemächlich raten läßt, ja, von der Stockholmer Loge aus kann man die proletarische Weltrevolution bequem besingen.

Viele Äußerungen von Weiss bestätigen die Binsenweisheit, daß die leidenschaftliche Liebe, zumal eine so späte, die intellektuelle Selbstkontrolle des Liebenden eher beeinträchtigt – und daß den Gläubigen nie Argumente, sondern immer nur Erfahrungen belehren können. Sie ließen nicht lange auf sich warten: Nach der sowjetischen Intervention in der Tschechoslowakei korrigierte Weiss seine Anschauungen. Während er jedoch seine Konversion von 1965 in Artikeln und Interviews bekannt gab, wird die 1968 erfolgte Revision mithilfe eines abendfüllenden Bühnenwerks verlautbart.

Gegen Ende läßt Weiss Trotzki sagen: »Was geschehen ist, beweist nicht die Falschheit des Sozialismus, sondern die Gebrechlichkeit, die Unerfahrenheit in unsern revolutionären Handlungen.« Nach wie vor stünden sich gegenüber: »die Ordnung der absoluten Gemeinheit, der absoluten Habgier, des absoluten Eigennutzes«, die »unveränderlich« sei und »nur noch räuberischer« und »noch destruktiver« werden könne, und andererseits der Sozialismus, der »trotz der Verbrechen, die in seinem Namen begangen wurden«, veränderlich und zu verbessern sei.

An diese Erklärung knüpft der Bühnen-Trotzki noch ein feierliches Kredo: Er beteuert seinen Glauben »an die Vernunft, an die menschliche Solidarität«, an den »Aufstieg aller Unterdrückten«, an die »revolutionäre Kraft der Massen« und schließlich an die »internationale Revolution«. Kurz vor seiner Ermordung (im Jahre 1940) kann Weissens Trotzki auch voraussagen, wer einst »den Kampf aufnehmen und vorantreiben« und den »Sieg über das Weltkapital« ermöglichen werde: die Studenten.

Diese Trotzki in den Mund gelegten Sätze dürfen als ein direktes Bekenntnis des Schriftstellers Peter Weiss gewertet werden und beweisen, daß seine so spät begonnene politische Entwicklung doch Fortschritte macht. Er befürwortet – ließe sich zusammenfassen – die kommunistische Weltrevolution, aber jetzt tut er endlich, was man von ihm längst erwartet hatte: Er distanziert sich öffentlich und unmißverständlich von den Methoden des Stalinismus. Das ist immerhin – ich meine es ernst – so erfreulich wie löblich; in Ostberlin, wo man Peter Weiss noch unlängst gerühmt und preisgekrönt hat, wird er nun entweder totgeschwiegen oder als ein Agent des Imperialismus diffamiert werden.

Da indes dem »Trotzki im Exil« kaum mehr als die zwar für Peter Weiss neue, doch nicht eben originelle Einsicht in das Wesen des Stalinismus zu entnehmen ist und da dieses Stück vor allem aus Leitartikeln zusammengesetzt scheint, fragt es sich, ob es nicht praktischer und vernünftiger gewesen wäre, gleich einen Artikel zu schreiben. Wozu der umständliche und anspruchsvolle Weg über die Bühne, wozu die vielen Schauspieler, Kostüme und Requisiten, wenn doch nicht mehr dabei herauskommt?

Was diese Szenenfolge zeigen möchte, ist nicht etwa die Geschichte des Revolutionärs Lew Davidowitsch Trotzki, sondern jene des russischen Kommunismus vom Beginn unseres Jahrhunderts bis zum Zweiten Weltkrieg. Statt sich aber auf einen begrenzten und überschaubaren Abschnitt der ohnehin sehr komplizierten und oft verworrenen Epoche zu konzentrieren und statt das Exemplarische, das er im Sinn hat, an einigen charakteristischen Gestalten zu demonstrieren, verfährt Weiss wie ein etwas naiver Anfänger: Er bietet eine geradezu dilettantische Anhäufung von historischen Fakten, Figuren und Motiven, von Zitaten und dokumentarischen Versatzstücken.

Und da er sich überdies an die chronologische Reihenfolge der

100 *Die zerredete Revolution*

dargestellten Vorgänge nicht hält, sondern innerhalb der vier Jahr-
zehnte unentwegt hin- und herpendelt – wobei sich fast alle Zeitsprünge als völlig willkürlich erweisen und szenisch absolut nichts
ergeben –, ist das Resultat das denkbar schlimmste: Der Zuschauer,
der die Geschichte der Kommunistischen Partei der Sowjetunion
nicht kennt, verliert sich rasch in einem Chaos ihm ganz oder teilweise unverständlicher Äußerungen, Anspielungen und Vorfälle.

Derjenige Zuschauer hingegen, der die Schriften Lenins und
Trotzkis gelesen hat und dem solche Namen wie Radek, Plechanow
oder Bucharin (sie treten alle hier auf) viel bedeuten, ist entsetzt
über die Oberflächlichkeit des Autors Weiss und seine zumindest
ärgerliche Fahrlässigkeit. Laut eigenen Angaben hat er dieses Stück
in kaum mehr als einem halben Jahr geschrieben. So sieht es auch
aus: eine rasche und billige Montage, flüchtig und unseriös.

Aber anders als in dem inzwischen schon vergessenen »Vietnam-
Diskurs«, in dem er es auf eine entpersonalisierte Chronik abgesehen hatte, will Weiss jetzt wieder Individuen in den Mittelpunkt
stellten. Indes sind es, betrachtet man sie genauer, bloß aufrecht-
gehende Namen, unermüdlich und in jeder Situation diskutierende
und dozierende Automaten, nur Marionetten, denen Spruchbän-
der aus dem Mund hängen. So hat hier Lenin bei jeder Gelegenheit
seine bekannten Parolen und Thesen parat: »Die Kunst muß par-
teilich sein«, »die Presse ist Waffe im revolutionären Kampf«, »die
Partei ist die höchste Form der Organisation des Proletariats«,
»ohne revolutionäre Theorie keine revolutionäre Praxis«.

Noch schlimmer und noch ärgerlicher: Trotzki, einen der geist-
reichsten politischen Schriftsteller des Jahrhunderts, dem es eine
Zeitlang gelungen war, die Synthese von philosophischer Idee und
revolutionärer Tat zu verwirklichen, ihn, dessen hochdramatisches
und abenteuerliches Leben einer – ich glaube nicht zu übertreiben –
einzigartigen Parabel gleicht, diesen Mann degradiert Weiss zu
einem ledernen, langweiligen Phrasendrescher, der oft noch den
Eindruck eines borniertem und dümmlichen Funktionärs macht.

Und wie in den sowjetischen Stücken der stalinistischen Periode
müssen auch die Weiss-Protagonisten die Zukunft prophezeien,
ohne sich je irren zu dürfen. Während aber diese Stücke des sozialistischen Realismus natürlich Lenin und Stalin als rührende

Freunde präsentiert hatten, verdanken wir Weiss, versteht sich, ein anderes Freundespaar. »Und der Streit zwischen uns? Jetzt zu Ende?« – fragt Lenin. Da wird Trotzki ganz wehmütig: »War es ein Streit? Wars nicht nur ein Kräftemessen? Haben einander vorangetrieben. Haben Gedanken voneinander übernommen. Gegensätzlichkeiten zur Synthese gebracht.« Darauf Lenin: »Wir sind einander gewachsen.«

Am meisten erinnert jedoch an die Dramatik des sozialistischen Realismus eine Nebenfigur dieses Bilderbogens: Stalin. War er dort ein leibhaftiger Gott, allmächtig, weise und prächtig anzusehen, so ist er hier ein lächerlicher Popanz, wenn nicht gar ein Kretin. Die Methode bleibt sich also gleich, nur die Vorzeichen sind ausgewechselt.

Eine sich auf diese Ebene begebende Auseinandersetzung mit dem Kommunismus macht, befürchte ich, jede ernste Diskussion unmöglich und fügt Schaden zu – nicht dem Kommunismus etwa, wohl aber dem politischen Theater in der Bundesrepublik. (. . .) Ein Kompliment gebührt dem Ensemble – allerdings nicht dem des Düsseldorfer, sondern dem des Stuttgarter Schauspielhauses. Denn das Stuttgarter Ensemble hat sich geweigert, dieses Stück zu spielen. (1970)

Feierliche Undeutlichkeiten

DIETER WELLERSHOFF:
»Die Schattengrenze«

Die Fairness erfordert es, mit zwei Feststellungen zu beginnen. Erstens: Dieter Wellershoff ist ein ernster und ein fähiger Mann, ein Verlagslektor, Herausgeber und Essayist, dem allerlei Verdienste nachzurühmen sind. Sie bleiben, versteht sich, von dem Urteil über seinen neuen Roman ganz und gar unberührt.[1] Und zweitens soll keineswegs verheimlicht werden, daß sich einige Rezensenten zu diesem Roman respektvoll und entschieden positiv geäußert haben.

Wellershoffs kreative Begabung ist am deutlichsten in einigen Hörspielen erkennbar, die aus der Zeit um 1960 stammen. Sein erster Roman – »Ein schöner Tag«, 1966 – hat mich nicht überzeugt. Er schien mir ein sorgfältig geschriebenes und auch sympathisches, aber nicht eben aufregendes Buch, recht brav und ordentlich, aber auch ziemlich trocken und zäh. Der »Schöne Tag« wurde damals von der Kritik zwiespältig aufgenommen: teils freundlich, teils skeptisch. Doch gehörte dieser Roman zu den vielen Gegenständen des literarischen Alltags, deren eventuelle Überschätzung oder Unterschätzung – sofern sich diese in vernünftigen Grenzen hält – schon deshalb unerheblich ist, weil sich das Ganze eigentlich auch ignorieren ließe.

Für das jetzt erschienene Buch, den Roman »Die Schattengrenze«[2], gilt das nicht mehr: Es ist zu schlecht, als daß es ignoriert werden könnte. Wie also? Hätten wir es gar mit einem exzeptionellen Tiefpunkt der zeitgenössischen deutschen Prosa zu tun? Natürlich werden in der Bundesrepublik laufend noch ungleich schlechtere Romane veröffentlicht. Nur daß sich hier das Fade und penetrant Mediokre höchst anspruchsvoll gibt, daß es so preziös und feierlich daherkommt.

Dieter Wellershoff: »Die Schattengrenze«

Wellershoff erzählt die Geschichte eines verhältnismäßig simplen Mannes, offenbar eines Autohändlers, der in einer bundesrepublikanischen Großstadt – in Köln etwa oder in Düsseldorf – lebt, aber zur Zeit auf der Flucht ist. Vor wem? Erst einmal vor der Kriminalpolizei und der Steuerfahndung, die ihm schon auf der Spur sind: Er hat etwas ausgefressen, doch werden wir über seine Missetat nicht näher informiert, was ich keineswegs bedaure. Zugleich ist dieser Mann – wie uns der möglicherweise von Wellershoff persönlich verfaßte Klappentext mitteilt – ein »Opfer gesellschaftlicher Zwänge, die in ihm wirksam sind als eine ihn zerstörende Macht«. Diese »Zwänge«, nämlich »Konkurrenzkampf und Angst vor der Isolation« – vor zehn Jahren hieß das »Wirtschaftswunder und Kontaktlosigkeit« – sind es, die angeblich zum »rapiden Persönlichkeitszerfall« des Autohändlers geführt haben. Kurz: Nicht nur den ihn jagenden Instanzen möchte er entfliehen, sondern – wenn schon, denn schon – der Gesellschaft schlechthin und natürlich sich selber ebenfalls.

Gewiß ging es Wellershoff auch diesmal, ähnlich wie in seinem ersten Roman, um die Darstellung eines »sinnlich konkreten Erfahrungsausschnitts«, und wiederum versucht er, ihm vor allem mit der Deskription gerecht zu werden. Aber sie zielt in der »Schattengrenze« weniger auf das Sichtbare und Greifbare ab als auf die Gefühle, Reflexe und Gedanken, die Alpträume, Visionen und Wahnvorstellungen jenes fliehenden Mannes. Das Ganze erzählt nun Wellershoff zwar in der dritten Person, doch ist er unentwegt bemüht, es aus der Perspektive seines Helden zu zeigen. Mit seinen Augen sehen wir die wenigen im Roman auftretenden oder erwähnten Figuren, zwei Frauen vor allem, und gewiß sollen viele eher unerfreuliche Eigentümlichkeiten des Romans mit dem beklagenswerten Zustand dieses Flüchtlings zusammenhängen.

Daß er nicht gerade verschwenderisch mit Scharfsinn und Intelligenz ausgestattet wurde, mag auf Wellershoffs persönliche Erfahrungen mit der Autobranche zurückzuführen sein. Aber nicht nur er hat eine Vorliebe für solche Romanhelden. Nun ja, ich weiß, es gibt in Deutschland viele schlichte und beschränkte Menschen. Indes: Müssen sich Romane mit ihrer Sicht begnügen? Ist es unbescheiden, die deutschen Epiker zu bitten, sie möchten ihren

104　*Feierliche Undeutlichkeiten*

Hauptfiguren, wenn schon aus ihrer Perspektive erzählt werden soll, eine etwas größere Intelligenzquote zubilligen? Allerdings läßt sich nicht verheimlichen, daß »Die Schattengrenze« da, wo Wellershoff die ursprüngliche Perspektive kühn sprengt und seinem Helden allerlei Wahrnehmungen und Beobachtungen zuschreibt, die den Horizont dieses labilen Versagers entschieden überschreiten, leider auch weder geistreicher noch interessanter wird.

Doch was uns auch geboten wird – immer gehen hier Vergangenheit und Gegenwart ineinander über, an Sprüngen in Zeit und Raum ist kein Mangel. Hierzu bedient sich Wellershoff der Rückblende, die heute nur noch von der einfältigsten Landbevölkerung für ein hochmodernes Ausdrucksmittel gehalten wird. Aber so brav und wacker die gute, alte Rückblende auch ist, so läßt sich mit ihr, zumal ihre Anwendung keine Schwierigkeiten bereitet, viel Unfug anstellen. In der »Schattengrenze« funktioniert sie wie ein Fahrstuhl der Zeit, den der Autor, wenn ihm nichts besseres einfällt, in Bewegung setzt: Wellershoffs Held muß unentwegt zwischen den Zeitetagen auf- und abfahren, was aber kaum mehr zur Folge hat als die gelegentliche Verwirrung des Lesers. Indes scheint die so bewirkte Verdunkelung des Romangeschehens dem Verfasser nicht unlieb zu sein.

Besonders fällt in dem Roman eine Verbindung auf, die mir in der Tat außergewöhnlich scheint – von verblüffender Direktheit nämlich mit gehobener Umständlichkeit. Einerseits hat Wellershoff keinerlei Skrupel, uns über alles, was sich im Bewußtsein des flüchtenden »Opfers gesellschaftlicher Zwänge« abspielt, unmittelbar und ausführlich zu informieren. Andererseits aber bemüht der Autor der »Schattengrenze« für diese psychischen Erlebnisse, diese vielen Regungen und Ahnungen, Halluzinationen und Befürchtungen, weit hergeholte und meist würdig-bedeutungsvolle Umschreibungen.

Beginnen wir mit einigen zunächst harmlosen Beispielen: »Eingehüllt in fiebrige Hitze und Schwäche kehrte er hinter den Pfeiler zurück . . .«; »Er fühlte sich von trockener Wärme überschüttet . . .«; ». . . während er schon ganz eingehüllt war von diesem Gefühl der Aussichtslosigkeit . . .« Zugegeben: Kein Gesetzbuch

Dieter Wellershoff: »Die Schattengrenze« 105

ist da, das solche Wendungen verböte. Wenn ein Autor es unbedingt will, kann sich ein Mensch von Wärme *überschüttet* fühlen und in fiebrige Hitze und sogar in Schwäche *eingehüllt* sein. Und vielleicht kann auch das Gefühl der Aussichtslosigkeit jemanden einhüllen. Dem Romancier Wellershoff gefällt diese Ausdrucksweise, mir nicht. Mir kommt ein derartiger Stil verkrampft und gestelzt und hochtrabend vor.

»Es war nur noch das graue Heranfließen des Raumes, in dem er sich verschwinden fühlte . . .« Dieses »Verschwinden« spielt übrigens eine fast mysteriöse Rolle in dem Roman: »Sie drangen aufeinander ein, als vertauschten sie ihre Plätze im Raum, und er verschwand in ihrer Anwesenheit, wie sie ihn wahrnahm.« Zwei Menschen können gewiß ihre Plätze tauschen, und bisweilen empfiehlt sich dies, aber aufeinander eindringen, »*als* vertauschten sie ihre Plätze« – nein, das können sie nicht. Und was soll das eigentlich bedeuten, daß Wellershoffs Held in Anwesenheit seiner Freundin verschwand, »wie sie ihn wahrnahm«?

». . . Und zwischendurch die Oberschenkel, weiß, zu einer weißen Fläche werdend, das Lächeln war darin enthalten wie ein Wasserzeichen . . .« Daß in den Oberschenkeln einer Frau ein Lächeln enthalten sein kann, das hat wohl erst Wellershoff entdeckt, aber was meint er mit dem Wasserzeichen? »Gut, dachte er, mit irgendeiner leeren überflüssigen Zustimmung, die sich aus seinem Kopf blähte . . .« Mit einer Zustimmung denken, die sich überdies noch bläht – das ist hart.

Indes kann sich aus Wellershoffs Kopf allerlei blähen: »Das zuckende mahlende Gesäß begann sich im Kreis zu drehen . . .« Daß das zuckende Gesäß dieser Dame etwas mahlt, wollte Wellershoff gewiß nicht sagen, also kann es sich nur um die mahlende Bewegung jenes Gesäßes handeln, das sich aber auch noch – gleichzeitig offenbar – im Kreise dreht. Immerhin eine Leistung, wenn auch keine stilistische. Gehe ich zu weit, wenn ich mir erlaube, schlicht festzustellen, daß wir es hier mit miserablem Deutsch zu tun haben?

Noch ein Beispiel: »Bewegen konnte er sich nicht, als habe er keine Gelenke oder sei aufgelöst, vermischt mit ihr oder in ihr aufgenommen, endlos in sie eindringend, steigend, während sie ihm entgegensank . . . Und sie war es, die sich bewegte, sie und er,

106 *Feierliche Undeutlichkeiten*

sie beide naß, mit schweren weichen flappenden Körperstößen, mit denen er schon nichts mehr suchte, mit denen er verschwand und sich ausdehnte, eine unbegrenzte Masse, Teile ihres Körpers darin auftauchend und ein Punkt außerhalb, in dem er dachte, was aber nur ein unaufhörliches schnelles Zurückfluten alter Gedanken war. Sie verließen ihn. Er wurde weniger und mehr. Als ob er sich vereinfachte und wuchernd veränderte.«

Da drängt sich doch der Verdacht auf, daß es nicht nur der Held Wellershoffs war, den die Gedanken verließen. Gewiß, einem Autor kann allerlei passieren, aber gibt es bei Kiepenheuer & Witsch keine Lektoren mehr?[3] Ließ sich dieser feierliche Schmus nicht verhindern? ». . . endlos in sie eindringend, steigend, während sie ihm entgegensank . . .« Vom Eindringen – übrigens: wieso endlos? das ist doch geprahlt –, vom Ertrinken und Versinken und ähnlichem hören wir allerlei auch bei Wagner, zumal im »Tristan«; das stammt jedoch aus dem 19. Jahrhundert und wird überdies keinem ohne Musik zugemutet. Eine besonders wichtige Funktion kommt in diesem Roman der Dunkelheit zu. Der Autohändler fühlt sich vom »dunklen Wogen« umgeben und von »der unveränderlichen Dunkelheit, von der er sich vorstellte, daß er sie in Stücke schnitt, die immer wieder zusammenwuchsen«. Ein »dunkles Zurückebben« wird uns hier geboten und auch »Würfel aus Dunkelheit, die immer wieder den einen großen Würfel bildeten, in den er eingelassen war . . .« Bei anderer Gelegenheit löst sich die Dunkelheit »in große, sich drehende Schollen auf«. Oder: »Das Dunkel flog dauernd auf ihn zu und teilte sich und sprühte über ihn hinweg«, und »er fühlte sich sinken in dunkle Nachgiebigkeit, durch ein ununterbrochenes strähniges Fließen, in dem . . . seine Glieder wolkenhaft mitflossen«. Schließlich: »Die Dunkelheit stand um ihn als ein unaufhörliches Rauschen und Singen.«

Soviel Dunkelheit auf einmal hat es, glaube ich, schon lange nicht mehr in der deutschen Prosa gegeben. Gleichzeitig liefert uns Wellershoff geradezu Schulbeispiele eines prätentiösen und meist auch noch antiquierten Stils, als habe er es darauf abgesehen, den Lesern zu zeigen, wie man auf keinen Fall und unter keinen Umständen schreiben sollte – weder heute noch in Richard Wagners Zeiten. Was ist hier geschehen?

Dieter Wellershoff: »Die Schattengrenze« 107

Hinter alldem verbirgt sich wahrscheinlich nichts anderes als eine simple Tatsache, die man beim Namen nennen muß: Wellershoff wollte unbedingt einen Roman verfassen, hatte jedoch nichts, aber auch gar nichts zu sagen. Deshalb vor allem sucht er – in welchem Maße dies ein bewußter und in welchem ein unbewußter Prozeß ist, soll hier nicht entschieden werden – Schutz in jener rauschenden und singenden Dunkelheit, die er in Stücke und Würfel zerschneidet und in Wogen und Schollen auflöst.

Eine totale Leere zu kaschieren und zu garnieren, ist weder ein dankbares noch ein leichtes Geschäft. Wellershoff kann bestätigt werden, daß er keine Mühe gescheut hat. Aber je größer seine Anstrengung, desto weniger bleibt von seinem Geschmack und Stilgefühl übrig. Wie viele seiner Vorgänger landet er prompt beim Pseudopoetischen und in den Gefilden des puren und zugleich nebelhaften Geschwafels.

Diese »Schattengrenze« scheint mir in hohem Maße exemplarisch zu sein – für schlechte und affektierte Prosa. Affektation aber – lehrt Friedrich Schlegel, den man nicht oft genug zitieren kann – »entspringt nicht sowohl aus dem Bestreben, neu, als aus der Furcht, alt zu sein«[4].

Läßt sich diesem Roman wenigstens die zeitkritische Absicht zugute halten? Schließlich hat sich Wellershoff eines zwar oft behandelten, doch weiterhin aktuellen und wichtigen Themas angenommen. Nein, ich befürchte, noch nicht einmal das ist möglich. Denn wer in einer solchen Sprache schreibt, nimmt sich eines Themas nicht an, er mißbraucht es. Er diskreditiert die Sache, um die es ihm geht. Jener unglückselige Autohändler ist ein Opfer, gewiß, aber nicht »gesellschaftlicher Zwänge«, sondern lediglich schriftstellerischer Ohnmacht.   (1969)

War es ein Mord?

MARTIN WALSER:
»Die Zimmerschlacht«

Wenn ein so scharfsinniger Schriftsteller wie Martin Walser und ein so bedeutender Regisseur wie Fritz Kortner in langwieriger und offenbar einträchtiger und beflissener Zusammenarbeit und überdies mit Hilfe so erfahrener und hervorragender Schauspieler wie Hortense Raky und Werner Hinz schließlich einen Theaterabend zustandebringen, der sich als außergewöhnlich langweilig und abgeschmackt und streckenweise sogar als dümmlich erweist, dann ist das Ganze – eben des extremen Ergebnisses wegen – in hohem Maße bedenkenswert. In den Münchener Kammerspielen hat also in Anwesenheit vieler illustrer Trauergäste ein Leichenbegängnis erster Klasse stattgefunden. Zu klären bleibt, ob hier das Stück – Walsers »Zimmerschlacht«[1] – systematisch ermordet wurde oder ob man nur eine Leiche auf die Bühne gezerrt hat.

Daß Martin Walser, so originell seine Begabung auch sein mag, nicht zu jenen Künstlern gehört, die mit vollen Händen spenden können, wissen wir längst, zumindest seit dem Roman »Halbzeit« (1960). Was er schreibt, ist oft anregend und interessant, es vermag zu verwundern und zu irritieren, ja mitunter zu entzücken. Aber es überwältigt nie: Die verführerische, den Leser bezwingende Kraft, die manchen Seiten von Frisch und Böll, von Grass und Johnson nachgerühmt werden kann, geht Walser vollkommen ab.

Warum? Weshalb erinnert er uns häufig an die alte Wahrheit, daß sich in der Kunst Vitalität und Sterilität nicht gegenseitig ausschließen? Vielleicht ist dieser Kasus der deutschen Gegenwartsliteratur gar nicht so kompliziert, wie er es im ersten Augenblick zu sein scheint. Sehr möglich, daß dem Schriftsteller Walser nichts anderes fehlt als jenes schwer definierbare und nach wie vor nicht ersetzbare Element, das sich mit dem altmodisch klingenden Begriff »poetische Imagination« andeuten läßt.

Auf jeden Fall hat Walser mehr Esprit als Phantasie. Sein Ohr ist besser als sein Auge, er erweist sich immer wieder als ein Mann eher des Arguments als des Bildes. Nicht seine Figuren prägen sich daher ein – die einzige, an die ich wirklich zu glauben vermochte, war Beumann in den »Ehen in Philippsburg« –, wohl aber seine Formulierungen, nicht die Vorgänge bleiben im Gedächtnis, sondern die Randbemerkungen, nicht die Situationen, sondern die Reflexionen.

Damit hängen die mutmaßlichen, vielleicht einstweiligen Grenzen Walsers zusammen, des Epikers ebenso wie des Dramatikers. Daß er sie nicht akzeptieren will, ehrt ihn. Daß er sich jedoch hartnäckig weigert, aus seiner schriftstellerischen Eigenart praktische Konsequenzen zu ziehen – oder hierzu nicht imstande ist –, gibt vielen seiner Bemühungen den Anstrich einer liebenswürdigen, aber auf die Dauer etwas ermüdenden Donquichotterie. Dies wurde besonders deutlich in seinem Kampf um das Theater, der jedenfalls spannungsvoller und dramatischer zu sein scheint als die Bühnenwerke selber.

Dreimal hat er versucht, Fabeln und Handlungen zu erfinden, mit denen der Gegenwart und der jüngsten Vergangenheit beizukommen wäre, dreimal ist er gescheitert. Und in allen diesen Fällen – also in den Stücken »Eiche und Angora«, »Überlebensgroß Herr Krott« und »Der Schwarze Schwan« – eigentlich aus demselben Grunde: Weil er statt der angestrebten Modellsituationen stets nur Dialogpointen und statt der szenischen Vision bestenfalls Bonmots zu bieten hatte. Er führte Motive ein, die er nicht verwerten konnte, und er offerierte Einfälle, denen er als Theaterautor nicht gewachsen war.

Mit anderen Worten: So exemplarisch Walsers Gestalten und Konstellationen auch sein sollten, so wenig vermochten sich die von ihm skizzierten Bilder zu Sinnbildern zu weiten. Was immer er auf der Bühne geschehen ließ: unversehens und gegen seinen Willen wurden aus den Aktionen pure Deklarationen.

Vor dem Hintergrund dieser Dramen, in denen er also mehrere Jahre hindurch versucht hatte, zeitgeschichtliche und moralpoliti-

110 *War es ein Mord?*

sche Fragen mit Hilfe einer konkreten szenischen Handlung auszudrücken, ist sowohl die thematische als auch die formale Konzeption der »Zimmerschlacht«, die zwar auf eine frühere Arbeit
Walsers zurückgeht, aber in der vorliegenden Fassung als ein Stück
des Jahres 1967 betrachtet werden sollte, nicht ohne Interesse.

Zunächst: Wir haben es mit einem Ehestück zu tun, das sich
lediglich im privaten und intimen Bereich abspielt. Jene zeitgeschichtlichen und moralpolitischen Aspekte, von denen sich Walser
noch unlängst fasziniert zeigte, bleiben ganz und gar ausgeklam-
mert.

Ähnliches gilt übrigens für das fast gleichzeitig erschienene
Drama Max Frischs »Biografie«: Auch hier dominiert, anders als in
seinen vorangegangenen Bühnenwerken, das Individuelle und Private. Rolf Hochhuth wiederum hat neulich in einem Rundfunk-
Gespräch erklärt, er werde in seinem nächsten Stück, einer Komödie, keinen zeitgeschichtlichen Stoff behandeln. Ist das nur eine
zufällige Koinzidenz? Immerhin scheint es nicht ausgeschlossen,
daß nach Jahren, in denen die meisten deutschen Dramatiker die
Schaubühne am liebsten als eine moralpolitische Anstalt betrachtet
haben, jetzt wieder einmal das Private im Vordergrund stehen wird
– und damit wohl auch die Psychologie.

Walser jedenfalls ist offenbar entschlossen, diesen Weg einzu-
schlagen. Man müsse das Theater – schrieb er unlängst – wieder zu
einem Ort machen, »an dem Handlungen des Bewußtseins stattfinden können«[2]. In einem Stück – meinte er – »dürfte so viel passieren wie in einem menschlichen Bewußtsein«. Eben das sollte »Die
Zimmerschlacht« wohl werden: eine psychologische Etüde, die das
Wesen und die Situation von zwei Menschen erkennbar werden
läßt, eine traurige, bisweilen harte und düstere, doch niemals herz-
lose oder grausame Studie über das Eheleben, die nicht mehr und
nicht weniger vergegenwärtigt als das, was sich im Bewußtsein der
beiden Partner abspielt.

Ein achtundvierzigjähriger, braver und harmloser Erdkundeleh-
rer, der behauptet, nur darunter zu leiden, »daß Erdkunde kein
Versetzungsfach ist«, und seine nicht jüngere Frau, die ebenfalls
zur Selbstironie neigt, sollten die von Walser postulierten »Thea-
terfiguren aus Bewußtseinsstoff« sein. Sie sind seit neunzehn Jah-

ren verheiratet, also fällt es ihnen schwer, miteinander auszuhalten. Scheidung? »Das schaff ich nicht. Dich verlassen. Als wärst bloß du bald fünfzig. Als wär's deine persönliche Schuld. Die Kinder sind aus dem Haus, also was bindet uns noch? Komisch, sobald ich denk, du bleibst allein zurück, da sträubt sich was.« Und etwas weiter: »Die Ehe ist nun mal eine seriöse Schlacht. Nein, nein, eine Operation. Zwei Chirurgen operieren einander andauernd. Ohne Narkose. Aber andauernd. Und lernen immer besser, was weh tut.«

Doch dieses Ehepaar und seine »in eine Vierzimmerwohnung installierte Hölle« zeigt Walser nicht etwa mit Hilfe einer szenischen Fabel, die die beiden Figuren – wie man seiner neuen Dramaturgie entnehmen kann – in einen zwar konsumierbaren, aber die Realität entstellenden Verlauf zwängen würden, sondern einzig und allein in Dialogen und Selbstaussagen. Also: Mitteilung statt Handlung, Deklaration statt Aktion.

Auf diese Weise möchte der listige Walser das, wogegen er in seinen bisherigen Stücken vergeblich angekämpft hatte und woran er gescheitert war, jetzt zum Formprinzip erheben: Sein künstlerisches Unvermögen bietet er mit treuherzigem Augenaufschlag als ästhetisches Programm an, seine alte Not versucht er als neue Tugend an den Mann zu bringen. Was ist dagegen einzuwenden? Nichts, vorausgesetzt daß das Ergebnis etwas taugt. Was taugt es?

Solange sich Walsers Figuren gegenseitig und ohne Umschweife attackieren und quälen und martern, solange sie ihre Gefühle und Ressentiments, ihre Gedanken und Befürchtungen, ihre Hemmungen und Komplexe direkt ausdrücken dürfen, wirkt »Die Zimmerschlacht« authentisch. Wo sich Walser entschließt, den Lehrer und seine Frau Klartext sprechen zu lassen und auch vor exhibitionistischen Äußerungen nicht zurückschreckt, entsteht eine Bühnenwirklichkeit, die sich ihre eigenen Gesetze schafft.

Aber das trifft leider nur auf wenige Passagen des ersten Aktes zu, vor allem auf die beiden großen Bekenntnisse, in denen das Stück seinen Höhepunkt findet. Denn zu dem kahlen und asketischen »Bewußtseinstheater«, das im Sinne der Walserschen Forderung in der Tat »ein Ort selbständiger Handlung wäre«, hat ihm

112   *War es ein Mord?*

jene Konsequenz gefehlt, die man einem Bühnenautor wie Peter Handke, was immer man von seinen Arbeiten denken mag, nicht absprechen kann.

Hingegen hat Walser versucht, die Ehe-Auseinandersetzung aufzulockern und einem wenig anspruchsvollen Publikum schmackhaft zu machen. Wo er jedoch szenische Effekte anstrebt, wo er seinen Dialog bühnenwirksam machen will, wird sein Theater dilettantisch und sein Humor geradezu albern. Denn womit sich Walser fortwährend behelfen will – und dies schon in der ziemlich fatalen einleitenden Szene –, ist nichts anderes als Ulk auf Stammtischniveau und jener Klamauk, dem man immer die Herkunft aus der Schmiere von vorgestern deutlich anmerkt. Der penetrante Mief der deutschen Provinz, den wir längst als ein offenbar unvermeidliches Element des Walserschen Œuvres kennen, wird hier, befürchte ich, auch gegen den Willen des Autors spürbar.

So ist »Die Zimmerschlacht« eine Mischung mit Ingredienzen von sehr unterschiedlicher Qualität: Die Skala reicht vom unbedarften und primitiven Schwank bis zum subtilen psychologischen Drama, das freilich über beachtliche Ansätze nicht hinauskommt.

Bleibt noch die Frage, ob sich »Die Zimmerschlacht« als der erste Schritt Walsers zu jenem »Bewußtseinstheater« erweisen wird, von dem er in seinem Selbstkommentar träumt. Ich glaube, Walser wird die Bühne nur dann erobern, wenn er sich entschließt, auf alles Theatralische radikal zu verzichten. Wenn er den Mut und die Kraft zu jenem kahlen und asketischen, sich ausschließlich in der Sprache manifestierenden Drama aufbringt, das immerhin im ersten Akt des Zweipersonenstücks »Die Zimmerschlacht« verborgen ist.   (1967)

Eine Müdeheldensoße

GÜNTER GRASS:
»Örtlich betäubt«

Das ist längst nicht mehr der urwüchsige Tausendsassa, der Kritik und Publikum aufschreckte, der Artist, der mit nachtwandlerischer Sicherheit auf hohem Seil agierte, der triumphierende Draufgänger, der seine Kraft und Vitalität kaum im Zaume halten konnte. Auch ihn, den nicht zufällig und nicht zu Unrecht berühmtesten Dichter des heutigen Deutschland, haben die sechziger Jahre gewandelt, geschwächt vor allem und vielleicht sogar gelähmt. Das zeigt sein neuer Roman, der erste nach sechs Jahren, mit greller und unbarmherziger Deutlichkeit.

Der dieses Buch mit dem Titel »Örtlich betäubt«[1] geschrieben, erinnert an einen offenbar schwer angeschlagenen und daher gereizten Boxer, der sich jetzt unsicher und manchmal sogar unbeholfen im Ring bewegt, an einen müden und lustlosen Akrobaten, dem das Malheur passiert ist, sein Selbstvertrauen zu verlieren. Einstweilen scheint der unvergleichliche Zigeunervirtuose unter den deutschen Erzählern eingebüßt zu haben, worauf sein Weltruhm fundiert war und ist – seine Phantasie, sein Temperament, seine Originalität. »Örtlich betäubt« erweist sich als ein vornehmlich epigonaler Roman, der Anzeichen eines typischen Alterswerks trägt. Wie, ein zweiundvierzigjähriger Autor und schon ein Alterswerk? Hier eben liegt der Hund begraben.

»Ich glaube nun mal an Geschichten« – läßt Grass seinen Helden und Ich-Erzähler, den wie er selber 1927 geborenen und aus Danzig stammenden Studienrat Starusch erklären. Doch nichts weist darauf hin, daß auch der Autor von »Örtlich betäubt« noch glaubt, es ließe sich den Fragen unserer Zeit in und mit Geschichten beikommen. Aus diesem Mißtrauen vor allem resultiert die Form des neuen Grass-Romans, der sich so offenkundig von seinen Vorgängern unterscheidet.

Denn die Komposition von »Örtlich betäubt« hat so gut wie nichts gemein mit jenem farbig-kuriosen Bilderbogen, jenem kleinbürgerlichen Pandämonium, das uns von einem trommelnden Zwerg präsentiert wurde; und dieser Roman ähnelt auch nicht einer Sammlung von Märchen und Legenden, Anekdoten und Genreszenen, Parabeln und Skizzen – denn das »Hundejahre« betitelte Buch war nichts anderes als eine solche Sammlung in sich geschlossener (und zum Teil hervorragender) Abschnitte und Episoden. Sowohl »Die Blechtrommel« als auch die »Hundejahre« leben von den vielen Nummern und Einlagen. »Örtlich betäubt« ist keine Nummernoper mehr – und auch keine geradlinig-übersichtliche Erzählung wie »Katz und Maus«.

»Man kann eine Geschichte in der Mitte beginnen und vorwärts wie rückwärts kühn ausschreitend Verwirrung anstiften« – hieß es im ersten Kapitel der »Blechtrommel«. Was Grass damals verspottet hat, das eben tut er jetzt: Die Geschichte des Studienrats Starusch beginnt in der Mitte, da er sich auf dem zahnärztlichen Behandlungssessel seinen Erinnerungen und seinen in die Vergangenheit projizierten Phantasien hingibt, uns aber andererseits mit allerlei Hinweisen auf die ihm bevorstehenden Auseinandersetzungen mit dem Schüler Scherbaum und mit der Lehrerin Seifert vorbereitet. Vorwärts wie rückwärts ausschreitend, wenn auch nicht gerade kühn, stiftet Grass tatsächlich Verwirrung, die sich jedoch in Grenzen hält.

Statt der von ihm früher gebotenen Nummernfolge haben wir jetzt eine Mixtur kleiner und kleinster Prosaeinheiten. So reiht Grass aneinander und würfelt durcheinander: Augenblicksbilder und Impressionen, Gesprächsfetzen und Bruchstücke innerer Monologe, Bemerkungen und Beschreibungen, Reflexionen und Reminiszenzen, Stichworte und Zitate. Die meisten dieser Splitter, Schnappschüsse und Abläufe erweisen sich als mehr oder weniger statische Fertigteile, als eine Art Versatzstücke, die recht beliebig und willkürlich eingefügt oder eingeblendet und mit anderen Elementen verknüpft werden.

Als überraschend oder neu kann diese Lösung schwerlich gelten.

Denn was in »Örtlich betäubt« eher linkisch als virtuos, eher mühselig als souverän Urständ feiert, ist ebenso die gute alte Technik der Montage und Collage wie die pointillistische Manier und die kaleidoskopische Komposition. Schon 1913 plädierte Alfred Döblin, den Grass gern als seinen Lehrmeister bezeichnet, für »einen Kinostil«; er empfahl dem Roman vor allem die Notierung »rapider Abläufe« und das »Durcheinander in bloßen Stichworten«, wodurch die dargestellte Realität nicht »wie gesprochen, sondern wie vorhanden« erscheinen sollte.[2] Döblin, der seine (hier natürlich nur angedeuteten) Postulate in »Berlin Alexanderplatz« überzeugend, ja glanzvoll verwirklicht hat, vermochte auf die Erzählweise deutscher Romanciers nach 1945 einen stilprägenden Einfluß auszuüben, der sich nur noch mit dem Kafkas vergleichen läßt und der von Koeppen und Arno Schmidt über Grass und Uwe Johnson bis zu Hubert Fichte reicht.

Aber dieser »Kinostil«, der einst dem »Rastlosen« und »Flatternden« gerecht werden sollte, wirkt mittlerweile ein wenig betulich und kann – wie die Prosa Arno Schmidts, des konsequentesten Döblin-Nachfolgers, gezeigt hat – auch zur unfreiwilligen Komik führen. Grass wird sich dessen bewußt gewesen sein, und doch konnte er es nicht vermeiden, daß sich sein Roman streckenweise wie ein den Theorien Döblins mit arger Verspätung nachgelieferter Beleg liest, wie ein Buch im Sinne der aus den fünfziger Jahren stammenden (und ihrerseits epigonalen) »Berechnungen« Arno Schmidts[3].

Doch die Muster, die Grass übernimmt, die Techniken, die er anwendet, können die entscheidende Tatsache nicht verbergen, daß der artistische, der unmittelbare erzählerische Impuls, dem er in seinen frühen Romanen allzu bereitwillig nachgegeben hatte, hier ganz und gar fehlt. Wenn aber der Geschichtenerzähler sich gezwungen sieht zu verstummen und auch der Lyriker nicht recht zum Zuge kommen kann, ist der Romancier Grass verloren. Denn mit mehr oder weniger geschickten Kunstgriffen und simpler Deklaration läßt sich kein Roman bestreiten – und darauf läuft »Örtlich betäubt« hinaus.

Für die hier so reichlich gebotenen Tricks und Gags, Schnitte und Sprünge, Rückblenden und Überblenden findet Grass eine im

116 *Eine Müdeheldensoße*

ersten Augenblick verblüffende formale Rechtfertigung: Starusch
sieht seine Vergangenheit und seine Phantasien auf einem neben dem
zahnärztlichen Behandlungssessel zwecks Ablenkung des Patienten aufgestellten Fernseh-Bildschirm. Doch sehr bald erweist es
sich, daß Grass diesem Einfall nur wenig abgewinnen kann.

Während er in der »Blechtrommel« nichts verkünden und alles
zeigen wollte, wird hier stets nur verkündet und kaum etwas
gezeigt. Ob sich Grass für die Totale entscheidet (»Die Stimme des
Betriebsingenieurs wird langsam ausgeblendet. Die Kamera folgt
dem Kaminrauch. Totale der Abgase und ihrer wolkenden Dyna-
mik. Danach rauchverhangene Vogelflugtotale der Voreifel...«),
ob er die Großaufnahme bemüht (eine Kamera »holt jetzt das
Zahnfleisch des Patienten ganz nahe heran: der Dreifingergriff und
die suchende Injektionsnadel in der Maulsperre füllen das Bild«)
oder die Fassade eines Bahnhofs mit bloßen Stichworten zu
beschreiben versucht (»Geschwärzter Sandstein. Überm Granit-
sockel grob gespitzt. Bahnhofsskulpturen, Kriegsschäden, immer
noch«) – im Grunde ist es nahezu immer Feststellung statt Darstellung, Mitteilung statt Vergegenwärtigung. Statt Bilder, Szenen und
Situationen, erhalten wir bestenfalls Fakten, Thesen und Informationen.

Und statt Menschen lassen sich in diesem Roman lediglich Schemen blicken. »Ich hasse das Eindeutige« – bekennt der Studienrat
Starusch; Grass hingegen liebt offensichtlich eindeutige, mit möglichst wenigen Attributen versehene und marionettenhaft agierende
Figuren. Sie sind meist von einer fixen Idee befallen, was für den
Leser noch kein Unglück wäre, wenn sie sich nicht immer wieder
darüber verbreiten müßten. So wird der Schüler Scherbaum offenbar nur von einem einzigen Gefühl und Gedanken beherrscht. Er
will als politische Demonstration seinen Dackel auf dem Kurfürstendamm verbrennen. Da es sich bei diesem Schüler um einen
protestierenden Intellektuellen handelt, verfertigt er selbstverständlich »Lieder zur Guitarre« mit »Weltschmerz und Engagement«. Seine Freundin Vero Lewand trägt – dies wird uns sehr
häufig mitgeteilt – »zinkgrüne Strumpfhosen«, also beunruhigt sie
ihren Lehrer und »fordert als Unterrichtsfach Sexualkunde, die
sich nicht auf biologische Fakten beschränkt«. Von dem aus der

Kriegsgefangenschaft entlassenen Feldmarschall hören wir stets nur, daß er die in Wirklichkeit verlorenen Schlachten im Sandkasten zu gewinnen versucht. Hier hat Grass möglicherweise einen guten Einfall verschenkt. Auch aus der Lehrerin Irmgard Seifert, die unentwegt über ihre BDM-Vergangenheit redet (»Damals und jetzt: immer spricht sie in hallende Räume hinein«), hätte wohl eine Romangestalt werden können und nicht nur eine läppische Schwankfigur.

Von allen diesen Schemen geht jedoch – mir jedenfalls – am meisten der geschwätzige Zahnarzt auf die Nerven, ein »fortschrittsgläubiger Klugscheißer«, »tüchtiger Fachidiot« und »betriebsblinder Menschenfreund«, der mit seinen Ausführungen über die Zahnheilkunde in Vergangenheit und Gegenwart die Geduld der Leser grausam überfordert. Was mag wohl Grass veranlaßt haben, »Örtlich betäubt« mit derartigen Exkursen und – an anderen Stellen – auch noch mit Beschreibungen der Zementproduktion zu belasten? Seine Apologeten werden vielleicht sagen, die starrsinnigen Wiederholungen seien als Leitmotive zu verstehen, die Monotonie sei hier ein bewußt eingesetztes Kunstmittel. Schon möglich, nur bin ich gegen Monotonie, auch wenn sie angestrebt war, was ich übrigens in diesem Fall nicht glaube.

Daß es sich immer wieder statt um Figuren lediglich um primitive Demonstrationsobjekte handelt, wäre ja noch nicht so schlimm, wenn Grass mit ihrer Hilfe tatsächlich etwas Nennenswertes demonstriert hätte. Aber wozu der Nachweis, daß alte und überdies geschlagene Feldmarschälle lächerlich und unbelehrbar sind? Lohnt es sich, lang und breit einen Mann zu verspotten, der, wie jener Zahnarzt, glaubt, die Probleme der Menschheit ließen sich durch eine »allesumfassende Weltkrankenfürsorge« lösen? Eine derartige satirische Kritik – denn dies war wohl beabsichtigt – der Betriebsblindheit und »Fachidiotie« scheint mir, schlicht gesagt, albern zu sein.

Nicht nur albern, sondern auch gefährlich sind ausnahmslos alle in dem Roman enthaltenen Versuche, sich mit jenen Phänomenen auseinanderzusetzen, die man als Protestbewegung der Jugend, als Neue Linke oder als Außerparlamentarische Opposition zu bezeichnen pflegt.

Eine Müdeheldensoße

Es ist ebenso aufschlußreich wie fatal, daß Grass zur Zielscheibe seiner teils gutmütig-schulterklopfenden, teils simplen und beschränkten Kritik zwei Halbwüchsige macht, zumal einen siebzehnjährigen Gymnasiasten, der gegen den Vietnam-Krieg kämpft und sich zugleich um die Genehmigung für eine »Raucherecke« in seiner Schule bemüht. Nicht ohne Konsequenz wird von Grass die Protestbewegung infantilisiert und damit verniedlicht und bagatellisiert. So erscheint ein jedenfalls sehr ernstes politisches Phänomen unserer Zeit als eine etwas komische Revolte, die ihren Ursprung vor allem in Pubertätsnöten hat. Des Beifalls aller Spießer und Reaktionäre darf Grass – sosehr ihm davor graut – nun sicher sein.

Alles, was mit diesem Schüler Scherbaum, der sich rasch von seiner Rebellion abbringen läßt, zusammenhängt, wird noch fragwürdiger, weil wir ihn nur aus der Sicht jenes Studienrats geboten bekommen, der hier die mehr oder weniger resignierten Intellektuellen der Grass-Generation zu repräsentieren hat. Auch er ist nur eine Marionette, ein Konglomerat aus ziemlich fahrlässig zusammengetragenen Elementen mit viel Koketterie und Sentimentalität, ein Wesen – um seine eigenen Worte zu zitieren – »gemischt aus wohldosiertem Selbstmitleid und männlicher Melancholie. (Die Müdeheldensoße.)« Den Schüler Scherbaum belehrt er: »Auch wenn du recht hast, das lohnt nicht. Als ich siebzehn war, hab ich auch. Wir waren gegen alle und alles. Nichts wollte ich erklärt bekommen, wie du. Und wollte nicht so werden, wie ich jetzt bin.« An einer anderen Stelle erklärt er, der sich selber einen »liberalen Marxisten« nennt, es sei kein Strom da, »gegen den zu schwimmen sich lohnte«. Das also ist seiner Weisheit letzter Schluß. Lohnt es sich, einem solchen Mann soviel Aufmerksamkeit zu widmen und ihn zart und liebevoll zu verspotten?

Allerdings waren in der Epik von Grass die Milieuschilderungen fast immer markanter als die Figuren, Stimmung und Lokalkolorit wirkten stärker als Aktion und Fragestellung. Doch ist in »Örtlich betäubt« auch von jenen Tugenden seiner Prosa, auf die man sich am sichersten verlassen konnte, nicht viel geblieben. Die hier und da auftauchenden kaschubischen Akzente und Danzig-Reminiszenzen scheinen von einem nur mäßig begabten Grass-Epigonen zu stammen. Von der Atmosphäre Westberlins ist nichts zu spüren. Was der Kurfürstendamm sein soll, könnte ebenso »Jungfernstieg« oder »Leopoldstraße« heißen. Und nichts läßt darauf schließen, daß es sich immerhin um eine geteilte Stadt handelt. Die Personen haben keine Familie und keinen Hintergrund, wobei es übrigens Grass völlig entgangen ist, daß sich in der Regel Zahnärzte, Lehrer und Schüler in Berlin von jenen in Köln oder Stuttgart doch ein wenig unterscheiden.

Daß Grass in diesem Roman nur mit einer mühseligen und farblosen Konstruktion und eben nicht mit einer diskutablen epischen Vision aufwartet, hat natürlich mit seiner Sprache zu tun oder, genauer, mit ihrer Veränderung im Laufe der letzten Jahre: Was einst drall und deftig war, ist jetzt dürr und dürftig. Seiner heutigen Diktion fehlt vor allem jenes spezifische Aroma, das er selber einmal als »Stallgeruch« bezeichnet hat. »Der verzahnte Mief« oder die »langgezogene Beharrlichkeit mit flatternder Wäsche am Heck« oder die inzwischen mehrfach zitierten »kuchenfressenden Topfhüte« – mir fällt es schwer, derartigen Bildern eine zwingende Anschaulichkeit nachzurühmen. Ich habe auch den Eindruck, daß etwa das Wort »Rittergestühl« (für einen zahnärztlichen Behandlungssessel) oder die (höchst banale) Sentenz »Schon im Davor beginnt das Danach« nicht sprachliche Kraft beweisen, sondern eher Originalitätssucht.

Gibt es nichts in »Örtlich betäubt«, was sich loben ließe? Gewiß finden sich in den Dialogen ebenso wie in den Beschreibungen auch solche Passagen – darunter sind einige bemerkenswerte erotische Akzente –, die an die besten Seiten von Grass erinnern. Indes glaube ich, daß man ihn beleidigt, wenn man ihn nicht mit dem barmherzigen Hinweis zu retten oder zu trösten versucht, in seinem verdorbenen Teig seien immerhin einige Rosinen enthalten. Ihre Existenz kann nichts an der Tatsache ändern, daß Grass mit »Örtlich betäubt« auf einem Tiefpunkt seines Weges angelangt ist.

Wird sich das Buch später einmal als Dokument lediglich einer kritischen Übergangszeit im Leben seines Autors erweisen? Dies kann niemand voraussagen, man kann es nur hoffen und wünschen. Wie dem auch sei: Vorerst präsentiert sich der jugendlich-

120 *Eine Müdeheldensoße*

berserkerhafte Stürmer und Dränger von gestern als ein müder, schwächlich-schwermütiger Chronist. Aus dem grimmigen Idylliker ist ein elegischer Räsonneur geworden, aus dem bösen Provokateur ein lamentierender Protokollant. Aber wie einige schlechte Romane Alfred Döblins seine Größe nicht zu schmälern vermochten, so wird auch das Buch »Örtlich betäubt« dem Ruhm des Günter Grass nichts anhaben.

Nur daß die Frage nach der Situation der deutschen Literatur dieser Jahre wichtiger ist als jene nach dem Ruhm ihres erfolgreichsten Repräsentanten. Mit anderen Worten: Handelt es sich hier um einen individuellen, einen singulären Fall? Oder ist etwa dieser Fall – in des Wortes doppelter Bedeutung – als ein Symptom zu werten, als ein Alarmsignal, das uns den Zustand der zeitgenössischen deutschen Literatur bewußt macht?   (1969)

Oskar Schlemihl aus Helsingör

GÜNTER KUNERT:
»Im Namen der Hüte«

Ein deutscher Jüngling knöpft seine Hose auf – in durchaus prosaischer Absicht zwar, aber an einem nicht ganz alltäglichen Ort: Er steht unter einem mächtigen Portikus mit der noch entzifferbaren Inschrift »Dem deutschen Volke«. Zu sehen sei dieses Volk – lesen wir – »unten vor den Säulen, wo es zum ersten Male in seiner Geschichte selbständig handelt, wenn auch nur mit amerikanischen Zigaretten und Kartoffelsprit«.

Obwohl jener Jüngling glaubt, er befinde sich in einer »überdimensionalen Bedürfnisanstalt, die auf solche Art die Bedürfnisse des an ihrer Stirnseite namhaft gemachten Volkes befriedigt«, wird er doch »von der Ausübung dringlicher Notwendigkeit abgehalten«: Plötzlich erblickt er die vor ihm auf der Erde liegende Leiche eines erschlagenen Mannes. Und da der Jüngling mit überirdischen Fähigkeiten gesegnet ist, erkennt er sofort, was ihm sonst verborgen geblieben wäre: Der hier wenige Tage oder Wochen nach Kriegsschluß von einem Nazi ermordet wurde, ist kein anderer als sein eigener Vater, ein Jude, der in einem Versteck überleben konnte und den der Sohn, ein uneheliches Kind, nie gekannt hat.

So ungewöhnlich beginnt ein neuer deutscher Roman, ein ebenso merkwürdiges wie fragwürdiges, ebenso wunderliches wie leider auch ärgerliches Buch: Günter Kunerts »Im Namen der Hüte«[1]. Dem makabren Prolog in der angeblich nur noch als Abort nützlichen Reichstagsruine entspricht der nicht weniger, wenn auch auf ganz andere Weise makabre Epilog des Romans: eine unheimliche und skurrile Kundgebung vor der Ruine des überflüssig gewordenen Potsdamer Bahnhofs. Dazwischen liegen sechs oder sieben Jahre und viele Szenen, die alle in Berlin spielen und häufig, wie die erste und die letzte, in unmittelbarer Nähe der Sektorengrenze.

Haben wir es also mit einem politischen Roman zu tun, mit einem Ost-West-Buch etwa? Jedenfalls kümmert sich Henry, der junge Mann, von dem Kunert erzählt, um Politik und Weltgeschichte herzlich wenig; nur daß sich Politik und Weltgeschichte oft um ihn kümmern. Zunächst ist es Großdeutschland, das freilich nur noch »von der Kleinen Frankfurter bis an das Pissoir Greifswalder Ecke Elbinger« reicht, das die Dienste des »unehelichen Volkssturmgardisten« beansprucht. Mitten im Endkampf merkt er zu seiner Verblüffung, daß er über die Gabe verfügt, »aufbewahrte Denkvorgänge aufzunehmen und nachvollziehen zu können«: Wessen Hut oder Mütze oder Helm er sich aufsetzt, dessen gedachte Gedanken kann er lesen. Dies ermöglicht ihm, sich im rechten Augenblick vom Volkssturm abzusetzen und in den Armen einer üppigen Kriegerswitwe zu landen. Sie lehrt den Halbwüchsigen die Liebe und kommt dabei selber auf ihre Rechnung.

Es folgt die Nachkriegszeit, von der es heißt: »Gas ist rationiert. Strom ist rationiert. Leben ist rationiert. Man muß sich sein Teil stehlen.« Das versucht denn auch Henry mit Humor und mit Temperament. Er betätigt sich auf dem Schwarzmarkt, den Besatzungsbehörden spielt er manchen Streich, er wird berühmt als Hellseher und als »Gedankenprüfer«. Ja, manche halten ihn sogar, vorübergehend wenigstens, für einen Propheten.

Günter Kunert, geboren in jenem Jahre 1929, in dem auch Enzensberger, Lettau und Rühmkorf das Licht der Welt erblickten – und er hat mit ihnen mehr gemein, als man auf den ersten Blick sehen kann –, ist ein Ostberliner Autor ohne Scheuklappen, ein deutscher Lyriker mit Verstand, ein Artist mit Phantasie und Verantwortungsgefühl. Im Osten wird er geachtet und beargwöhnt, im Westen geschätzt und wenig gelesen.

Vor allem aber: ein ernster Mann mit Talent, der arbeiten kann und der weiß, was er will. Natürlich wußte er auch sehr genau, was er in und mit diesem Roman zeigen, erreichen und bewirken und was er aus Gründen, die wir respektieren müssen, verschweigen, aussparen und vermeiden wollte. Nichts ist hier unüberlegt oder zufällig, alles exakt kalkuliert. Nur daß die Rechnung nicht aufgeht, die Gleichung nicht stimmt. Der Roman »Im Namen der Hüte« trägt den Wurm in sich, und es lohnt, nach den mutmaßlichen Ursachen zu fragen.

Zunächst scheint mir, daß Kunert verhältnismäßig lange an diesem Buch geschrieben hat. Um es überspitzt zu sagen: Es wurde offenbar in einer anderen Zeit entworfen, in einer ganz anderen ausgeführt und in einer wiederum anderen beendet. Und zwischendurch müssen sich Kunerts Pläne, Absichten und Vorstellungen – und vielleicht auch seine Einschätzung der realen Möglichkeiten – mehrfach geändert haben.

Das Ganze ist als Schelmenroman konzipiert, wobei man Henrys literarische Ahnen nicht unbedingt in fernen Jahrhunderten zu suchen braucht: Es genügt, an Strittmatters »Wundertäter« und, vor allem, an den Grass'schen Oskar Matzerath zu erinnern. Aber mit einem Schelmenroman wollte sich Kunert nicht begnügen. Da liegt ja gleich am Anfang die Leiche des ermordeten Vaters, die den heiteren und wendigen Helden in jene hochdramatische Rolle drängt, zu der er nicht recht taugt: Er soll dafür sorgen, daß die Untat, für die es weder Beweise noch Zeugen gibt, gesühnt wird. Hier kann von Danzig-Langfuhr nicht mehr die Rede sein, im Dunkel erscheinen vielmehr die vertrauten Umrisse der Terrasse von Helsingör.

Wie also? Picaro oder Hamlet? Ein fröhlicher Gauner und gerissener Schalk oder ein von des Gedankens Blässe angekränkelter Rächer, ein Mann, der sich der aus den Fugen geratenen Zeit annehmen soll? Oder hatte Kunert gar eine Synthese im Sinn, einen picaresken Hamlet im zerstörten Berlin?

Auf jeden Fall versieht er seinen Helden im Laufe des Romans nacheinander mit so zahlreichen und so unterschiedlichen Zügen – burlesken und schwankhaften, düsteren und tragischen –, daß die ohnehin fragwürdige Gestalt vollends zerfließen muß und schließlich nichts mehr bedeutet. Dies bestätigt uns, wie das in deutschen Romanen neuerdings üblich ist, der Autor selber. Denn Henry darf freimütig erklären, er habe nichts zu verbergen: »Nicht mal, daß ich eine ausgeschabte Haut bin, Pelle ohne Inhalt, Hanswurst ohne Füllung, vom kalten Luftzug durch die Gegend geblasen.«

Indes gibt es Schelmenromane, alte und moderne, denen eine einheitliche und überzeugende Zentralfigur fehlt und die dennoch beachtliche Werke sind. Gewiß, nur verdanken sie ihre Kraft einer Fülle von Motiven und Situationen, Schauplätzen und Episoden, einem alle Bedenken beseitigenden Fabuliertalent. Auch Kunert bemüht sich um einen großen und bunten Bilderbogen. Was wir jedoch zu sehen bekommen, bleibt meist undeutlich, blaß und leblos. Und das hängt wiederum mit Kunerts künstlerischer Eigenart zusammen, mit seinem, wie mir scheint, klar erkennbarem Naturell. Er war und ist vor allem Lyriker.

Nun hören wir oft genug, daß heutzutage die Grenzen zwischen den traditionellen Gattungen immer mehr verschwimmen oder sogar ganz verschwinden. Daran ist in der Tat etwas Wahres. Trotzdem darf man dieser These – einem Klischee der Literaturkritik – ein wenig mißtrauen.

So kenne ich keine Verse von Anna Seghers, Wolfgang Koeppen und Max Frisch, von Heinrich Böll, Siegfried Lenz, Martin Walser und Uwe Johnson. Und andererseits haben, soviel ich weiß, Peter Huchel, Günter Eich, Karl Krolow, Paul Celan, Helmut Heissenbüttel, Hans Magnus Enzensberger, Peter Rühmkorf und Wolf Biermann keine Romane und – von vereinzelten und gänzlich unerheblichen Ausnahmen abgesehen – auch keine Geschichten veröffentlicht.

Gewiß ließen sich auch einige Gegenbeispiele aus der zeitgenössischen deutschen Literatur anführen, Doppelbegabungen also wie etwa Marie Luise Kaschnitz oder Günter Grass. Doch ändern sie, meine ich, nichts an der Tatsache, daß es nach wie vor eine tiefe Kluft ist, die den Epiker von der Lyrik und den Lyriker von der Epik trennt. Und daß die Versuche, diese Kluft zu überbrücken, nur selten erfolgreich sind. Woran die Lyriker, die den Vorstoß ins Erzählerische wagen, meist scheitern, ist – und nur im ersten Augenblick mutet dies paradox an – nichts anderes als die Sprache: Sie verfügen über ein Instrument, das sich im Roman oder in der Geschichte kaum brauchen läßt; und gerade jenen, die es gut beherrschen, fällt die Umstellung auf ein anderes Instrument oft besonders schwer.

Das gilt auch für Günter Kunert. Wer die Klarheit und Deutlichkeit, die Knappheit und Natürlichkeit vieler seiner Gedichte kennt und schätzt, kann sich des Eindrucks nicht erwehren, daß er auf der Suche nach einer Diktion, die seinem epischen Vorhaben angemessen wäre, mit verstellter Stimme erzählt. Seiner unentwegten und nicht immer einfallsreichen Bemühung um die Pfiffigkeit des Helden entspricht eine künstliche Munterkeit des Duktus, eine überanstrengte und gewaltsam forcierte Ausdrucksweise.

Sehr bald landet Kunert dort, wo der Verfasser eines Schelmenromans, der ja die Welt immer aus einer mehr oder weniger plebejischen Perspektive zeigt, am allerwenigsten landen darf: im Preziösen und Affektierten. »Das Vibrato seiner häufig absetzenden Stimme erreicht nicht die bebrillte Seele hinter dem Schreibtisch.« Das ist ein harmloser, keineswegs etwa ein mißglückter Satz, aber ein Stich ins Gekünstelte scheint mir unüberhörbar. Oder Kunert bezeichnet weibliche Brüste als »bleiche Zitterbälle«, als »zapplige Zwillingsgewächse« oder als »halbierte, schulunterrichtsähnliche Globen«. Derartiges ist nicht schlimm, erst durch die Anhäufung wird es hier und da bedenklich.

Was in Kunerts Buch vor allem auffällt, ist das erstaunliche Mißverhältnis zwischen der großen stilistischen Anstrengung und dem geringen epischen Ergebnis: Je intensiver der sprachliche Aufwand, desto weniger kommt zum Vorschein. Der Kampf um die Anschaulichkeit bleibt vergeblich. Daher muß diese häufig verkrampfte und gelegentlich auch aufgequollene Prosa rasch auf die Nerven gehen, zumal den mühevoll aufgepumpten Galgenhumor ironisch gemeinte Apostrophen (»Adieu, bleiches Bett, gnädiger Vergessensspender, nächtliche Ruhestätte des täglichen Irrtums, der für Leben gehalten wird«) unterstützen sollen und leider auch persiflierte Klassikerzitate, die indes auf fatale Weise in die Nähe von Kalauern geraten: »Ein Gedanke wohnt, ach, in zwei Brüsten.«

Der Mittelteil, in dem Kunert kaum noch mit neuen Einfällen aufwarten kann und in dem der dünne Handlungsfaden fast ganz verschwindet, stellt an die Geduld der Leser ungewöhnlich hohe Anforderungen. Aber Kunert selber scheint allmählich ebenfalls die Geduld zu verlieren, als hätte er keine Lust mehr, seine Geschichte fortzusetzen. Im letzten Viertel kommt neues Leben in

126   *Oskar Schlemihl aus Helsingör*

den Roman: Plötzlich ändert sich der Tonfall, die Sprache wird einfacher und natürlicher, das Gedankenlesen aus Hüten, ein Motiv, dem Kunert ohnehin nicht viel Originelles abgewinnen konnte, läßt er endlich fallen, der Held lernt ein neues Mädchen kennen.

Ist es überhaupt noch derselbe Henry, der Picaro aus Helsingör? Jetzt wird nicht Shakespeares gedacht – denn mit Bildungsreminiszenzen spart Kunert in seinem ersten Roman nicht –, sondern Chamissos: »Das war der Erfinder von dem Schlemihl, der vielleicht ich bin. Der ich einen Schatten besonderer Art mit mir führe, den mir bestimmt keiner abnimmt.« Gemeint ist damit nicht die Vergangenheit schlechthin, sondern ein Element in Henrys Figur, das gegen Ende des Romans überraschend betont wird: das Jüdische. Freilich springt Kunert, der es jetzt sehr eilig hat, mit der Fabel allzu unbekümmert um: Er schickt seinen Helden, nachdem dieser auf die Rolle des Rächers verzichtet hat, plötzlich nach Palästina, der Aufenthalt dort wird vollkommen ausgespart, ein Brief der Freundin ruft ihn nach Berlin zurück, er heiratet und entscheidet sich für die DDR, sein Sohn heißt »Christian David«.

Merkwürdig dieses letzte Viertel, und doch finden sich gerade hier einige Episoden, die Kunert als Erzähler ausweisen. Aber er gehört nicht zu den Malern, sondern zu den Zeichnern. Und nicht der große und bunte Bilderbogen ist seine Sache, sondern die ironische Miniatur und die hintergründige Parabel, die Genreszene und die Kurzgeschichte. (1967)

Männchen in Uniform

REINHARD LETTAU:
»Feinde«

Der Dichter Reinhard Lettau hat sich der deutschen Öffentlichkeit in zwei sehr verschiedenen Rollen vorgestellt. Am Anfang unserer sechziger Jahre wurde er als Autor possierlicher und kunstvoller Prosastücke bekannt. Er war erfolgreich und dies mit Recht. Später indes betätigte er sich auf der Westberliner Szene als eine Art Volkstribun: Aus dem zarten und zierlichen Schalk war ein forscher und finsterer Rebell geworden. Die Sehnsucht der Poeten nach den Barrikaden kann allerlei Ursachen haben. Sicher ist, daß es von Reinhard Lettau in dieser Zeit, da er offensichtlich auf der Suche nach einer Bastille war, so gut wie nichts zu lesen gab. Hatte er wirklich die Literatur vernachlässigt, um sich der Politik widmen zu können? Oder wollte er vielleicht ein Revolutionär werden, weil er mit dem Dichten nicht recht vorankam?

Was sich seiner neuen Publikation als Antwort auf solche Fragen entnehmen läßt, kann jene, die Lettaus Talent schätzen – und ich gehöre zu ihnen –, nicht gerade beruhigen. Denn das Buch »Feinde«[1], das die seit seiner Sammlung »Auftritt Manigs« (1963) entstandenen Arbeiten zusammenfaßt, ist auffallend dünn und trotzdem noch viel zu dick: Zumindest drei der hier vereinten Geschichten sind kaum mehr als brave und bemühte Schreibübungen, angestrengte und schwerfällige Parabeln, sehr kurz zwar und doch keineswegs kurzweilig. Immerhin spricht es für Lettau, daß er sich von diesen Miniaturen mit einem diplomatischen Zwischentitel (»Anhang«) augenzwinkernd distanziert. Aber etwa die Hälfte des alles in allem siebzig Seiten umfassenden Bändchens füllen Skizzen (»Der Feind« und »Paralipomena zum ›Feind‹«), die der

128 *Männchen in Uniform*

Rede wert sind – zumal in ihnen eine höchst bedenkliche literarische Methode angewandt wird.

Um die Militärs geht es, um ihr Verhalten, ihre Mentalität und Sprache, ihren Stil und Kodex. Ein uraltes Thema also, das freilich seine Aktualität und Dringlichkeit vorerst nicht einbüßen will. Daß sich die Satiriker seiner besonders gern annehmen, hat neben anderen auch gewisse handwerklich-pragmatische Gründe: Lebensbereiche mit einem starren und zeremoniellen Ritus lassen sich verhältnismäßig leicht darstellen und persiflieren. Und noch die simpelste Verspottung des Militärs hatte stets die Lacher auf ihrer Seite.

Nur daß der dankbare Gegenstand zugleich heikel und riskant ist. Diejenigen nämlich, die sich selber uniformieren, verleiten zur Uniformität auch in der Literatur: Wer die Militärs mit satirischen Mitteln attackiert, muß sich immer dem Sog des Klischees und der bewährten Schablone widersetzen. Lettau weiß das genau. Er kennt die Fallen, die sein Thema umstellen, und er kann ihnen dennoch nicht entgehen.

Ähnlich wie im »Auftritt Manigs« gibt es in den »Feinden« keine Figuren, sondern lediglich Strichmännchen, die als Demonstrationsobjekte dienen sollen. Folgerichtig haben wir hier anstatt Personennamen nur Rangbezeichnungen: »der Feldmarschall«, »der General«, »der Oberst«, »der Adjutant«, »der Soldat« usw. Ebenso verzichtet Lettau auf eine Fabel oder Handlung, er bietet hingegen einzelne Situationen und Dialoge, Vorgänge und Abläufe.

Sie alle zielen auf durchaus reale Sachverhalte und Modalitäten ab, die er ins Groteske und Phantastische steigert, weil er hofft, auf diese Weise die ihnen innewohnende Absurdität augenscheinlich zu machen. So legitim das Verfahren, so fragwürdig wird es, wo der Eindruck entsteht, daß der Schriftsteller die Gegenstände seiner Kritik gründlich deformiert oder präpariert, um sie desto leichter verhöhnen und kompromittieren zu können: Pappkameraden lassen sich billig produzieren und rasch besiegen.

Die Militärs, die Lettau vorführt, äußern und betragen sich wie Kinder, sind hilflos und vertrottelt, senil und verblödet. »Haben Sie gewonnen?« – wird der General gefragt, und er antwortet: »Ich habe den Feind nicht gefunden.« Wen attackiert die Armee, die der General befehligt? »Dieser Feind ist ein ziemlich kleiner Mensch und rennt sehr schnell . . . Zum Beispiel hat er Pickel. Durch das Fernglas habe ich Pickel im Gesicht gesehen . . . Und ist sehr klein und läuft schnell, aber schief . . . Beim Laufen gehen die Knie so spitz hoch.« Wie man sieht, sind es nicht eben exquisite Mittel, deren sich Lettau bedient, um jene Armee, die den nicht greifbaren Feind verfolgt, und ihre Denkkategorien der Lächerlichkeit preiszugeben.

Bisweilen nimmt Lettau die Sprache der Militärs beim Wort. Die Effekte, die er damit erzielt, sind kaum anspruchsvoller. So wird ein Leutnant gefragt, ob er »den Feind berührt« habe und wie er sich anfasse: »Der Leutnant berührt seinen Nebenmann. ›Er faßt sich an wie der Herr hier. Nur muß man sich bücken, um ihn anzufassen.‹ ›Wie tief etwa?‹ Der Leutnant geht in die Knie. ›So tief schon‹, sagt er. Die Herren kauern jetzt, unterhalb der Fenstersimse, Köpfe in Tischhöhe, und betasten sich.« – Das alles mag drollig sein, aber auf jeden Fall ist es auch ziemlich albern.

In den »Paralipomena« ist einmal davon die Rede, daß der Feind sich an die Waffen der Armee hänge: »›Sind die Feinde denn schwer?‹ ›Zu schwer zum langen Tragen.‹ ›Und losschütteln geht wohl nicht? Kräftig schütteln, daß sie runterfallen?‹ ›Sie machen sich schwer und zappeln an den Waffen, daß unsere Leute herumtorkeln und ins Leere stoßen.‹ Der Feldmarschall listig: ›Und loslassen? Plötzlich loslassen? Plumpst dann der Feind nicht zur Erde?‹ ›Dann hat er die Waffe‹« Und so weiter. Ich muß gestehen, daß mich dieser Humor nicht sonderlich beeindruckt.

Ob die einzelnen Abschnitte mehr oder weniger gut geschrieben sind – sie laufen immer auf die Infantilisierung des Militärs hinaus, wob es sich um verschiedene Varianten einiger Muster handelt. Man könnte sagen: »Hat man diese Anlage durchschaut, was bald geschieht, so beginnt das Interesse, das vom Stoff nicht angestachelt wurde, zu erlahmen, und man ertappt sich dabei, nur noch nachzulesen, in welcher Weise dieses klassische Muster erfüllt wird . . .« Das hat übrigens kein anderer als Lettau selber geschrieben, allerdings über das Buch eines Kollegen – über Peter Bichsels »Jahreszeiten«.[2]

Indem der Autor der »Feinde« diejenigen, deren Handwerk das Kriegführen ist, systematisch infantilisiert, bringt er hier und da, was ich gern zugebe, leidlich amüsante Gags und Pointen zustande; nur daß er die Phänomene, um die es ihm geht, eher verwischt als verdeutlicht und eher bagatellisiert als attackiert. Natürlich möchte Lettau mit diesen kabarettistischen Miniaturszenen die Leser aufschrecken. Aber was wir als unheimlich und gefährlich empfinden sollen, wirkt harmlos und gemütlich und, vor allem, läppisch.

Doch will ich nicht bezweifeln, daß die »Feind«-Prosa ihre Anregung tatsächlich der unmittelbaren Gegenwart verdankt. Jene, die vermuten, Lettau habe die amerikanische Armee und den Kriegsschauplatz in Vietnam gemeint, mögen im Recht sein. Das Ergebnis indes – und nur darauf kommt es schließlich an – kann sich ebenso auf Cäsars Armee in Gallien oder auf die Wehrmacht in Jugoslawien beziehen; und die vertrottelten Heerführer Lettaus ähneln eher Kaiser Franz Joseph oder Hindenburg als dem General Westmoreland.

Im Grunde trifft diese Prosa alle Militärs, also keinen ernsthaft. Lettaus Strichmännchen in Uniform stören niemanden. Der stürmische Westberliner Agitator von gestern erweist sich hier als ein Antimilitarist mit Zipfelmütze. Der ehrenwerte Versuch, das Kindische des Militärs zu zeigen, hat infolge eines fatalen Mißgriffs zur kindisch anmutenden Prosa geführt.

Daß dieses biedere Kasperle-Theater, das offenbar den Anspruch erhebt, große Zeitkritik zu sein, das Militärische im Grunde verniedlicht, bestätigen indirekt auch diejenigen Kritiker, denen die »Feinde« gefallen. Sie sprechen von einer »postmilitaristischen« Geschichte und von »utopischer Perspektive«. Mit anderen Worten: Lettau habe hier das Militär so klein und harmlos gezeichnet, wie es eine utopische Zukunft, die diese Institution nicht mehr kennen wird, sehen muß.

Ich kann das nicht einmal ernst nehmen. Ganz abgesehen davon, daß man auf diese Weise sämtliche Militärschwänke und den Soldatenulk in Operetten und Kabarettnummern rechtfertigen und verherrlichen kann, steckt in solchen Überlegungen ein primitiver Fehler. Sollte es der Menschheit je gelingen, den Krieg und alles, was damit zusammenhängt, ganz und gar abzuschaffen, dann wird

Reinhard Lettau: »Feinde«   131

ihr das Militär aus der Rückschau vermutlich nicht als etwas Putziges und Heiteres erscheinen, sondern um so grausamer und unverständlicher.

Wie dem auch sei: Unsere Umwelt ist zu kompliziert, als daß man ihr mit einer Infantilisierung beikommen könnte. Wer es dennoch versucht, sagt mehr über sich als über seinen Gegenstand aus. Doch gilt das nicht nur für Reinhard Lettau. Nicht wenige deutsche Schriftsteller dieser Jahre glauben auf die Gegenwart mit einem Rückzug ins Infantile und Pubertäre reagieren zu müssen. Nur selten sind die Ergebnisse überzeugend. Nur selten verdanken wir diesen Rückzügen, was wir so dringend brauchen: eine Literatur für erwachsene Zeitgenossen.   (1969)

Selbsterlebtes aus zweiter Hand

HORST BIENEK:
»Die Zelle«

Zu den Vielschreibern, den pünktlichen Lieferanten, die unsere Verlage regelmäßig mit Manuskripten versorgen, gehört Horst Bienek ganz gewiß nicht. Obwohl er, der 1930 geboren wurde, seit über einem Jahrzehnt Bücher veröffentlicht, obwohl er mitten im literarischen Leben steht – und die dauernde Nähe der Publikationsmittel übt auf Schriftsteller oft einen verführerischen Einfluß aus –, beläuft sich sein lyrisches und prosaisches Werk auch jetzt, nachdem sein vierter und umfangreichster Band, der Roman »Die Zelle«, vorliegt[1], doch auf, alles in allem, kaum fünfhundert Seiten. Verantwortungsgefühl wird man diesem Autor am wenigsten absprechen können.

»Traumbuch eines Gefangenen«, »Nachtstücke« und »was war was ist« hießen seine vorangegangenen Bände. Aber die Titel – und für »Die Zelle« gilt das ebenfalls – sind austauschbar: Immer haben wir es mit Traumbüchern zu tun und immer wieder wird von einer Gefangenschaft berichtet, das Warten des in der Einzelzelle leidenden Häftlings erweist sich als die Grundsituation der Dichtung Bieneks, stets ist es die Nachtseite des Daseins, die ihn irritiert und fasziniert, und nicht ohne Konsequenz läßt er die poetische Umschreibung dessen, »was war«, auf die einfache Frage zulaufen, »was ist«. Seine Erfahrungen – erklärte er unlängst in einem programmatischen Artikel – seien für ihn »erst dann mitteilenswert, wenn sie die Erfahrung anderer mit einbegreifen«[2]. Gemeint ist damit vor allem das zentrale Ereignis seiner Biographie: Bienek wurde 1951 in der DDR aus politischen Gründen verhaftet und zur Zwangsarbeit im sibirischen Lager Workuta verurteilt, wo er bis 1955 war.

Horst Bienek: »Die Zelle« 133

Auch in der »Zelle« geht es um das Workuta-Erlebnis, das Bienek freilich diesmal ausführlicher und ungleich ehrgeiziger abhandelt als in früheren Büchern. Denn an nichts war ihm weniger gelegen als an einem autobiographischen Bericht. Im Gegenteil: Er ist sosehr bemüht, dem Persönlichen und Individuellen das Allgemeine und Typische abzugewinnen, daß zunächst der Eindruck entsteht, er wolle den psychischen Zustand des Häftlings schlechthin verdeutlichen und uns eine Geschichte erzählen, die sich immer und überall abspielt. Später werden jedoch in die Bekenntnisse und Aufzeichnungen seines epischen Mediums allerlei konkrete Informationen eingeflochten und überdies bekannte, wenn auch nicht eben wohlklingende Namen – von Marchwitza bis Girnus –, die es uns leicht machen, das Ganze in Zeit und Ort zu fixieren.

Der hier über seine Person und seine Leiden Auskunft erteilt, ist ein älterer Mann, ein Deutscher, der fünfunddreißig Jahre lang in einer Mädchenschule als Zeichenlehrer tätig war. In der DDR galt er zwar als »bürgerlich-fortschrittlich«, aber 1951 hat man ihn verhaftet und nach der Sowjetunion deportiert. Warum? Er erinnert sich sehr genau an die Umstände seiner Verhaftung und viele geringfügige Details, hingegen überhaupt nicht an die gegen ihn erhobenen Vorwürfe; nur gelegentlich werden wie etwas Nebensächliches »konspirative Umtriebe . . . zum Zwecke des Sturzes der Regierung« erwähnt, doch scheint es sich hierbei um einen nicht nur unbewiesenen, sondern auch unbegründeten Verdacht der Behörden zu handeln.

Nun befindet sich dieser Häftling seit Jahren in einer Einzelzelle, sein körperlicher Zustand ist beklagenswert, sein Gedächtnis und seine Zurechnungsfähigkeit sind deutlich beschränkt, er schwankt zwischen klarstem Bewußtsein und düsteren Wahnvorstellungen. Zwar hofft er, man werde ihn endlich zu einem Verhör rufen, aber er hat allen Anlaß zu vermuten, er sei längst vergessen worden.

Das Ende des Buches stimmt ziemlich genau mit seinem Anfang überein: Während jedoch Bieneks Held auf der ersten Seite befürchtete, die dicken weißen Verbände, in die man sein krankes Bein eingepackt hat, würden immer höher aufquellen und ihm schließlich den Blick auf dieses Bein ganz versperren, so lesen wir auf der letzten Seite das gleiche noch einmal, nur daß es sich jetzt schon auf seine beiden Beine bezieht. Sonst hat sich nichts geändert, die letzten Worte lauten: »Vielleicht wird eines Tages auf der Pritsche nur noch faules, stinkendes, verwesendes Fleisch liegen und Mull und Watte.«

Aber eine Veränderung oder gar Entwicklung will Bienek gar nicht zeigen: Seine »Zelle« ist statisch und soll auch statisch sein. Als Motto zitiert er einen Absatz aus Jean Cayrols Plädoyer für eine »lazarenische Literatur«, in der es »keine Handlung, keine Spannung, keine Intrige« gebe und deren Held »immer auf dem Sprung« sei: »Er lebt nur die Auflösung einer Passion.« Dieses Programm hat Bienek mit erstaunlicher, obwohl etwas leichtfertiger und nicht gerade rühmlicher Radikalität verwirklicht – insofern zumindest, als man in seinem Buch tatsächlich weder eine Intrige noch eine Handlung finden kann, was zu verschmerzen wäre, und auch keine Spur von Spannung, womit ich weniger einverstanden bin. Vor allem aber frage ich mich, ob er wirklich jenem Plädoyer von Cayrol, das mir nicht sehr originell und nicht überzeugend zu sein scheint, gefolgt ist, oder ob Bienek mit dem Motto eher ein fragwürdiges Resultat zu rechtfertigen versucht hat und also eine schriftstellerische Not nachträglich als zeitgemäße Tugend und Erfordernis der Epoche ausgeben möchte.

Sicher ist jedenfalls, was die sprunghaften Schilderungen und Erinnerungen, die Visionen und Reflexionen des Ich-Erzählers, die ebenso seine Zellengegenwart wie seine Vergangenheit in der DDR und mitunter auch seine Kindheit betreffen, letztlich ergeben sollen: eine Diagnose vor zeitkritischem Hintergrund, ein psychologisches Porträt und eine psychiatrische Studie. Oder auch: die Beschreibung von Symptomen soll ein poetisches Psychogramm ermöglichen. Und kein Zweifel, daß Bienek zugleich eine Art Parabel, und eine sehr kühne überdies, im Sinn hatte.

Denn die extreme Situation des Ich-Erzählers ist ebenso real wie metaphorisch gemeint: Sie deutet auf die absolute Einsamkeit des Individuums in unserer Zeit hin, sie hat seine vollkommene und hoffnungslose Vereinzelung augenscheinlich zu machen. So soll die Zelle, dürfen wir annehmen, nichts anderes sein als das sichtbar und überschaubar gewordene Korrelat zum Zustand unserer Existenz in dieser Epoche. Kurz: die Gefangenschaft, die Bienek mit

Horst Bienek: »Die Zelle« 135

allen (oft zu entbehrenden) Details als »stinkende Gegenwart« zwischen engen und schauderhaft schmutzigen Mauern schildert, erhebt den unmißverständlichen Anspruch, auch als poetisches Sinnbild der totalen Isoliertheit des Menschen aufgefaßt zu werden.

Sonderlich neu ist das alles mitnichten; und es verweist, befürchte ich, weniger auf die bitteren Erfahrungen, die der »Zelle« in der Tat zugrunde liegen, als, zunächst einmal, auf die literarische Tradition, wenn nicht Konvention. Die Welt als Kerker – das ist ein altehrwürdiges Motiv, dem die Dichter seit Jahrhunderten treu bleiben. Und längst erfreut sich das Gefängnis als Ort der Handlung literarischer Werke von sehr unterschiedlichem Wert einer besonderen Beliebtheit, die nicht unbegreiflich ist. Der Germanist Bernhard Blume wies überzeugend nach, daß die Zelle in der Dichtung der Moderne das Erbe der vielen Schiffe und Inseln, der Türme und Mönchklausen angetreten hat, also jener abgeschlossenen Welten, die von früheren Generationen als Schauplätze bevorzugt wurden.[3] Albert Camus wiederum höhnte: »Vor hundertfünfzig Jahren brachten Seen und Wälder das Gemüt zum Schwingen. Heute stimmen Lager und Gefängniszellen uns lyrisch.«[4]

So ernst und extrem Bieneks Versuch auch ist und so streng und kühn seine Konzeption, es liest sich dieses Buch streckenweise doch wie ein dem Bonmot von Camus nachgelieferter Beleg. Nicht etwa, daß der Autor der »Zelle« von der Erinnerung an die eigenen Erlebnisse überwältigt wurde und sich daher nicht anders zu behelfen wußte als mit jenem schon klassischen Lyrismus und seinen Schablonen. Vielmehr ist es wohl so, daß er die damalige Erfahrung jetzt nur noch durch eine Brille sehen kann, deren Gläser die Literatur gefärbt hat. Was dies hier bewirkt, scheint mir einigermaßen erschreckend: Ein Schriftsteller, an dessen Begabung ich glaube und an dessen Aufrichtigkeit überhaupt nicht gezweifelt werden kann, erzählt, was er selbst erlitten hat und was dennoch aus zweiter Hand stammt.

Da gibt es zunächst die rührselige Erinnerung an die Landschaft, die der Häftling entbehren muß: »Der Weg am Fluß, ich bin ihn oft gegangen, am Abend, wenn die Sonne von den Türmen der Stadt aufgespießt wurde, . . . oder am Morgen, wenn der Nebel über dem Fluß und über dem Ufer in dichten Wolken hing . . .«; da kommt prompt die übliche Sehnsucht nach der Natur: »Man müßte meinen, im Frühsommer, am Abend, wenn ein sanfter Wind den Duft von Jasmin und von Heckenrosen in die Straßen treibt, fiele auch etwas für mich ab, nein, nichts, das Fenster ist immer geschlossen . . .« Insofern freilich unterscheidet sich Bieneks Häftling von seinen unzähligen Vorgängern, als er, der sich unentwegt selbst bemitleidet, im Zusammenhang mit jenem »sanften Wind«, der nicht kommen will, feststellt: »Mir ist es lieber so, ich gestehe es, das macht das Gefühl des Ausgeschlossenseins vollkommener . . .«

Findet der Häftling während eines Spaziergangs auf dem Gefängnishof ein bescheidenes Blümchen, das ihn beglückt? Diesmal ist es Gras, das zwischen den Steinen wächst: »Aber ich durfte mich nicht bücken, um es zu berühren, einmal tat ich es doch, . . . der Wärter strafte mich, indem er mich sechs Tage lang beim Spaziergang überging«. – Und wenig später wird uns doch der auf dem Gefängnishof wachsende gelbe Löwenzahn serviert. Kommt ein Vogel geflogen? Das gehört nun einmal dazu: die Freundschaft zwischen dem Häftling und dem lieben Vögelein, das ihn regelmäßig besucht. Diesmal ist es eine Fliege, mit der sich der Häftling befreundet und die er liebevoll füttert.

Auch die Haarlocke, die Bieneks Held zufällig findet, die er in die Zelle mitnimmt und die seine Phantasie anregt, ist nicht mehr ganz frisch (»und einmal träumte ich, daß Haarlocken auf mich schneiten und ich unter ihrer Last erstickte«); auch der Zellengenosse, mit dem er stundenlange Gespräche führt, den er aber, wie sich schließlich herausstellt, erfunden hat, um nicht ganz allein zu sein, ist unser alter Bekannter; und der einzige Mensch, den der Häftling zu sehen bekommt, muß, versteht sich, ein Taubstummer sein.

So jagt ein larmoyantes Klischee das andere, so rankt sich Bienek von einer Sentimentalität zur nächsten. Und das gilt nicht nur für die Motive, sondern leider auch für die poetischen oder, richtiger gesagt, pseudopoetischen Vergleiche und Bilder und Metaphern, die uns hier immer wieder geboten werden: »Ich war eingemauert in Zeit«; »Die Luft schließt mich ein wie in einem durchsichtigen Sarg«; »einmal, als ich von der Pritsche herabsteigen wollte, um zum Kübel zu humpeln, versank ich in ein flackerndes Dunkel«.

Horst Bienek: »Die Zelle« 137

Sogar die Furunkel und Geschwüre des Häftlings werden ohne Pardon poetisiert: »Dann brach eine ganze Milchstraße von Furunkelsternen auf meinem linken Bein aus.« – Auf Seite 42 sagt der Ich-Erzähler, er sei »allein in der weißen, schäumenden Finsternis«. Muß das sein? – fragte ich mich, noch einigermaßen geduldig. Als ich aber dann auf Seite 121 zu meiner Überraschung auch eine »weiße, schäumende Helle« fand, als sich also herausstellte, daß Bienek mit genau denselben Attributen sowohl die Finsternis als auch das helle Licht des Scheinwerfers bezeichnet, da war meine Geduld nun doch überfordert.

Offen gesagt: das ist fauler Zauber. Zum Teufel mit diesem ganzen Brimborium, mit dem flackernden Dunkel, dem durchsichtigen Sarg und den Furunkelsternen, die eine Milchstraße bilden. Zum Teufel nicht zuletzt deshalb, weil Bienek ein Schriftsteller ist, von dem wir Beachtliches erwarten dürfen. Glücklicherweise gibt es auch hier einige Abschnitte, die deutlich erkennen lassen, was er zu leisten imstande wäre, wenn er sich von seiner Poetisierungswut und diesem fatalen Lyrismus der Zelle freimachen könnte. Zweimal werden Verhaftungen beschrieben: eines Mädchens, das sonst in dem Buch nicht erwähnt wird, und später des Ich-Erzählers. Fast habe ich den Verdacht, als seien die beiden kleinen, in sich geschlossenen und doch fragmentarisch offenen Kapitel unabhängig von der »Zelle« entstanden. In dieser nüchternen, genauen und kühl registrierenden Prosa sind wir auf einer anderen literarischen Ebene, weit von Sentimentalität und lamentierender Rhetorik. Wenn Bienek endlich auf die pseudopoetische Sprache verzichtet, klingt alles, worauf es ihm ankommt, wie von selbst an, Pathos und Anklage bleiben auf den Raum zwischen den Zeilen beschränkt. Und gegen Ende des Buches hat Bienek einen – wiederum ganz anderen – Abschnitt eingefügt, der mir sogar außerordentlich zu sein scheint: In knappen und inhaltsschweren, oft abgerissenen Sätzen, die kein überflüssiges Wort enthalten, läßt der Ich-Erzähler ein düsteres Kindheits- oder Pubertätserlebnis ahnen, das zu seinem Vaterkomplex beigetragen und vielleicht auch seine Sexualität bestimmt hat. Plötzlich wird uns der Einblick in Abgründe gewährt, die nur die Literatur erkunden kann. Möglich, daß dieser unheimliche Abschnitt auf das nächste Buch von Bienek hindeutet.   (1968)

Leichen im Ausverkauf

THOMAS BERNHARD:
»An der Baumgrenze«,
»Ereignisse« und »Watten«

»So nachlässig können Sie schreiben, wenn Sie berühmt geworden sind; jetzt müssen Sie sich noch Mühe geben« – soll Voltaire einem Anfänger gesagt haben.

Daß schon ein bißchen Ruhm genügt, um viele Autoren milde gegen sich selbst zu stimmen – wen kann das wundern? Von Rezensenten gelobt, von Verlegern bedrängt, von Redakteuren hofiert, sind sie oft bereit, halbfertige Arbeiten zu liefern und sogar Manuskripte hervorzuholen, die sie selber oder andere noch vor wenigen Jahren entschieden verworfen hatten: Liegengebliebene Ware soll – meist zu ermäßigten Preisen – an den Mann gebracht werden. Diese beliebten schriftstellerischen Saisonausverkäufe erinnern uns alljährlich an den schönen Musil-Titel »Nachlaß zu Lebzeiten«. Ein Grund zur Aufregung? Nein, ganz gewiß nicht. Nur geht es darum, das Kind deutlich beim Namen zu nennen.

Jetzt will der Österreicher Thomas Bernhard von dem Ansehen, das er mittlerweile zu Recht genießt, profitieren: Auch er nimmt die sich ihm bietenden Gelegenheiten wahr, seine Schubläden auf vorteilhafte Weise zu leeren. Manche seiner Leser mag dies ein wenig enttäuschen. Denn zu einem Erzähler, der sich offenbar gegen fixe Ideen und Obsessionen wehren muß und der seine Ziele mit monomanischer Unbedingtheit verfolgt, will leichtfertiges Publizieren überhaupt nicht passen.

Aber ein Autor, der in seinen Romanen und Geschichten eine außergewöhnlich strenge und finstere Welt entwirft, muß deshalb noch nicht imstande sein, Strenge auch gegen sich selbst zu üben. In Bernhards Prosa, zumal in seinen größeren Arbeiten, fiel ja häufig gerade der Mangel an schriftstellerischer Selbstdisziplin auf.

Thomas Bernhard: »An der Baumgrenze« 139

Dagegen ist jedoch kein Kraut gewachsen: Nicht etwa um eine Frage des literarischen Handwerks handelt es sich hierbei, sondern vornehmlich um eine der Mentalität Bernhards und seines Naturells. Um es ganz klar zu sagen: Wo die Irritation vorherrscht, kann von Distanz kaum die Rede sein, und wo eine fast erschreckende Labilität spürbar wird, darf man schwerlich Souveränität erwarten. Damit hängt wohl auch zusammen, daß in seiner Epik Eindringliches hart neben Aufdringlichem steht und Unvergeßliches in unmittelbarer Nachbarschaft von schlechthin Langweiligem auftaucht. Allerdings sind die jetzt erschienenen Geschichten nicht in jeder Hinsicht für Bernhard typisch: Zwar zeigen sie, daß ihn von Anfang an die gleichen Motive, Figuren und Milieus faszinierten, daß er aber seine charakteristische Diktion, diesen schwerfälligen und bohrenden, umständlich-insistierenden und von nahezu manischen Wiederholungen strotzenden Duktus erst später zu finden vermochte.

In der aus dem Jahre 1962 stammenden Erzählung »Der Kulterer«, dem längsten, doch nicht besten Stück des Bandes »An der Baumgrenze«[1], hören wir von einem Mann, der ein Verbrechen »wie in radikaler selbstmörderischer Bewußtlosigkeit begangen hatte« und nun im Gefängnis kleine Prosastücke verfaßt, die er seinen Leidensgenossen vorliest. »Inmitten von Schmutz und versauertem Idealismus, inmitten von Schweinerei, Verleumdung und Habsucht, bildete er ein Gegengewicht.« Wirklich? Jedenfalls wird dies nur behauptet, wir sollen es dem Autor aufs Wort glauben.

Als der Tag der Entlassung naht, ist Bernhards literarisch ehrgeiziger Held verzweifelt: »Er fürchtete in Freiheit, der Sträflingskleider entledigt, nichts mehr schreiben zu können.« Und: »Wie klar waren hier, in der Finsternis . . . die Konturen aller Begriffe!« Die ganze Welt ist ein einziger Kerker, und nur im Kerker gibt es noch die wahre Freiheit des Individuums – so ungefähr ließe sich diese sentimentale und jugendlich-naive Erzählung (übrigens war Bernhard damals schon über Dreißig) verstehen. Die literarische Konvention, die hier linkisch und redselig Urständ feiert, ist fast schon rührend.

Anders als die Erzählung »Der Kulterer« präsentieren sich die einunddreißig bereits im Jahre 1957 entstandenen Prosastücke, die

140 *Leichen im Ausverkauf*

jetzt in einem Bändchen mit dem Titel »Ereignisse«[2] zusammenge-
faßt wurden. In diesen knappen, meist weniger als eine Druckseite
umfassenden Beschreibungen beklemmender Vorfälle, Schicksale
und Visionen ist die Darstellung kühl und betont sachlich, es dominiert der einfache, schmucklose Aussagesatz. Offenbar wollte Bernhard hier nur Fakten mitteilen, nur berichten und referieren.

Aber waren diese Prosastücke tatsächlich – wie der Klappentext
behauptet – für die Veröffentlichung bestimmt? Oder haben wir es
mit gewöhnlichen Notizen zu tun, die lediglich verschiedene Einfälle und Motive festhalten sollten? Ich bin mir da nicht ganz
sicher, befürchte jedoch, daß sich Thomas Bernhard mit der Aneinanderreihung dieser Kurztexte keinen guten Dienst erwiesen hat.

Ein Großgrundbesitzer träumt, daß einer sein Landstück auf-
gräbt: »Und überall kommt ein Leichnam zum Vorschein.« Kinder
finden eine Geisteskranke »eingefroren in die große Eisfläche hinter dem Brauhaus.« Ein Arbeiter kommt in einem Kühlwagen der
Eisenbahn um. Ein Handwerker träumt, daß er zwischen zwei
Steinblöcke geworfen wird, die ihn zerquetschen. Ein Schauspieler, der in einem Märchenspiel den bösen Zauberer spielt, wird von
Kindern zu Tode getrampelt. Ein Gastwirt wirft den Leichnam
eines Mannes, der sich aufgehängt hat, heimlich in einen Teich,
damit der Kirchtag ungetrübt stattfinden kann. Einer Arbeiterin
wird von einer wie eine Guillotine funktionierenden Maschine der
Kopf abgeschnitten. Ein Viehtreiber gerät in eine zusammenge-
pferchte Herde und wird von zwei aufgeblähten Kuhbäuchen zer-
quetscht. Ein neugeborenes Kind erstickt während einer Tauffeier
unter einer schweren Damastdecke. Einen Sakristan finden Kirch-
gänger »erschlagen, mit gespaltenem Kopf«.

Was immer Bernhard in diesen »Ereignissen« berichtet, er offe-
riert Grauenhaftes und am Ende meist eine oder mehrere Leichen.
Aber diese bisweilen schon stumpfsinnige Anhäufung makabrer
Motive zeitigt ein wenn auch nicht überraschendes, so doch fatales
Ergebnis: Was offenbar aufschrecken sollte, mutet nur noch
komisch an, es entsteht ein harmlos-gemütliches Gruselkabinett.
Leichen im Ausverkauf – das war denn doch eine riskante Idee.

Auch in dem 1963 geschriebenen Fragment »Der Italiener« (im
Band »An der Baumgrenze«), einer Geschichte mit melodramati-

Thomas Bernhard: »An der Baumgrenze« 141

schen Akzenten und dekorativem Hintergrund, bildet den Mittelpunkt die in einem »Lusthaus« effektvoll aufgebahrte Leiche eines Fürsten oder Grafen, der sich »auf die bekannte grauenhafte Weise in seinem Zimmer erschossen« hat.

Und in »Watten«[3], der längsten und wohl auch neuesten der jetzt publizierten Arbeiten des österreichischen Erzählers, heißt es: »Ich schaue in die Traun hinein und sehe Hunderte und Tausende von Leichen in der Traun, eng aneinander, sie bilden eine weißlichgelbliche Körpermasse unter der klaren Wasseroberfläche, die ihr Poetisches hat.« Wiederum häuft Bernhard düstere und drohende Motive mit einer nicht mehr rühmlichen Konsequenz an. Der Ich-Erzähler ist ein älterer Arzt, der seinen Beruf nicht ausüben darf, weil man ihn – unzweifelhaft zu Recht – für geisteskrank hält. Seine sprunghaften und oft chaotischen Berichte und Bekenntnisse, Klagen und Visionen, Notizen und Reflexionen sollen sich wohl zu einem Selbstporträt zusammenfügen und die literarische Diagnose eines pathologischen Zustands ergeben.

Das wesentlichste Element dieser Aufzeichnungen ist die direkte Selbstaussage: »Ich bin in dem Zustand der völligen Gleichgültigkeit«; »mir ist alles Nützliche verhaßt«; »alle Einfälle, die ich jemals gehabt habe, immer wieder nichts als Nutzlosigkeit. Wahnsinn, Verbrechen«; »ich hasse nichts tiefer als die Menschen«. Er spricht von seiner »Traurigkeit, die im Grunde nichts als Erbärmlichkeit ist, die mehr oder weniger nichts als Verrücktheit ist« und meint, daß er nicht »auf die erniedrigende künstliche Weise verrückt geworden« sei, »sondern auf die natürlichste«; er leide an einer Geisteskrankheit, die ihm »das genaue Gegenteil von Schwachsinn« zu sein scheint.

Die allgemeineren Äußerungen betreffen beispielsweise den »totalen Unsinn« und die »in jedem Fall immer katastrophale Umwelt«. So heißt es: »Die Leute sind gemein, weil die Welt, in welcher sie leben, gemein ist. Alles ist gemein an den Menschen.« Und: »Jede Existenz ist ein Milderungsgrund.« Auch finden sich hier die in Bernhards Prosa schon obligaten und eher simplen Ausfälle gegen Österreich, wo sich alles »mit großer Feierlichkeit dem Stumpfsinn ausgeliefert hat«: »Das Gehirn ist in diesem Land absolut stellenlos, arbeitslos.« Den Krankheitszustand und die Qualen

142   *Leichen im Ausverkauf*

des Ich-Erzählers, die er so wirr wie ausführlich schildert, sollen
auch die qualvollen, verschachtelten und verkrampften Satzkon-
struktionen vergegenwärtigen: »Diese jungen Menschen habe ich
gelehrt, wie man eine Welt, die vernichtet gehört, vernichtet, aber
sie haben nicht die Welt vernichtet, die vernichtet gehört, sondern
haben mich, der ich sie gelehrt habe, wie man die Welt, die vernichtet gehört, vernichtet, vernichtet.«

Dieses Prosastück ist gewiß als ein einziger Schrei des Schmerzes
und der Verzweiflung gemeint: Bernhard registriert Zwangsvorstellungen und Halluzinationen und erzählt von Wahnsinn und
Verbrechen, Mord und Selbstmord, um jene Gefahren und
Abgründe sichtbar zu machen, die uns alle bedrohen. Doch hatte
ich während der Lektüre immer wieder den Eindruck, das Ganze
schon mehrfach gelesen zu haben. Weshalb? Weil sich »Watten« bei
näherer Betrachtung ebenfalls als eine Art Ausverkauf erweist –
nämlich jener Motive und Elemente, die Bernhard bereits in seinen
vorangegangenen Büchern abgehandelt hat.

Ich weiß: Von diesem Schriftsteller erwarten, daß er aufhört, sich
auf mehr oder weniger manische Weise zu wiederholen und überdies in seiner Prosa vornehmlich Makabres zu bieten, hieße von
ihm verlangen, er solle aufhören, er selbst zu sein. Aber es läßt sich
nicht verschweigen, daß er häufig, wo er erschüttern will, nur noch
ermüdet.

Wer sich indes von den Möglichkeiten des Erzählers Thomas
Bernhard überzeugen will, dem sei die kurze, streng komponierte
Titelgeschichte des Bandes »An der Baumgrenze« empfohlen: Ein
etwas beschränkter und pedantischer Beamter schreibt in einem
Dorfgasthaus im Gebirge einen Brief an seine Braut und beobachtet
zugleich ein junges Paar, dessen Ernst ihn beunruhigt. Es waren,
stellt sich am nächsten Morgen heraus, Geschwister, die die Einsamkeit im Gebirge nicht um der Liebe willen suchten, sondern um
ihr Leben zu beenden. Hier, wo Bernhard uns seine fast immer
unergiebigen Reflexionen erspart und statt dessen konkrete Situationen beschreibt, wo er nicht räsoniert, sondern erzählt, erreicht
er, was die österreichische Prosa nach wie vor auszeichnet: die leise
Intensität der Stimmung, die unauffällige Anschaulichkeit der Darstellung.   (1969)

Der grüne Hermann

GÜNTER HERBURGER:
»Die Messe«

In einer im *Spiegel* veröffentlichten Rezension schrieb Günter Herburger: »Hat man das *Kursbuch 9* ... gelesen, so kommt einem Belletristik völlig belanglos vor. Das Anschauungsmaterial des Buches überwältigt. Wir haben, diese Dokumentation in der Hand, keine Zeit mehr für Ästhetik.« Ferner: »Wer Belletristik herstellt und die Ohnmacht der Worte beklagt, geht ächzend in die Knie.«[1]

Da düstere Verlautbarungen dieser Art längst zum Ritus des literarischen Lebens in der Bundesrepublik gehören, werden sie in der Regel entweder ignoriert oder mit nachsichtigem Lächeln zur Kenntnis genommen. Auf jeden Fall stören sie niemanden. Doch nicht das ist bemerkenswert, sondern eher der Umstand, daß sich auch die Urheber dieser traditionellen Trauerbotschaften offenbar keinen Pfifferling um sie kümmern.

Herburger beispielsweise legt uns jetzt – es sind noch keine zwei Jahre seit seiner kühnen Behauptung verstrichen – ein neues Buch vor. Was denn wohl? Anschauungsmaterial, das uns aufklären und überwältigen soll? Eine Dokumentation? Eine politische Kampfschrift? Nein, der Schriftsteller, der sich in der Rolle eines Verächters der Belletristik gefiel, liefert natürlich etwas Belletristisches, nämlich einen dicken Roman. Jedes Kapitel, ja jede Seite dieses Buches – sein Titel lautet »Die Messe«[2] – läßt deutlich, oft allzu deutlich erkennen, daß es sich sein Autor nicht leicht gemacht hat. Es ist ein bemühter und sehr ernster Mann, aber das Ergebnis kommt mir – um bei seinen Worten zu bleiben – »völlig belanglos vor«.

Hier geht einer, der an der Ohnmacht der Literatur leidet, tatsächlich »ächzend in die Knie«. Ein erfreulicher Anblick ist das ganz gewiß nicht. Doch wäre es, glaube ich, falsch, sich von ihm gleichgültig abzuwenden. Denn es handelt sich – wie Herburgers Geschichtenband »Eine gleichmäßige Landschaft« und manche seiner Filme und Hörspiele bewiesen haben – um einen hochbegabten Schriftsteller und überdies um einen vermutlich exemplarischen Fall.

Exemplarisch soll auch sein, was Herburger mit liebevoller und gelegentlich ärgerlicher Ausführlichkeit erzählt: Es ist die Geschichte eines Anfang der dreißiger Jahre geborenen Deutschen aus betont bürgerlichem und kleinstädtischem Milieu. Sie reicht etwa vom Zweiten Weltkrieg bis zur Einführung des Farbfernsehens in der Bundesrepublik, umfaßt also mehr als ein Vierteljahrhundert. Süddeutsche Provinzortschaften, Stuttgart und Paris bilden den Hintergrund fast des ganzen Romans.

Ihn füllen Hermanns – so heißt Herburgers Held – Kindheitserinnerungen und Jugenderlebnisse, seine mannigfaltigen beruflichen Versuche und Fehlschläge, seine Begegnungen mit einer recht exotisch anmutenden Unterwelt und seine erotischen, vornehmlich homosexuellen Erfahrungen. Zwischendurch werden uns auch allerlei Visionen und Zwangsvorstellungen geboten.

Ein zentrales Motiv ist Hermanns Beziehung zu seinen Eltern: die zärtliche Liebe zur verständnisvoll-gütigen Mutter und der obligate, der eigentlich schon konventionelle Haß auf den Vater, einen Tierarzt, der im Krieg gefallen oder gestorben ist. Natürlich soll das gelegentlich ambivalente Verhältnis zum Vater politisch verstanden werden – da sich der Sohn verpflichtet fühlt, für seine ganze Generation zu leiden, hofft er, daß der Vater, der wahrscheinlich eher zu den Harmlosen gehörte, ein schlimmer Naziverbre er war: »Sie möchten ein Monstrum sehen, auf das Sie stolz sein könnten. Einen Verbrecher hätten Sie gern, der jetzt erst aus dem Zuchthaus entlassen wird, sich interviewen läßt, seine Erinnerungen schreibt, dann hätten Sie endlich Ihr Ziel erreicht. Einen Beweis als lebendiges Prunkstück von damals möchten Sie vorzeigen. Jammern würden Sie, wehklagen unter der Last, denn Sie blieben rein und könnten sich streicheln . . .«

Hier allerdings drängt sich die Frage auf, wozu denn Herburger den Vaterkomplex immer wieder geheimnisvoll umspielt und andeutet und noch in ein feierlich-düsteres Licht taucht, wenn sich am Ende alles so simpel aufklären läßt. Der dem Helden des Romans und seinen Lesern zu dieser etwas billigen psychologischen Einsicht verhilft, ist ein ehemaliger KZ-Häftling, die neben jenem Hermann wichtigste und am wenigsten überzeugende Figur der »Messe« – sein väterlicher Mentor und sein zeitweiliger sexueller Partner. Und obendrein fungiert er noch, wie die zitierte Stelle zeigt, als unmittelbarer Sprecher des Autors.

Die Geschichte von dem jungen Hermann, der auszieht, die Welt zu erfahren und der, versteht sich, enttäuscht und verbittert zurückkehrt, wird nicht etwa in chronologischer Reihenfolge geboten. In der »Messe« wimmelt es von plötzlichen Zeitsprüngen und überraschenden Rückblenden und Antizipationen, die nur bisweilen einigermaßen motiviert sind, von allerlei Montagen und Verschachtelungen, die meist nicht viel ergeben.

Aber die Komposition und einige (übrigens wenig originelle) surreale Akzente, die in der Regel wie aufgepfropft, wie Fremdkörper innerhalb des Buches wirken, können nicht darüber hinwegtäuschen, daß diese Geschichte einer angeblich zeitgemäßen Selbstverständigung und einer gescheiterten Selbstverwirklichung zumindest so alt ist wie das literarische Muster, das ihr zugrunde liegt. Denn was hier nicht fröhlich zwar, doch mißmutig und elegisch Urständ feiert, ist der wackere deutsche Entwicklungsroman, dieses handliche und wandlungsfähige und offenbar unbegrenzt strapazierbare epische Modell.

Immer schon setzte der Entwicklungsroman Leser voraus, die Zeit und Muße haben. Aber Herburger stellt an unsere Aufmerksamkeit und Geduld allzu unbescheidene Ansprüche. Warum ist dieser Roman, der sich mit wahrlich wichtigen Fragen beschäftigt und in dem sich mehrere ausgezeichnete, ja schon fast virtuos geschriebene Abschnitte finden, so zäh und ermüdend? Worauf soll man es zurückführen, daß sich das reichhaltige Buch paradoxerweise als karg und dürftig entpuppt?

Deutsche Romane der letzten Jahre ließen häufig eine beachtliche Kunstfertigkeit erkennen, die gleichwohl nicht imstande war, die Spärlichkeit der Lebenserfahrung wettzumachen. Auf Herbur-

146 *Der grüne Hermann*

ger trifft das nicht zu. An gut beobachteter Wirklichkeit, an erlittener Epoche und erlebter Gegenwart, an alldem, worauf der Entwicklungsroman heute wie vor zweihundert Jahren angewiesen ist, fehlt es der »Messe« keineswegs. Nur war der Romancier Günter Herburger der Fülle des Materials überhaupt nicht gewachsen.

Was aber auf den ersten Blick vor allem mit dem schriftstellerischen Handwerk zusammenzuhängen scheint, hat vermutlich tiefere Ursachen. Und da es hier um ein Buch geht, das – bewußt oder unbewußt – an die große literarische Tradition anknüpft, sei es gestattet, an jene Definition Goethes zu erinnern, derzufolge der Roman »eine subjektive Epopöe« sei, »in welcher der Verfasser sich die Erlaubnis ausbittet, die Welt nach seiner Weise zu behandeln. Es fragt sich also nur, ob er eine Weise habe . . .«[3]

Damit wäre angedeutet, woran Herburger letztlich gescheitert ist: Er hat keine Weise, unsere Welt zu behandeln. Angesichts dessen, was geschah und was geschieht, ist er hilflos und ratlos. Wer könnte ihm das verübeln, wer darf sich da wundern? Indes: Unzufriedenheit und Unbehagen, Verdrossenheit und Verärgerung, ja sogar Ekel und Trotz – das alles genügt noch nicht, um einem 500-Seiten-Roman, der die Geschichte eines Menschen vor dem Hintergrund der Epoche erzählt, als Fundament zu dienen; es sei denn, der Autor ist ein Genie.

Herburger mag gespürt haben, daß sein Buch einerseits von Ressentiments gesprengt wird und daß ihm andererseits ein Minimum an Konzeption fehlt. Doch die Mittel, mit denen er diese entscheidende Schwäche zu überspielen versucht, machen die Sache noch ärger: Um seinem so elementaren wie verständlichen Abscheu und seinem ohnmächtig-kraftlosen Protest gegen unsere Welt Nachdruck zu geben, versucht Herburger, der eher zu den Weichherzigen und Empfindsamen gehört, einen harten und wilden Mann zu mimen.

Davon zeugt schon sein Vokabular. Anders als in der »Gleichmäßigen Landschaft« gebraucht er jetzt gern Vulgärausdrücke, die er so häufig verwendet, daß sie schwerlich jemanden beeindrucken werden – auch in dieser Hinsicht empfiehlt es sich, die Regeln der Ökonomie zu beachten.

Oft finden sich Beschreibungen von Fäkalien: »Scheiße, immer

Günter Herburger: »Die Messe« 147

wieder Scheiße, hart, weich, verkrustet, geknödelt, am Finger, unter Blättern verborgen, auf Wände geschmiert, durch Stoff sikkernd, rutschig unter der Schuhsohle.« Den Folgen der Verdauung widmet Herburger besonders viel Aufmerksamkeit: Allerlei Winde werden in dieser Epik registriert und differenziert, was doch durchaus zu entbehren wäre.

Ich weiß: Schon Rabelais, schon Grimmelshausen – und so weiter. Aber Herburger möchte solchen Elementen in der »Messe« eine gewissermaßen gesellschaftskritische Funktion abgewinnen: Offenbar sollen sie seine Rebellion gegen die Epoche artikulieren. Einmal heißt es: »Vor Wut pißt Hermann ins Waschbecken.« Eben: nur dazu reicht Hermanns Wut aus. Und auf derartige und ähnliche Akzente, Motive und Beschreibungen beschränkt sich in der »Messe« Herburgers Trotz und Aggressivität.

Zugleich wird in der Faszination, die durchaus prosaische Funktionen des menschlichen Körpers auf Herburger ausüben, eine Eigentümlichkeit bemerkbar, die auch für viele andere und natürlich sehr unterschiedliche deutsche Erzähler der letzten Jahre – von Grass über Lettau und Fried bis zu Fichte und Brinkmann -- mehr oder weniger charakteristisch ist: die offenbar unwiderstehliche Neigung zum Infantilen und Pubertären.

Damit mag auch zusammenhängen, daß in der neuesten deutschen Epik unaufhörlich masturbiert wird. Übrigens scheint mir das auffallende Interesse für die Onanie das einzige Element zu sein, das die Schriftsteller der ehemaligen »Kölner Schule« – Brinkmann, Seuren, Wellershoff und nun auch Herburger – immer noch miteinander verbindet. Daß diese Autoren stets nur die physischen Vorgänge beschreiben und nicht das, was wirklich von Bedeutung wäre – nämlich die psychischen Voraussetzungen, Begleiterscheinungen und Folgen der Onanie –, sei nur am Rande vermerkt.

Aber man sollte – um zu Herburgers Roman zurückzukehren – nicht übersehen, daß der Held der »Messe« in einem Brief seiner Mutter folgenden so berechtigten wie einleuchtenden Satz liest: »Du bist im Grunde ein Kind geblieben.« Im selben Brief findet sich die Feststellung: »Deine Unruhe hat mir immer Sorgen gemacht. Ich bewunderte sie auch, weil sie etwas Schöpferisches hatte, doch du scheinst sie in falsche Bahnen zu leiten.« Das trifft,

148 *Der grüne Hermann*

meine ich, genau auf die »Messe« zu: Der Roman ist das Produkt
einer auf falsche Bahnen geleiteten oder geratenen schöpferischen
Unruhe. Sie bewährt sich innerhalb des Buches lediglich in einigen
isolierten Episoden und, vor allem, Zustandsbildern.

Wenn Herburger ein bundesrepublikanisches Versehrtenheim
oder eine internationale Messe schildert, wenn er berichtet, wie
Speiseeis produziert wird oder wie Polizisten in einem Stuttgarter
Sportstadion ihre Geschicklichkeit und körperliche Tüchtigkeit
demonstrieren – dann haben wir es mit bemerkenswerten Prosastücken zu tun. Sie beweisen, daß Günter Herburger ein hervorragender Beobachter ist, daß er das Vertraute unbefangen betrachten
und das Bekannte neu sehen kann. Doch können einige Etüden
noch keinen Roman ergeben. (1969)

Wirrwarr von Erinnerung

PETER HÄRTLING:
»Das Familienfest
oder Das Ende der Geschichte«

Wer das literarische Leben der Bundesrepublik kennt, der weiß, daß Peter Härtling ein ausgezeichneter Mann ist, einer der aktivsten und tüchtigsten weit und breit. Flink und fleißig, produktiv und vielseitig, ist er zugleich und auf einmal: Verlagsdirektor und Cheflektor, Herausgeber und Redakteur, Journalist und Kritiker – und ein charmanter Redner und ein zuverlässiger Diskutant, ein umsichtiger Gesprächsleiter, ein beliebter Fernsehplauderer und schließlich ein gebildeter Schriftsteller. Was kann man da noch mehr erwarten? Soll er ein Poet auch noch sein? Sie sind ja ohnehin eine Plage, diese braven und erfahrenen, belesenen und ehrgeizigen Lektoren, die unbedingt selber einmal auf dem Parkett der Dichter tanzen möchten und deren Romane oder Erzählungen allerlei Vorzüge haben mögen, doch in der Regel zäh und schwerfällig, langweilig und vollkommen talentlos sind.

Nein, da ist doch Härtling ein Mann aus anderem Holz, er hat mit jenen Impotenten, die die berüchtigte (von ihm gelegentlich treffend charakterisierte) Lektorenprosa liefern, kaum etwas gemein, er ist tatsächlich auch noch ein Poet dazu. Seine Lyrik allerdings, finde ich, taugt nicht sehr viel: Diese Verse, die verspielt Tiefsinniges geben wollen, scheinen mir eher dürftig und billig zu sein und sind heute schon vergessen.

Aber er hat »Niembsch oder Der Stillstand« geschrieben, eines der (doch nicht eben zahlreichen) deutschen Bücher unserer sechziger Jahre, die es wert sind, nicht vergessen zu werden. In diesen zu einer »Suite« geschickt zusammengefügten Episoden und Bruchstücken aus dem Leben eines an Lenau erinnernden Dichters und Don Juans, der auf der Suche nach dem »Stillstand der Zeit«

150 *Wirrwarr von Erinnerung*

schließlich wahnsinnig wird, zeigte sich, daß Härtling ein in unseren Breiten außergewöhnlich seltener Vogel ist – ein authentischer Erotiker nämlich. Gewiß fehlt es dem Buch nicht an Schwächen, doch es verbindet auf so sympathische wie überzeugende Weise Laune mit Nachdenklichkeit, Frivolität mit Passion, Leichtigkeit mit Schwermut.

Ein graziöser Wurf wie der »Niembsch« läßt sich jedoch kaum wiederholen. Gerade dies hat Härtling versucht: Nicht einmal die alte Erfahrung, daß Trilogien fast immer mißlingen, konnte ihn hindern, dem erfolgreichen »Niembsch« noch zwei Seitenstücke folgen zu lassen. Aber schon das Buch »Janek – Porträt einer Erinnerung«, die allzu bemühte und preziöse Geschichte eines böhmischen Volkssängers, war ziemlich schwer erträglich – und nun haben wir die ganze Bescherung: nämlich den Roman »Das Familienfest oder Das Ende der Geschichte.«[1]

Härtling gehört zu jenen gewitzten Autoren, die das Geschäft der Deutung ihrer Werke ungern anderen überlassen: Schon ein Jahr vor Erscheinen des »Familienfest« veröffentlichte er einen Selbstkommentar, der uns mit liebevoller Ausführlichkeit über den Roman unterrichtet. In diesem sehr lesenswerten Prosastück, das seinen Gegenstand in jeder, übrigens auch in erzählerischer Hinsicht weit übertrifft, heißt es: »Wie redet Geschichte, sobald sie eingeengt wird auf einen überschaubaren Personenkreis, sagen wir: auf eine Familie, die sich in der Generationenfolge nicht zerstreute, sondern zusammenhielt . . . Das könnte ein Modell sein.«[2] Wie man sieht, handelt es sich um das Muster des Familienromans, der seit bald hundert Jahren nicht aus der Mode kommt – von Zolas »Rougon Macquarts« über Roths »Radetzkymarsch« bis zu Bölls »Billard um halbzehn«.

Indes konzentriert sich Härtling, auch wenn er seine Familienchronik in eiligen Schlußkapiteln über ein Jahrhundert hinweg bis in unsere Tage fortsetzt, doch auf nur eine Generation und innerhalb dieser Generation wiederum vornehmlich auf eine Figur: Es ist ein gewisser Georg Lauterbach, Professor für Geschichte und Philosophie, der 1857, nachdem er einige Jahre in Frankreich im Exil gewesen war, seine Heimatstadt, das schwäbische Nürtingen, besucht, wo ein Teil seiner Familie lebt. Jetzt, im nur scheinbar

Peter Härtling: »Das Familienfest« 151

idyllischen Vaterhaus, will der dreiunddreißigjährige Professor seine Vergangenheit ergründen: Er möchte an Ort und Stelle »die falschen Nacherzählungen, aus denen er gelebt hatte«, nachprüfen. Denn was ist geblieben? – fragt dieser Georg, und er antwortet: »Stimmen, die wir nicht fesseln können, die sich nicht ordnen lassen . . .« Er sei, bekennt er später freimütig, ein »Wirrwarr von Erinnerung, eine gärende Unordnung, an deren Rändern die Verzweiflung alles härtet«.

An Wirrwarr und gärender Unordnung ist in dem Roman kein Mangel, dennoch erfahren wir allerlei über Georgs Kindheit und Jugend, über seine erotischen Abenteuer, seine wissenschaftlichen Bemühungen und politischen Niederlagen, über seinen unangenehmen Bruder, einen Pfarrer und Pietisten, mit dem er gelegentlich streitet, und über seine reizende Schwester, mit der er gelegentlich schläft.

Er schreibt eine geschichtsphilosophische Arbeit, es werde »eine Untersuchung über den Verfall der Wirklichkeit sein und ihre Wiedergeburt durch die Phantasie«; Geschichte sei »nichts anderes als die Auslegung von Ereignissen die sich aufhöben«. Die Historiker – lesen wir an anderer Stelle – »deuten bekräftigend, geben endlich als Resultate aus, was allenfalls Vermutung ist . . . Sie verirren sich in selbst ersonnenen Legenden, in herkömmlicher Seelenkunde«. Sie kolportieren nur ihre eigene Welt und nicht die ihrer Objekte. Der Kapitulation Georgs, der schließlich meint, zu viel gewollt zu haben, als er seinem »zweifelnden Verstand zutraute, Wirklichkeiten in die Wahrheit zu treiben«, entspricht im letzten, schon in unserer Zeit spielenden Kapitel die resignierende Entscheidung eines Studienrats, der eine Biographie dieses Georgs verfassen wollte: Er verzichtet auf sein Vorhaben, weil er es für unausführbar hält.

Kurz und gut: es gibt keine objektive Realität, sondern nur subjektive Darstellung, keine Fakten und Ereignisse, sondern nur noch Spiegelungen und Deutungen, keine Gewißheiten, sondern nur Mutmaßungen. Niemand leugnet die wesentliche Rolle der sich von Generation zu Generation wandelnden Betrachtungsweise der Geschichte und der daraus resultierenden Veränderung der Gegenstände selber. Die extremen Thesen jedoch, die Härtling in

152 *Wirrwarr von Erinnerung*

seinem »Familienfest« verkündet und zu exemplifizieren versucht, sind nicht nur oberflächlich und im Grunde unseriös; sie leisten auch jenen Bestrebungen Vorschub, die die historische Vergangenheit mystifizieren und schließlich als dunkel und undurchschaubar abtun müßten. Im Land, in dem man gern und häufig mit dem Begriff »das Jahr Null« operiert, erfreuen sich solche Tendenzen immer einer gewissen Beliebtheit.

Im übrigen bietet Härtling selber eine rettende Konzeption – statt der Biographie hat jener Studienrat einen Roman über Georg verfaßt: »Ich habe erzählt, ich habe mir vorgestellt, ich habe umgedacht, ich habe sie kostümiert.« Statt Chronik und Geschichtsschreibung also Epik, also Fiktion und Vision, Intuition und Imagination? Poesie als Surrogat für Wissenschaft – glaubt Härtling allen Ernstes, dies heutzutage erwachsenen Zeitungslesern zumuten zu können? Ich befürchte, daß er das Jahrhundert verwechselt hat.

Freilich ließen sich derartige Thesen noch eher in Kauf nehmen, wenn Härtling das, was er sagen wollte, tatsächlich erzählen könnte. In seinem Selbstkommentar hieß es: »Ideen könnten sich spannen über Personen und Anekdoten; Geschichten könnten in verschiedenen Varianten von verschiedenen Leuten zu verschiedenen Zeiten erzählt werden . . .«[3] Gantenbein läßt also grüßen. Doch hat Härtling in der Tat Wort gehalten: Von Ideen, dem Pietismus zumal und dem Idealismus, ist oft die Rede, Anekdoten gibt es mitunter auch, und wirklich werden Geschichten von verschiedenen Leuten zu verschiedenen Zeiten erzählt – und dies recht anspruchsvoll. Vergangenheit, Gegenwart und Zukunft, Dialoge und innere Monologe, Briefe und Berichte, die Perspektiven der Gestalten und die Autorenperspektive, direkte Rede und indirekte Rede – es geht alles munter und immer wieder durcheinander.

Dieses im Grunde natürlich harmlose Tohuwabohu wird mit Hilfe graphischer Kinkerlitzchen, die mich stets sehr mißtrauisch stimmen, noch erheblich gesteigert. So verpönt Härtling die guten alten Anführungszeichen, er beginnt oft mitten im Satz eine neue Zeile, und er ist überdies in das Komma verliebt, mit dem er seine Perioden zerhackt und das er gern auch da verwendet, wo ein schlichter Punkt hingehört, weshalb bisweilen Bandwurmsätze entstehen. Daß Härtling den Roman nicht nur mit kleinen Buchstaben geschrieben hat, wundert mich immer noch.

Aber es hilft nichts, es ist alles verlorne Liebesmüh. Was Härtling über die epischen Versuche Reinhard Baumgarts gesagt hat – »Baumgart mischt raffiniert, gleichwohl wirkt die Mixtur unbeholfen, im Kalkül vordergründig«[4] – trifft ebenso auf seine eigene Prosa zu: Sie ist bei allem Raffinement unbeholfen und linkisch, die sorgfältig kalkulierten Darlegungen über die Fragwürdigkeit der Geschichtsschreibung und der menschlichen Erinnerung wirken vordergründig und banal. Vor allem aber: Hier kommt absolut nichts zum Vorschein – kein Schauplatz und keine Figur, kein Milieu und keine Stimmung. Abgesehen von einigen kleinen erotischen Szenen, etwa den schönen Passagen, die Härtling dem Inzestmotiv abgewonnen hat, ist diese biegsame und gelenkige und wortreiche Prosa vollkommen tot. Er erinnert an einen temperamentvoll und aufgeregt gestikulierenden Dirigenten, dessen Orchester hartnäckig streikt: Er kann tun, was er will, es ist doch kein Ton zu hören. Was ist hier passiert?

Zunächst einmal: von einer Überraschung kann nicht die Rede sein. Schon im »Niembsch« war deutlich, was Härtlings Epik bedroht: das Artifizielle, die billige Stilisierung, die ermüdenden Manieriertheiten, die sich oft in unmittelbarer Nachbarschaft reizvoller Manierismen finden. Doch was sich damals noch in Grenzen hielt, verdarb bereits den »Janek« und macht »Das Familienfest« vollends zur unfreiwilligen Selbstparodie. An der fortwährend überhöhten, der umständlich-feierlichen, der pseudopoetischen Sprache geht diese Prosa zugrunde.

Beispiele? Das ist hier, wie in vielen ähnlichen Fällen, eine etwas mißliche Sache. Denn ob ich fünf oder zehn oder gar fünfzehn Zitate anführe – wer will, kann sagen, damit seien lediglich einzelne Mißgriffe oder Entgleisungen bewiesen. Aber hier geht es nicht um bessere oder schlechtere Sätze, nicht um einzelne Formulierungen, sondern einzig und allein um das, was sie zeigen sollen und belegen können – um den Stil und das Klima des Romans »Das Familienfest«. Mit anderen Worten: Nicht die vielen Würmer sind wichtig, sondern der eine große Wurm, der im Ganzen sitzt.

Charakteristisch für Härtlings Ausdrucksweise ist der ständige

Mißbrauch von Verben, vor allem von solchen, die aus einem mehr oder weniger gehobenen und pathetischen Vokabular stammen: »Dieses Gesicht, in das sich sein Blick viele Male hassend verkrallte . . .«; »bis . . . eine wahnsinnige Freude ihn umbrandete«; »es waren nur Sekunden äußerster Wahrnehmung, in die ich versank«; »die Krankheit überzog mich«; »Speichel perlte ihm in den Mundwinkel«, über einen heißt es, er »wühle sich in das Siechtum der Welt«. Von einem »hochgetriebenen Gesicht« lesen wir, »das jegliche Regung unverhüllt aufnahm, an den Schläfen bebend, Lächeln aus den Mundwinkeln versendend bis zu den immer empörten Augen hinauf.« Während hier das Lächeln nur versendet wird, gibt es später ein »Lächeln, das von den Lippen absprang und, unendlich vergrößert, vor ihrem Gesicht schien«. Es tut mir leid, ich kann mir nicht vorstellen, wie ein von den Lippen abgesprungenes Lächeln noch vor einem Gesicht zu scheinen imstande ist. Überhaupt wird in dieser Prosa auffallend viel gesprungen. Da hören wir von einem Adjutanten, »der seine Schüchternheit barsch übersprang«, da fühlt einer, »wie ihm die Lippen auseinandersprangen«, da ist von einer »aus dem Tag springenden Heiterkeit« die Rede und von einer Liebe, die »aus der Verzweiflung sprang«.

War die Diktion im »Niembsch« im großen und ganzen erregt und anregend, anmutig und übermütig, so ist sie jetzt verkrampft und verquollen, geschraubt und gestelzt. Was dort charmant und melodiös war, klingt jetzt penetrant und prätentiös: »Die Stille riß den Raum auf«; »es verlangte ihn, ihre Nähe zu erreichen«; »Unterhaltungen, die sich Dauer vorgaukelten«; »was sie dann sagte, tropfte in sein Bewußtsein«. Wohin Härtlings unerbittliche Poetisierungssucht führen kann, zeigen solche Sätze wie: »Deine Gegenwart wandert durch mich hindurch, ich bin dein Atem«; »die Stimme Immanuels . . . saugte sich mit falscher, gehorteter Erinnerung voll«; und an einer anderen Stelle: »die Stimme Immanuels wurde zu einem schwingenden Raum«.

Wo eine Stimme zu einem »schwingenden Raum« wird, kann man mit allem rechnen. Tatsächlich gerät Härtling im Schlußteil des Buches einerseits in die Nähe eines Illustrierten-Romans (»In sein fahles Gesicht schoß Blut«; »das Haar fiel in Wellen über seine Schläfen, und die Pupillen waren aufgerissen«), andererseits aber

Peter Härtling: »Das Familienfest« 155

leistet er sich einen Satz dieser Art: »Ich habe an Henrike gedacht, an ihre rohe Hingabe, diese offene Wunde, die nichts als Liebe wünschte und in die der Eifer träufelte, Glaube und Liebe, daß auch Hohn in der Stimme war.« Nein, der in eine offene Wunde träufelnde Eifer gefällt mir nicht. Und was ist mit dem Glauben und der Liebe? Träufeln die auch noch? Und was bedeutet der Nachsatz, »daß auch Hohn in der Stimme war«?

In jenem vor einem Jahr veröffentlichten Selbstkommentar spricht Härtling von der »Zerstörung der Erzählung durch das Wissen und durch die Erinnerung, durch die Wissenschaft und durch die Wiederholung«. Und: »Solches Wissen hemmt den, der erzählen will, der sich auf Sprache, Reproduktion einläßt, aber die Unsicherheit hilft ihm.«[5] In der Tat dokumentiert der Roman »Das Familienfest oder Das Ende der Geschichte« die Folgen dieses Wissens, allerdings nur die hemmenden und die zerstörenden. Bei der extremen Stilisierung hat Härtling Zuflucht gesucht, mit ihr wollte er sich behelfen. Aber die überforderte, die strapazierte und mißhandelte Sprache gibt unbarmherzig preis, was keine stilistische und stilisierende Beflissenheit verbergen kann: die Ohnmacht des Erzählers. Bleibt zu hoffen, daß es eine vorläufige Ohnmacht ist. (1969)

Viele Arabesken und ein großer Hohlraum

ADOLF MUSCHG:
»Albissers Grund«

Der Schweizer Adolf Muschg, der seit 1965 Bücher publiziert, kann bereits auf ein Werk von nicht alltäglichen Dimensionen verweisen: In rascher Folge ließ er Romane und Erzählungsbände, Theaterstücke, Hörspiele und Fernsehspiele, Essays und Vorträge erscheinen. Sie brachten dem so rührigen wie liebenswürdigen Autor nicht weniger als sieben Literaturpreise ein – zuletzt auch noch den ihm von einer einfallslosen und wohl treuherzigen Jury verliehenen Hermann-Hesse-Preis – und überdies den Ruf, einer der eloquentesten Schriftsteller unserer Jahre zu sein. Allerdings scheint das ein etwas zwielichtiges Lob, da die Beredsamkeit zwar eine Tugend, doch zugleich auch eine Gefahr ist: Ein kleiner Schritt nur trennt sie von der Redseligkeit, und von ihr bis zur Geschwätzigkeit ist es ebenfalls nicht weit. An diese triviale Wahrheit erinnert uns Muschgs neuer Roman »Albissers Grund«[1] mit einer bedauerlichen Deutlichkeit.

Ein Mann feuert mehrere Schüsse auf einen anderen ab, den er zwar nicht tötet, doch schwer verletzt. So beginnt das Buch – wie ein Kriminalroman. Nur daß jetzt nicht der Täter gesucht wird (er selber alarmiert sofort die Polizei und versucht, sein Opfer zu retten), sondern das Motiv seiner Tat. Denn so bereitwillig dieser, der Zürcher Gymnasiallehrer Peter Albisser gesteht, er habe auf den anderen, einen den Behörden als Graphologe bekannten Ausländer namens Constantin Zerutt, »in einer augenblicklichen Verwirrung, aber ohne jede Provokation« geschossen, so hartnäckig verweigert er jede Aussage: »Die ausschließliche Deutung dessen, was geschehen sei, überlasse er hiermit Zerutt; was dieser davon halte, sei auch er, Albisser, bereit, als die Wahrheit anzuerkennen.« Diese Ent-

Adolf Muschg: »Albissers Grund« 157

scheidung mag etwas weniger verwundern, wenn man bedenkt, daß Albisser schon seit längerer Zeit die Deutung seines Lebens Zerutt, dem angeblich letzten Schüler Freuds, überlassen hatte: Er war bei ihm »in einer Art Behandlung«.

Wer ist Albisser? Wer ist Zerutt? Und warum hat der eine den anderen erschießen wollen? Mehrere Personen, darunter zwei Juristen und ein Psychologe, gehen diesen Fragen geduldig nach, und was sie schließlich erfahren – das meiste stammt von dem verwundeten Zerutt, der freilich nur widerwillig und recht umständlich Auskunft erteilt –, füllt zwar die fast 400 Seiten des Romans, scheint aber dennoch dürftig und enttäuschend. Dabei ist die Unklarheit keineswegs beabsichtigt und die Dunkelheit nicht etwa, was ja denkbar wäre, ein bewußt angewandtes Ausdrucksmittel.

Während der Bürger Albisser offensichtlich am Bürgerlichen leidet und ihm um jeden Preis entfliehen möchte, hat man Zerutt, einen Heilpraktiker mit gefälschtem Diplom, als seine Gegenfigur zu verstehen, als einen Außenseiter, der die Gesellschaft durchschaut und verachtet, als ewigen Flüchtling, dessen Existenz die Welt, in der er lebt, anklagen soll. Aber ist er ein Scharlatan oder ein ernster Wissenschaftler? Ein Hochstapler oder ein bedauernswertes Opfer der Verhältnisse? Ein biederer Schweizer, der sich hinter einer Rolle verbirgt? Ein Zigeuner, der seine Herkunft verheimlicht? Oder ist er ein rumänischer Magnat, für den sich Muschg den Namen von Krausenegk-Vacarescu Jancu einfallen ließ? Wie auch immer: Diese Figur wirkt keinen Augenblick glaubhaft. Sie erweist sich als eine mühevoll gebastelte Hilfskonstruktion und läßt eine für Muschgs Romane leider charakteristische Mischung sichtbar werden – nämlich jene aus zweifelhafter Intellektualität und eher unzweifelhafter Kolportage.

Und der im Mittelpunkt stehende Peter Albisser? Es ist wieder einmal ein verirrter Bürger, dessen Freundschaften zerbrechen und dessen Ehe scheitert, dem im Beruf und in der Politik die erwünschte Selbstverwirklichung versagt bleibt, der in die Krankheit flieht und schließlich auf jenen schießt, der ihm sein eigenes Elend recht grausam bewußt macht. Muschg war offensichtlich auf eine erschöpfende Charakterstudie aus. Aber das Ergebnis ist, so

158   *Viele Arabesken und ein großer Hohlraum*

ausführlich auch von diesem Mann erzählt wird, erschreckend oberflächlich. Warum? Wir haben es doch mit einem Schriftsteller zu tun, dem sich außergewöhnliche Intelligenz ebenso nachrühmen läßt wie hohe stilistische Kunstfertigkeit. Auch ist er, so unwahrscheinlich das in diesem Zusammenhang klingen mag, ein glänzender Beobachter und Psychologe.

Doch solche und andere Vorzüge des Erzählers Adolf Muschg kommen nur in seinen kurzen Prosastücken zum Vorschein – in jenen des Bandes »Fremdkörper« (1968) und erst recht in den »Liebesgeschichten« (1972), seinem weitaus wichtigsten Buch. Die kleine epische Form ist es, die ihn zur Ökonomie der Mittel zwingt: Hier bewährt sich die schriftstellerische Selbstdisziplin, deren Fehlen seinen Romanen zum Verhängnis wird. Immer da, wo er weit ausholen und ein größeres Bild entwerfen will, gerät er in die Gefahr, zu plaudern statt zu erzählen und sich auch dann mit Erwähnungen und Mitteilungen, mit Feststellungen zu begnügen, wo Darstellungen erforderlich wären. Daher ist, was in seinen Geschichten oft anmutig wirkt, in den Romanen gleich aufdringlich kokett. Und seine bisweilen erstaunliche Geläufigkeit verwandelt sich rasch in baren Leerlauf. Ihn kann in »Albissers Grund« die in beträchtlicher Dosis verabreichte Psychoanalyse ebensowenig verbergen wie die bemühte Gesellschaftskritik.

Hierbei ist Muschg ein immerhin nicht alltägliches Malheur passiert: Albisser muß – so will es jedenfalls der Autor – an der Schweiz, genauer: an ihrer Gesellschaftsordnung leiden und sich, wie es im Klappentext heißt, »zur gesellschaftsverändernden Aktivität für menschlichere Verhältnisse« entscheiden. Doch dieser Hinwendung zum politischen Kampf geht seine Biographie voran, die Muschg so erzählt, als habe er während der Arbeit stets einen populären Leitfaden der Psychoanalyse auf dem Schreibtisch gehabt und als sei es sein Ehrgeiz gewesen, die gängigsten Thesen Freuds ohne Umschweife ins Belletristische umzusetzen. Die sexuellen Nöte Albissers und übrigens auch seiner Vorfahren, seine zahlreichen Komplexe, Traumata und Frustrationen werden uns mit jener flinken Grazie serviert, die dem Roman nicht unbedingt guttut.

So stellt sich heraus, daß dieser Albisser ein psychisch kranker

Adolf Muschg: »Albissers Grund« 159

Mensch ist; von allen seinen Leiden wird die hochgradige Hypochondrie am ausführlichsten beschrieben. Dadurch freilich scheint seine Auflehnung gegen die Umwelt eher medizinisch als gesellschaftlich oder politisch motiviert – ohne daß dies beabsichtigt wäre. Die nachdrückliche Anklage der bürgerlichen Ordnung wirkt deshalb wie ein modischer Tribut, zumal es Muschg trotz heißen Bemühens nicht recht gelingen will, in dieser schweizerischen Welt Übles und Verdammenswertes in hinreichenden Ausmaßen vorzufinden. Mit anderen Worten: Während wir offenbar davon überzeugt werden sollen, daß es die angeblich so dubiosen gesellschaftlichen Zustände in der Schweiz sind, die den sensiblen Anglisten Albisser schließlich zu verbrecherischen Taten (denn er nimmt auch an einem Banküberfall teil) treiben, läßt der Roman vor allem erkennen, daß diese Zustände es dem sensiblen Schriftsteller Muschg sehr schwer machen, jene Zeitkritik zu üben, zu der er sich, wie man sieht, verpflichtet fühlt.

Dies alles ist um so bemerkenswerter, als Muschg keineswegs die Fähigkeit abgeht, wichtige gesellschaftliche Phänomene und zeitgeschichtliche Umstände wahrzunehmen. Aber statt sich ihnen zu stellen, weicht er ihnen geschmeidig aus. Rebellierende Schüler, Wehrdienstverweigerer, eine linke Lehrlingsgruppe, die eine Wohngemeinschaft bildet, ein Schulungslager der Spartacus-Leute – daraus werden bei Muschg mit verblüffender Regelmäßigkeit epische Schnörkel und Arabesken. Sie erfüllen in dem Roman eine wesentliche Funktion: Sie garnieren und kaschieren einen Hohlraum.

Ein altes Berliner Sprichwort sagt: Kommt schon mal eine leere Droschke, dann ist sie besetzt. Wenn wir schon mal einen vorzüglichen Erzähler haben, dann vergeudet er sein Talent und demonstriert uns mit seinen Geschichtenbänden und Romanen den Unterschied zwischen der Kunst und dem Kunstgewerbe. Wie groß dieses Talent ist, davon kann man sich auch in »Albissers Grund« überzeugen: Sobald Muschg die Hypochondrie seines unglücklichen Helden beschreibt, verwandelt sich seine süßlichgefällige Suada in prägnante und exakte Prosa. Hier, spürt man sofort, weiß er Bescheid, dies geht ihn ungleich mehr an als alle Lehrlingsgruppen und Schulungslager.

160 *Viele Arabesken und ein großer Hohlraum*

Und wie wird es weitergehen mit diesem mittlerweile prominenten
Vertreter der Schweizer Literatur? Da bei uns schlechte Romane
bekannter Autoren erfolgreicher sind als ihre besten Geschichten-
bände, sehe ich die Zukunft des Schriftstellers Adolf Muschg eher
düster. Ich befürchte Schlimmes und hoffe, daß ich mich ganz und
gar irre. (1974)

Aus kindlicher oder aus kindischer Sicht?

HUBERT FICHTE:

»Detlevs Imitationen ›Grünspan‹«

Das Sachbuch verdrängt die Belletristik. Das wissen wir längst; und daß dieses leicht begreifliche und noch leichter nachweisbare Faktum immer aufs neue entdeckt und kommentiert wird, stört mich nicht. Nur frage ich mich, warum die Kommentare meist so elegisch und so schwermütig sind. Ist denn der Umstand, daß jetzt weniger Romane und mehr wissenschaftliche, politische und ähnliche Bücher gedruckt und gekauft werden, wirklich ein hinreichender Grund für jene gedämpfte Volkstrauer, die manche unserer Feuilletonisten offenbar verkünden wollen?

Gewiß, es geht um den Existenzkampf der Literatur. Aber mir fällt auf, daß man die melancholisch diagnostizierte Entwicklung zwar einerseits mit dem allgemeinen Trend in der Epoche der Technik und der Naturwissenschaften erklärt, doch andererseits für die partielle Abwendung von der Belletristik gern den Zynismus und die Profitgier der Verleger, die Borniertheit und die Bequemlichkeit der Buchhändler und die Oberflächlichkeit und die Kunstfeindlichkeit des Publikums verantwortlich machen möchte. Schleierhaft bleibt, warum man bei solchen Überlegungen mit erstaunlicher Regelmäßigkeit jene ausspart, an die man sich wohl ebenfalls halt könnte – nämlich die Autoren. Hat denn diese ganze Entwicklung nichts mit der Qualität des belletristischen Angebots zu tun?

Es ist ein Zweifrontenkrieg, in dem sich die Literatur behaupten muß: Sie kämpft nicht nur gegen die Konkurrenz des Sachbuchs, sondern verteidigt sich zugleich gegen die der rasch verdaulichen, wenn auch nicht unbedingt bekömmlichen Unterhaltungskonfektion. Dieser Zweifrontenkrieg, der keineswegs zu den Besonder-

162 *Aus kindlicher oder aus kindischer Sicht?*

heiten des Kulturlebens unserer Epoche gehört – er dauert schon
seit den Tagen der Aufklärung –, hat der Literatur alles in allem
mehr genutzt als geschadet. Denn oft vermochte er sie, die deutsche zumal, vor einer tödlichen Gefahr zu bewahren: vor der Welt-
fremdheit.

Er kann auch auf die Literatur unserer Zeit einen günstigen Einfluß ausüben, und zwar schon deshalb, weil die Abwanderung vieler Leser zum Sachbuch oder zur Konfektion die Schriftsteller
zwingt, sich häufiger Gedanken über jene zu machen, die noch
bereit sind, sich mit ihren Romanen oder Erzählungen zu befassen.
Das wird manche Autoren zu fragwürdigen Zugeständnissen verleiten, anderen jedoch zu der Einsicht verhelfen, daß sie heute
mehr denn je für eine relativ kleine Minderheit schreiben; und daß
es höchst riskant ist, wachsende Ansprüche, auch und vor allem die
intellektuellen, zu unterschätzen. Wer dies tut, redet ins Leere.
Das, befürchte ich, ist jetzt Hubert Fichte widerfahren.

Er verdankt seinen Ruf dem stark autobiographischen Kurzro-
man »Das Waisenhaus« (1965) und insbesondere der »Palette«
(1968), einem so derben wie poetischen und übrigens in der Erinnerung kaum verblassenden Prosawerk über noch eine verlorene
Generation. Mit beiden Romanen hat sein neues Buch, der Roman
»Detlevs Imitationen ›Grünspan‹«,[1] viel gemein, zunächst einmal
das Personal. Im Mittelpunkt steht der kleine Detlev aus dem »Waisenhaus«; jetzt geht es um seine Erlebnisse gegen Ende des Krieges
und in den ersten Jahren nach 1945. Und in einigen um 1968 loka-
lisierten Kapiteln kehrt Jäcki aus der »Palette« wieder. Fast alles
spielt sich in Hamburg ab.

Seltsamerweise gelten verschiedene im Roman enthaltene Auskünfte über Detlev zugleich für Jäcki, ja, die beiden haben dieselbe
Mutter, ohne jedoch Brüder zu sein. Was soll das? Fichte erklärt:
»Detlevs Welt steht Kopf in Jäckis Kopf.« Das läßt vermuten, was
er mit dieser »Doppelperson« (wie es der Klappentext nennt) im
Sinn hatte: Die Mentalität und der Charakter des erwachsenen
Jäcki und auch seine Position innerhalb der Gesellschaft sollten
wohl als epischer Kommentar zu den Erfahrungen des kleinen Det-
lev verstanden werden, zumal sich später die Mitteilung findet:
»Jäcki ist eine von Detlevs Imitationen.« Das soll gewiß heißen:

Hubert Fichte: »Detlevs Imitationen ›Grünspan‹«

Jäcki ist eine der Rollen, die Detlev, der sich nach 1945 auf Hamburger Bühnen als Kinderdarsteller betätigt, Ende der sechziger Jahre im realen Leben spielt.

Indes zeigt es sich bald, daß die Frage, ob wir es hier tatsächlich mit zwei Figuren zu tun haben oder vielleicht doch nur mit einer oder gar mit einer »Doppelperson«, schon deshalb müßig ist, weil es leider überhaupt keine glaubwürdigen oder wenigstens einigermaßen deutliche Figuren sind, sondern kaum mehr als Namen, die Fichte braucht, um allerlei Erinnerungen in belletristischer Form an den Mann bringen zu können. Und bei den Jäcki-Episoden habe ich überdies noch den Verdacht, daß es sich um Resteverwertung handelt, also um einst (nicht ohne guten Grund) verworfene Abschnitte aus dem »Palette«-Manuskript.

Die vielen Mitteilungen über Detlevs Welt und Alltag, über seine Beziehung zur Mutter und zu den Großeltern, über seine Spiele mit Gleichaltrigen und über seine ersten Sexualerlebnisse, über seine Lektüreeindrücke und über seine eher ernüchternden Theatererfahrungen bilden schließlich nichts anderes als ein Sammelsurium aus Reminiszenzen und Impressionen, Details und Informationen. Dabei wird der zeitgeschichtliche Hintergrund keineswegs vernachlässigt: Immer wieder bemüht sich Fichte, Privates und Allgemeines miteinander zu verknüpfen. Vieles von dem, was Detlev in Kriegs- und Friedenszeiten widerfährt, haben Millionen erlebt – und natürlich nicht nur in Deutschland. Es wird ja erzählt, wie ein kaum betreutes Kind inmitten historischer Wirren allmählich verkommt. Ein großes Thema; warum also, habe ich mich gefragt, kommt mir das hier Dargestellte so penetrant gleichgültig und belanglos vor? Fichtes Schreibweise weicht von jener in seiner »Palette« nicht wesentlich ab; warum also befindet sich dieses Buch doch auf einer ganz anderen Qualitätsebene?

Es geht um die Perspektive. Am Anfang des Romans ist Detlev acht, am Ende dreizehn oder vierzehn Jahre alt. Zwar erzählt Fichte in der dritten Person, doch immer aus Detlevs Blickwinkel und meist in einem prononciert kindlichen Tonfall (»Mutti sieht sich nach einer Stellung um. Oma kocht Mittagessen. Opa füttert die Hühner«), der zumindest meine Geduld arg strapaziert.

Natürlich begreift der kleine Detlev von dem, was um ihn herum geschieht, nur sehr wenig. Er ist kein Wunderkind, auch wenn es plötzlich heißt, er habe schon als Neunjähriger Kitsch von Kunst zu unterscheiden vermocht. Aber von solchen Inkonsequenzen läßt sich kaum ein Romancier freisprechen, der sich für eine derartige Perspektive entscheidet. Was sie literarisch ergiebig machen kann und was schon unzählige Autoren gereizt hat, ist der unbelastete und naive, von keinerlei Zivilisationserscheinungen beeinflußte und daher vorurteilsfreie Blick des Kindes.

Nur wenn der Romancier das Kind wahrnehmen läßt, was den Erwachsenen entgeht, ist es sinnvoll und plausibel, die Welt mit seinen Augen sehen und aus seiner Sicht zeigen zu wollen. Von dieser programmatisch unvoreingenommenen Betrachtungsweise ist jedoch in Fichtes Roman nur sehr wenig zu spüren. Andererseits glaubt er offenbar, das Alter seines epischen Mediums entbinde ihn von der Pflicht, auf die intellektuellen Ansprüche des Publikums Rücksicht zu nehmen. Fichte ist leichtsinnig genug, sich – sei es bewußt, sei es unbewußt – hinter dem Rücken seines kleinen Detlev wenn nicht verstecken, so doch schützen zu wollen.

Diese unglückliche Perspektive hat den Verlust gerade jener Distanz zur Folge, der viele Szenen der »Palette«, zumal in der zweiten Hälfte des Romans, einen nicht geringen Teil ihrer Originalität verdanken. Mit dem Mangel an Distanz (und also wiederum mit der Erzählperspektive) hängt es wohl zusammen, daß auch die Passagen, die Sexuelles betreffen, in dem neuen Buch enttäuschen.

Was man von Fichte in dieser Hinsicht erwarten kann, war an den Höhepunkten der »Palette« sichtbar geworden: die Darstellung psychischer Erlebnisse von Homosexuellen und von Bisexuellen. Gewiß ist er auch hier weder zaghaft noch zimperlich, doch von seinem rühmenswerten Bedürfnis, »das Innerste öffentlich« zu zeigen, und von seinem Traum von dem »Allesaussprechenkönnen« – so hieß es in der »Palette« – zeugen jetzt nur noch die unentwegt wiederholten Kraftausdrücke und Vulgärwendungen. Sie verraten bloß, was sie verbergen und tarnen sollen: sprachliche Ohnmacht und schriftstellerische Unbeholfenheit angesichts eines, zugegeben, höchst schwierigen Themas. Mit solchen Sätzen wie

Hubert Fichte: »Detlevs Imitationen ›Grünspan‹« 165

etwa: »Du bist mein Freund und Dein Arsch quillt mir entgegen«
ist es nicht getan. Ob es übrigens männliche oder weibliche Kör-
perteile sind – entgegenquellen sollten sie, denke ich, auf keinen
Fall.

Nur wenige Abschnitte (und sie stammen bezeichnenderweise
aus den Episoden um den erwachsenen Jäcki und nicht aus der im
Vordergrund stehenden Detlev-Handlung) erinnern an die Möglichkeiten des Erzählers Fichte; das gilt für die Schilderung des
trostlosen Alltags der Mädchen in einem Hamburger Bordell oder
des Verhaltens Homosexueller in einer öffentlichen Badeanstalt.
Aber das meiste, was in dem Romane berichtet oder, noch häufiger, registriert wird, bleibt vordergründig: Es weist nie über sich
selbst hinaus. Mit anderen Worten: Ich vermisse in dieser Prosa
(und auch das hat natürlich mit der Perspektive zu tun) eine ganze
Dimension – jene, in der die dargestellten Sachverhalte und Situationen, Vorgänge und Vorfälle mehr als nur sich selbst erkennen
lassen, wo sie etwas signalisieren und also zu Chiffren werden. Es
fehlt, was man gemeinhin und anschaulich den »doppelten Boden«
nennt. Ich befürchte, daß Romane, denen diese Dimension abgeht,
nicht wert sind, gelesen zu werden.

Vor allem aber: Wer auf unsere leider so komplizierte Gegenwart
mit einem Rückzug ins Infantile und Pubertäre reagiert – und viele
deutsche Schriftsteller sind Fichte auf diesem Weg vorangegangen –,
dem kann es passieren, daß er die Welt infantilisiert. Aus kindlicher
Sicht entstehen oft kindische Bücher.

Die Abwendung eines Teils des deutschen Publikums von der
anspruchsvollen Belletristik sei betrüblich? Aber ist sie wirklich
anspruchsvoll? (1971)

Versteckspiel und Geheimnistuerei

PETER BICHSEL:
»Die Jahreszeiten«

Ja, das war schon fast ein Triumph. Denn Peter Bichsel, ein junger Volksschullehrer aus der schweizerischen Provinz, der bis dahin nichts veröffentlicht hatte, vermochte 1964 mit einem auffallend dünnen Heft auf Anhieb zu erreichen, was seit Jahren keinem einzigen deutschen Debütanten, jedenfalls im Bereich der erzählenden Prosa, gelungen war: Er stiftete Eintracht unter den Literaturkritikern. Wir haben damals seine poetischen Miniaturen gelobt und gerühmt, niemand störte die Harmonie, bald wurde Bichsel preisgekrönt – und mehr als einmal. Aber ich glaube, daß die einmütige Reaktion nicht gegen, sondern für die Kritik spricht: Sie hat die unscheinbare und völlig schmucklose Schönheit seiner Prosa, ihren Charme und ihre Zartheit, ihre leise verschrobene helvetische Eigenart genau erkannt und treffend charakterisiert.

Die erneute Lektüre zeigt, daß Bichsels lakonische und vielsagende Geschichten aus dem Alltag der kleinen Leute – schon der Titel »Eigentlich möchte Frau Blum den Milchmann kennenlernen« deutet die Atmosphäre und das Milieu an – ihre sanfte Überzeugungskraft mittlerweile nicht eingebüßt zu haben: Nach wie vor provozieren die lauten Pausen zwischen den Sätzen dieser knappen Idyllen ohne Idyllik, nach wie vor geht von der zwischen den Zeilen verborgenen Klage über das verfehlte Leben eine geradezu alarmierende Wirkung aus.

Es besteht Grund, dies hier noch einmal und nachdrücklich zu sagen. Wenn sich nämlich das zweite Buch eines Autors, den sein Erstling schnell berühmt gemacht hat, als ein Fehlschlag erweist (und das geschieht, wie wir wissen, sehr häufig), kennt die Schadenfreude der Kollegen, zumal der talentlosen, keine Grenzen.

Peter Bichsel: »Die Jahreszeiten« 167

Und rasch wird auch seine frühere Leistung angezweifelt oder ganz
geleugnet.

Aber bei einem Schriftsteller vom Typ Peter Bichsels müssen wir
mit den unangenehmsten Überraschungen rechnen: Ihm wird noch
manches ärgerlich mißglücken. Wahrscheinlich hätte er sich einen
zweiten, obwohl natürlich weniger spektakulären Erfolg erzwin-
gen können: wenn er dem Stil und der Technik seiner Miniaturen
treu geblieben wäre. Ich bin fast sicher, daß ihm dies keine sonder-
lichen Schwierigkeiten bereitet hätte.

Indes gehört er zu jenen Künstlern, die zwar wissen, was sie
wollen, doch nicht wollen, was sie schon können. Den Weg des
geringeren Widerstands, der auf die erfolgreichen Autoren eine
ebenso verständliche wie gefährliche Anziehungskraft ausübt, hat
er jedenfalls verpönt: Seinem neuen Versuch kann Routine am
wenigsten vorgeworfen werden.

Im Gegenteil: Während der Band »Eigentlich möchte Frau Blum
den Milchmann kennenlernen« strenge und schon erstaunlich reife
Prosastücke enthielt, erweckt die Arbeit, mit der Bichsel den
Schritt von der winzigen Geschichte zur großen Erzählung wagt,
eher den Eindruck eines Buches, das ein ausgesprochener Anfänger
geschrieben hat, ein noch vollkommen unsicherer Schriftsteller,
der sich über seine Möglichkeiten und Grenzen nicht im klaren
ist.

Dabei scheint die Keimzelle des Buches »Die Jahreszeiten«[1]
schon im Erstling enthalten zu sein. In der Skizze mit dem Titel
»Stockwerke«, die der Sammlung vorangestellt war, hatte Bichsel
in wenigen Sätzen ein Wohnhaus beschrieben und zwar aus der
Sicht eines Menschen, der es offenbar nur von außen und von der
Treppe her kennt – etwa eines Hausierers, der also nur das berichten kann, was es dort zu sehen, zu hören und zu riechen gibt.

Innerhalb der Sammlung kam diesem einleitenden Prosastück
eine besondere Funktion zu: Es zeigte sofort die enge, sagen wir,
kleinbürgerliche Provinzwelt, in der sich auch die zwanzig anderen
Geschichten des Buches abspielen. Und zugleich machte diese
Miniatur mit Bichsels Darstellungsmethode vertraut: Er bot nur
spärliche Hinweise und Anhaltspunkte und überließ es dem Leser,
die begonnenen und immer wieder abgebrochenen Linien fortzu-

168   *Versteckspiel und Geheimnistuerei*

setzen. Die meisten Stücke jenes Erstlings erwiesen sich als
Zustandsschilderungen, in denen freilich Geschehnisse und Handlungen verborgen waren.

Eine solche Methode ist wohl nur in kleineren epischen Formen
anwendbar. Man kann nicht hundert Seiten Prosa mit Andeutun-
gen und diskreten Winken füllen, Bichsels poetische Bilder lassen
sich weder erweitern noch gar summieren. Er hat das gewußt. Ton-
lage, Klima und Milieu der »Jahreszeiten« erinnern an seine früheren Geschichten. Dennoch versucht er, hier ganz anders zu erzählen. Möglich, daß er geradezu die Umkehrung seiner Methode
angestrebt hat.

Damals ging er von Fakten und Sachverhalten aus und ließ viele
Hohlräume stehen. Jetzt hingegen möchte er von einem zentralen
Hohlraum ausgehen und ihn mit Fakten und Sachverhalten einkrei-
sen und erschließen. Er erzählt von einem Mann namens Kieninger, den es aber nicht gibt und nicht geben soll. »Ich stelle mir
vor«, jener leitmotivisch wiederholte Satz aus Frischs Roman
»Mein Name sei Gantenbein«, könnte das Motto auch der »Jahreszeiten« sein: Bichsel wird nicht müde, uns ständig zu versichern, er
stelle sich jenen Kieninger nur vor. Er soll eine Art episches Pro-
visorium sein, vielleicht eine Möglichkeit, die man ausprobieren
müsse. Was der Name Kieninger bezeichnet – das eben ist der
Hohlraum im Mittelpunkt des Buches.

Nur wenig sollen wir über diesen Mann erfahren, und es wird
uns gleich am Anfang mitgeteilt: Er kommt aus Wien, während
eines Urlaubs in Spanien hat er sich in eine Engländerin verliebt,
und nun macht er, statt zu seiner Elfriede nach Wien zurückzufah-
ren, in einer schweizerischen Kleinstadt für einige Zeit Station.
Warum? Der Ich-Erzähler erklärt es: »Weil ich mich hier besser
auskenne . . .«

Soviel in den »Jahreszeiten« von dem Fremden aus Wien auch
die Rede ist, sowenig wird unser spärliches Wissen über ihn bis
zum Ende des Buches bereichert. Denn der Ich-Erzähler weiß auch
nichts über ihn. Mit anderen Worten: Bichsel behauptet, er stelle
sich einen Menschen namens Kieninger vor, von dem er uns erzählen möchte, aber in Wirklichkeit lehnt er es konsequent ab, sich ihn
vorzustellen, weshalb er letztlich so gut wie nichts über ihn erzäh-

len kann. Aus der rühmlichen Diskretion in Bichsels erstem Buch ist hier ein läppisches und ermüdendes Versteckspiel geworden, aus der Zurückhaltung eine kindische Geheimnistuerei, deren literarische Unergiebigkeit auf der Hand liegt.

Was also hat das Buch zu bieten, wenn es über jenen Kieninger nichts zu bieten hat? Zunächst einmal mehr oder weniger exakte Beschreibungen des Hauses, in dem der Ich-Erzähler wohnt und in dem, so stellt er sich wiederum vor, der Wiener vorübergehend wohnen könnte. Daß Bichsel auf diese Weise der Person des Fremden nicht näherkommen kann, versteht sich von selbst: Denn es ist ja nicht seine Umgebung, deren einzelne Elemente hier lustlos registriert werden, sondern die des Ich-Erzählers. Aber auch sie wird nicht im mindesten sichtbar.

In der Geschichte »Stockwerke« ließen wenige und sparsame Auskünfte – etwa über das Treppenhaus – eine ganze Welt und ihren Lebensstil ahnen, in den »Jahreszeiten« hingegen bleiben detaillierte Beschreibungen mit Zahlenangaben und technischen Daten völlig machtlos. Wen soll es interessieren – fragt Bichsel in einem lichten Augenblick selber –, daß Kieningers Schreibtisch »eine Größe von 98 auf 55 Zentimetern hat, daß er hell lackiert und aus irgendeinem Holz ist?«

Diese Beschreibungen verbindet Bichsel mit Bekenntnissen, die meist die Schwierigkeiten betreffen, die ihm das vorliegende Buch bereitet hat. Da heißt es: »Innerhalb dieser Geschichte wird er nicht sterben, er wird nach Wien reisen. Das ist wenig.« Und: »Ich habe vergessen, wie er aussieht.« Das ist nicht wahr, denn der Autor der »Jahreszeiten« hat dies nie gewußt. Ferner: »Aus Kieninger kann man einen Soldaten machen, aus Kieninger kann man einen Schreiber machen, einen Bauzeichner, einen Schaufensterdekorateur.« Da Kieninger nur ein Name und nicht eine Figur ist, trifft dies zu und ist völlig gleichgültig. Auch die Montage der Gantenbein-Figur ahmt Bichsel nach: »Dann gab ich ihm einen Hut, einen Lodenmantel, nahm ihm das Halstuch wieder ...« Etwa in der Mitte des Buches erklärt Bichsel: »Es gibt ihn nicht. Ich will ihn nicht erfinden.« Doch hört er nicht auf, über Kieninger zu reden, mit dem er nichts anzufangen weiß.

Zwischendurch finden sich erfreuliche Einsichten: »Kieninger weggehen zu lassen, Kieninger ankommen zu lassen, das genügt nicht, führt zu nichts.« Oder: »Ich wollte etwas beweisen, ich habe während des Schreibens vergessen, was es war.« Und: »Solange Kieninger keine Person ist, ist die Geschichte keine Geschichte, und solange Kieninger keine Geschichte hat, ist er keine Person.« Das trifft den Kern der Sache, nur daß Bichsel aus seiner Erkenntnis keine Folgen zieht und statt dessen Geständnisse seiner Ratlosigkeit häuft: »Vielleicht hilft mir jetzt ein Personenverzeichnis weiter.« Es wird uns geboten und hilft nicht weiter. Dann wendet er sich an Kieninger: »Reis weg, laß mich in Ruhe, aus dir wird nichts . . . Wenn du jetzt gehst, haben wir es hinter uns.« Aber wir haben es noch nicht hinter uns. Etwas Rührendes ist in solchen Mitteilungen wie: »Wenn ich an ihn denke, werde ich schläfrig« – und: »Was ich beschreibe, verliert an Bedeutung.«

Auch in den »Jahreszeiten« ist Bichsels Diktion wortkarg und einsilbig. Aber die Aneinanderreihung vieler wortkarger Sätze kann eine geradezu geschwätzige Prosa ergeben. Und was früher schlicht und einfach klang, hat hier oft einen Stich einerseits ins Infantile und andererseits ins Kokette: Die Anmut der Natürlichkeit ist einer bemühten Grazie gewichen, die schon im Erstling vorhandene Neigung zur Wehmut und zur Sentimentalität macht sich jetzt störend bemerkbar.

Freilich gibt es in dieser Erzählung auch folgende Geschichte: »Ich war sieben. Ich ging über die Brücke. Auf der andern Seite standen zwei Mädchen. Sie riefen: ›Die Brücke stürzt ein.‹ Ich wußte, daß sie nicht einstürzen kann. Sie riefen: ›Los, lauf, komm doch, sie stürzt ein.‹ Und als sie noch einmal riefen, lief ich, damit sie mich in Ruhe ließen. Sie lachten mich aus, als ich ankam . . . Die waren acht, ein Jahr älter als ich, und ich war ihnen ausgeliefert, sie gaben mir keine Möglichkeit. Wäre ich ruhig weitergegangen, wären sie mir böse gewesen, und weil ich gerannt bin, ihnen zuliebe, haben sie mich ausgelacht.«

Eine solche Miniatur scheint mir erneut Bichsels originelle Möglichkeiten zu beweisen. Doch können die reizvollen epischen und feuilletonistischen Einschübe, die schönen Arabesken, die in den »Jahreszeiten« den Hohlraum garnieren sollen, den Gesamteindruck nicht mehr verändern: Der Zauber, der von Bichsels Samm-

Peter Bichsel: »Die Jahreszeiten« 171

lung »Eigentlich möchte Frau Blum den Milchmann kennenlernen« ausging, ist vorerst verschwunden. Warum?

Bichsel hat, glaube ich, die schwere Kunst, zu schreiben, wie
ihm der Schnabel gewachsen ist, schon verlernt und noch nicht
wieder erlernt. Anders ausgedrückt: Er befindet sich jetzt in jenem
Stadium, in dem der junge Schriftsteller die unmittelbare Naivität
eingebüßt hat, ohne schon jene höhere Naivität gewonnen zu
haben, die immer erst eine Sache der Reife ist.

In seinem ersten Buch hat Bichsel mit wenigen Worten sehr viel
gesagt, in seinem zweiten mit vielen sehr wenig. Aber er wird uns,
dessen bin ich sicher, noch manche Überraschung bereiten.

(1967)

Darstellung der Arbeitswelt – wozu?

Aus Anlaß eines Buches von
HELGA M. NOVAK

Noch – lasen wir damals – »sind die Wunder des Alltags nicht entdeckt; noch kennen wir, bei uns in Deutschland, nicht einmal den Menschen, dessen Leben von der Arbeit geprägt ist; denn die Autoren lieben es nun einmal nicht, sich mit dem Beruf ihrer Figuren zu beschäftigen . . .« – Walter Jens[1] war es, der dies im Jahre 1958 meinte; ähnliche Gedanken äußerten 1959 Alfred Andersch[2] und Hans Magnus Enzensberger[3].

Seitdem hat sich allerlei geändert. Aber in den bundesrepublikanischen Literaturblättern wird uns in ziemlich regelmäßigen Abständen die Behauptung aufgetischt, daß die berufliche Tätigkeit, die doch ein Drittel unserer Lebenszeit in Anspruch nimmt, von den Schriftstellern, diesen angeblich weltfremden Ästheten, vernachlässigt oder sogar ganz ignoriert werde.

An derartige Beschwerden und Ermahnungen haben wir uns längst gewöhnt, sie stören niemanden, machen sich indes, heute zumal, ganz gut: denn sie weisen den Schreiber rasch und billig als einen progressiven Menschen aus, der sich gegen regressive Zustände in der spätkapitalistischen Ära wendet oder gar gegen die regressive Funktion der Kunst schlechthin. Nur ist wohl die Frage erlaubt, ob diese schon traditionellen Klagen, diese durchaus gemütlichen Klischees einer Literaturkritik, die als »links« gelten möchte, überhaupt noch einen Sinn haben.

Um es kurz zu machen: So berechtigt sie Ende der fünfziger Jahre sein mochten, so wenig sind sie es jetzt. Die neuere deutsche Literatur zeigt nicht mehr »den Menschen im Zustand eines ewigen Feiertages« (Jens), sie erzählt vielmehr von Wissenschaftlern, Ingenieuren, Kaufleuten und Ärzten, von Lehrern, Journalisten,

Aus Anlaß eines Buches von Helga M. Novak 173

Malern und Fotografen, von Sekretärinnen, Schauspielerinnen, Krankenschwestern und Buchhändlerinnen; und der berufliche Alltag dieser Personen wird mitnichten ausgespart, ja, er spielt in vielen Romanen, Erzählungen und Stücken eine wichtige Rolle.

Dies jedoch, ließe sich gleich einwenden, mache die Suppe nicht fett, denn meist handle es sich eben um jene Intellektuellen oder Künstler, deren berufliche Tätigkeit schon Balzac interessiert hat. In unserem Zeitalter hingegen käme es vor allem darauf an, die Produktionsprozesse und die technischen Vorgänge darzustellen, den Mann am Fließband und die Frau im Labor zu zeigen, den Großbetrieb zu beschreiben, die Montagehalle ins Blickfeld zu rücken. Die Literatur müsse endlich, hören wir, der industriellen Arbeitswelt, die sich bisher als ihr Stiefkind erwiesen haben soll, gerecht werden. Ja, sei's drum, aber wozu eigentlich? Welchen Zweck verfolgt man damit? Was will man mit dieser unentwegt geforderten Literatur denn erreichen? Simple Fragen, gewiß, die aber merkwürdigerweise auch etwas heikel zu sein scheinen.

Doch vorerst wollen wir uns vom großen Gegenstand abwenden und uns einem kleineren, Helga M. Novaks Buch »Geselliges Beisammensein«[4], zuwenden. Helga M. Novak, die 1935 in Berlin geboren wurde, zunächst in der DDR und dann in Island gelebt hat und jetzt in Frankfurt am Main wohnt, ist eine bestimmt nicht unbegabte Autorin von herber Direktheit und auffallender Unbefangenheit. In ihren beiden Gedichtbänden, zumal im zweiten (»Colloquium mit vier Häuten«, 1967), finden sich einfache schöne Verse, unbekümmert und knapp, unmittelbar und spröde zugleich. Sie wurden mit Recht freundlich begrüßt und sogar preisgekrönt. Dies mag den Verlag veranlaßt haben, nun rasch eine dritte Publikation der Helga Novak vorzulegen.

Die Bauchbinde des »Geselligen Beisammensein« verkündet sachlich zwar, doch nicht ohne Stolz: »Das erste Prosawerk der Bremer Literaturpreisträgerin.« Der Klappentext spricht – wieder einmal – von »einer Literatur von Rang«. Der Satzspiegel ist provozierend verschwenderisch (auch für Prosastücke von wenigen Zeilen, einmal sind es alles in allem vier, werden ganze Seiten reserviert) und wirkt so erlesen und feierlich wie einst im Insel-Bändchen mit dem »Cornet«. Aus vierzig oder, höchstens, fünfzig

174   *Darstellung der Arbeitswelt – wozu?*

Maschinenseiten hat man auf diese Weise ein ganzes Buch gemacht, einhundertvierzig Seiten stark.

Das seien Kleinigkeiten? Gewiß doch. Aber mit diesen Kleinigkeiten, allen zusammen, hat der Verlag der sympathischen Autorin ein Unrecht angetan: Den Anspruch, den der Band erhebt, kann das in ihm Gedruckte nicht im geringsten einlösen. Zum Stolz und zur Feierlichkeit ist wirklich kein Grund, die Bezeichnung »Prosawerk« grenzt schon an (harmlose freilich) Aufschneiderei, und von einer »Literatur von Rang« kann schon deshalb schwerlich die Rede sein, weil es oft zweifelhaft ist, ob wir es in diesem Fall überhaupt mit Literatur zu tun haben. Denn was hier zwischen zwei Buchdeckeln vereint wurde, sind zum größten Teil lediglich Schreibübungen.

Also das totale Fiasko einer Lyrikerin, die sich als Prosaistin versucht hat? Nein, eben nicht. Einige der kleinen Stücke sind durchaus bemerkenswert. Da werden mit kurzen und kühlen, betont nüchternen Sätzen, die sich auf das Konstatieren und Registrieren beschränken und vom Reflektieren und Kommentieren nichts wissen wollen, Sachverhalte und Situationen beschrieben, die keineswegs außergewöhnlich und oft eher banal sind und die doch das Unberechenbare und Unheimliche, das Bedrückende und Beklemmende in unserem Alltag spüren lassen.

Es gefällt mir, beispielsweise, die karge und distanzierte, scheinbar vollkommen teilnahmslose Schilderung der üblichen Kontrollen eines Eisenbahnzuges, der von einem Teil Deutschlands in den anderen fährt. Die lapidare und kahle Sprache der Helga Novak erfüllt hier eine wohl durchdachte Funktion. Und wie der Titel »Abgefertigt« doppeldeutig und ironisch klingt, so nähert sich auch dieses schlichte Prosastück, das nur ganz einfache Vorgänge und Beobachtungen aneinanderreiht, fast schon einer Parabel.

In einigen Fällen geht der zurückhaltende und konsequent unterkühlte Situationsbericht in Miniaturgeschichten über, die indes nicht eigentlich erzählt, sondern lediglich mit Stichworten markiert und mit stenogrammhaften Feststellungen signalisiert werden. Hier und da erinnert ein poetisches Bild an die Lyrik der Helga Novak. Nicht uninteressant sind auch die plötzlichen Zeitsprünge und Weglassungen, die unvermittelten Überblendungen: »Ich frage

Aus Anlaß eines Buches von Helga M. Novak   175

ihn nach seinem Vaterland, seiner Muttersprache. Er sagt, ich bin
Vollwaise.«

Oder wir hören von einer Gerda, die sich, statt auf ihr Gepäck
im Hof eines Gasthauses zu achten, dort in der Küche umsieht,
weshalb ihr prompt zwei Gepäckstücke gestohlen werden: »Ich
sage, jetzt haben wir gar nichts mehr. Sie sagt, wir haben allerhand
gewonnen. Ich sage, ich habe an dem Zeug gehangen. Sie sagt,
entweder irgendwohin gehören oder gar kein Gepäck haben. Jetzt
sind Gerda und der Wirt schon lange verheiratet.« Am meisten hat
mich die Miniatur »Eis« überzeugt, eine Art Sketch, in dem das
Verhalten eines jungen Mannes, der einen zufälligen Passanten mit
bohrenden Fragen bedrängt, die Unruhe, die Unsicherheit und die
Aggressivität einer ganzen Generation erkennen läßt. Dieser poin-
tierte Dialog macht deutlich, daß für Helga Novak Hintergrund
und Abgrund oft ein und dasselbe sind.

Aber wie viele lesenswerte Prosastücke bietet das Buch »Geselliges Beisammensein«? Sagen wir: ein halbes Dutzend von –
immerhin – achtundvierzig. Die meisten hingegen sind nur
bescheidene Etüden, brave Fleißarbeiten, sorgfältige, doch nicht
unbedingt druckbare Schreibübungen. Immer wieder dominiert
das Unbedarfte und Bemühte, der Stakkatostil, primitiv und
maniert zugleich, geht rasch auf die Nerven, das Lakonische
verfehlt die beabsichtigte Wirkung und scheint eher einfältig zu
sein oder das Unvermögen der Autorin zu tarnen.

Das gilt besonders für jene zahlreichen Stücke der Sammlung, in
denen Helga Novak ihre unterschiedlichen beruflichen Erfahrungen zu verwerten sucht. Sie hat unter anderem in einer Radiofa-
brik, in einem Gefrierhaus und in einer Teppichweberei gearbeitet.
Was sie dort zu beobachten vermochte, rekapituliert sie in den
einzelnen Prosastücken. So beschreibt sie, wie man Hummer
bricht und wie eine Filetiermaschine funktioniert, wie Radioröhren
montiert und Heringe verpackt werden und wie die Gummihand-
schuhe aussehen, die man dabei trägt. Hier das Stück »Die Gefrier-
pfanne«, das weder besser noch schlechter als zwanzig ähnliche ist
und das ich ungekürzt zitiere:

»Sie ist hellgrau und aus Zink. Sie ist fünfmalfünf Ellen groß und
für einen Mann zu schwer. Kommt sie aus der Frostkammer,

176 *Darstellung der Arbeitswelt – wozu?*

raucht sie und hat eine Rinde aus hartem Schnee. Sie klebt an der Hand und nimmt Haut mit. Ich bepacke sie mit Kartons voll Fisch.«

Nach vielen dieser Stücke habe ich mir zwei Fragen gestellt: Erstens, was hat das überhaupt mit Literatur zu tun? Und zweitens: Was geht mich das an? Wozu muß ich über die Arbeit in einem Leuchtstofflabor oder in der Versandabteilung einer Wollweberei informiert sein? Aber sollte mich derartiges interessieren, dann würde ich es entschieden vorziehen, Betriebsanleitungen und Gebrauchsanweisungen zu lesen oder mich von einem Reporter belehren zu lassen und nicht von einer Lyrikerin. Dennoch haben diese Beschreibungen der Helga Novak etwas Wichtiges mit unserer Literatur und mit unserem literarischen Leben gemein: nämlich ein fundamentales Mißverständnis.

Daß zu der Realität, die auf das Fühlen und Denken des Menschen Einfluß ausübt, heute mehr denn je die industrielle Arbeitswelt gehört, ist wahrlich eine Binsenwahrheit, die niemand bestreitet. Und vollkommen recht haben alle, die sich die Einbeziehung dieses ganzen Bereiches in die Kunst und insbesondere in das literarische Werk wünschen. Aber es ist doch nicht die Aufgabe der Literatur – ich bitte um Entschuldigung, daß ich über Elementares sprechen muß –, technische Vorgänge und Produktionsprozesse und ähnliches zu schildern; vielmehr ist sie berufen und verpflichtet, mit ihren Mitteln zu erforschen, zu zeigen und zu veranschaulichen, auf welche Weise und in welchem Maße Industrie, Technik und Produktion die Empfindungen und Gedanken, die Vorstellungen und Begriffe, das Bewußtsein und das Unterbewußtsein des Individuums formen und prägen.

So überflüssig die Darstellung der Arbeitswelt um ihrer selbst wille, so wichtig ist sie doch als Schauplatz und mitbestimmender Faktor menschlicher Erlebnisse. Vom Mann am Fließband gilt es zu schreiben, nicht aber vom Fließband. Mit anderen Worten: Nicht darauf kommt es an, was der Mensch in der Fabrik macht, sondern darauf, was die Fabrik aus dem Menschen macht.

Und um auf Helga M. Novak zurückzukommen: Was sie erlebt hat, interessiert mich mehr, wie sie Heringe gepackt hat, will ich nicht wissen.   (1968)

Wer ist hier infantil?

PETER HANDKE:
»Die linkshändige Frau«

Die Leser vor diesem Büchlein warnen zu wollen, wäre abwegig. Denn zum Widerspruch oder gar zur Aufregung gibt es hier nicht den mindesten Grund. Und nur weil die Erzählung »Die linkshändige Frau«[1] von dem beliebten und auch in mancherlei Hinsicht repräsentativen Nachwuchsdichter Peter Handke stammt, müssen wir auf dieses erstaunlich harmlose Prosastück, das schon von einigen Rezensenten mit Andacht analysiert wurde, etwas näher eingehen.

Eine Frau verläßt ihren Ehemann. Weil sie einen anderen hat? Das eben vermutete das Publikum bei der französischen Erstaufführung von Ibsens »Nora«. Als sich aber im letzten Akt endgültig herausstellte, daß jener Geliebte der kleinen Nora, dessen Existenz die Pariser für selbstverständlich hielten, gar nicht vorhanden war, fühlten sie sich getäuscht und pfiffen ärgerlich. Seitdem sind fast hundert Jahre vergangen, und die Geschichte von der Frau, die sich beherzt von ihrem Ehepartner abwendet, ohne daß im Hintergrund ein Ersatzmann wartet, gehört mittlerweile zum ständigen Repertoire der Emanzipationsliteratur.

Auch Handkes »linkshändige Frau« kehrt ihrem Gatten den Rücken, obwohl ein Dritter, vorerst jedenfalls, nicht zu sehen ist. Sie hat vom Ehealltag genug, sie möchte aus der Routine ihres Familiendaseins ausbrechen, sie sehnt sich nach einem anderen, einem eigenen Leben. Somit handelt es sich hier um jenen geradezu alltäglichen Vorgang, für den wir Vokabeln parat haben wie »Selbstfindung« und »Selbstbehauptung«, »Selbstbefreiung« und »Selbstverwirklichung«. Marianne – so heißt diese Urenkelin der Nora Helmer – bleibt nun mit ihrem achtjährigen Sohn allein: Ein-

sam in trüben Tagen, geht sie in sich. Bald ist sie den üblichen
Versuchungen ausgesetzt, denen sie jedoch tapfer zu widerstehen
weiß. Am Ende ahnen wir, daß es um ihren Befreiungskampf gut
bestellt ist.

Eine typische, eine fast schon klassische Emanzipationsge-
schichte also. Heute überholt, gar überflüssig? Niemand wird so
tollkühn sein, derartiges zu behaupten. Die Emanzipation, die seit
geraumer Zeit von jeder Generation als ein besonders dankbares
und reizvolles Thema entdeckt wird, hat zwar in unserer Epoche
einen mächtigen Schritt voran getan (was freilich weniger ein Werk
der Frauenrechtsbewegung war als vor allem der Wissenschaft, der
wir die Pille verdanken), doch zum Ziel ist es noch weit. Nichts
also gegen Handkes Thema. Zu fragen wäre lediglich, was er im
einzelnen erzählt und wie er das macht.

Bruno, als Verkaufsleiter in einer großen Porzellanfirma tätig,
kommt von einer längeren Geschäftsreise aus dem Ausland zurück.
So spricht er im Auto zu seiner Frau Marianne: »Ich hatte nach
diesen langen Jahren, die wir nun zusammen sind, zum ersten Mal
das Gefühl, daß wir zueinander gehören ... Ich habe dir oft
gesagt, daß ich dich liebe, aber erst jetzt fühle ich mich mit dir
verbunden. Ja, auf Leben und Tod. Und das Seltsame ist, daß ich
sogar ohne euch sein könnte, jetzt da ich das erlebt habe.« Wie man
sieht, liebt dieser Verkaufsleiter nicht nur seine Frau, sondern auch
die feierliche Rede. Aber ist er nun während der Reise zum Ergebnis gekommen, daß er sich seiner Gattin auf Leben und Tod verbunden fühlt oder daß er auch ohne sie sein könnte? Oder ist es gar
beides auf einmal, und der Verkaufsleiter weiß nicht recht, was er
will?

Kaum im gemeinsamen Bungalow angekommen, möchte er wieder weg: »Mir ist es heute abend zu privat hier, zu – verwunschen.«
Kann es in einer Privatwohnung zu privat sein, zumal wenn ein
Mann von einer längeren Reise zu seiner geliebten Frau zurückkehrt? Man beschließt, in einem Hotelrestaurant zu speisen. Fragt
er etwa: »Gehen wir zu Fuß?« Nein, bei Handke spricht ein Verkaufsleiter anders: »Hast du auch Lust auf einen Fußweg wie ich?«
Das klingt wie eine schlechte Übersetzung. – Beim Essen sagt
Bruno, »ein Glas Calvados, das in dem Licht der Deckenlüster

rötlich leuchtete, in der Hand«: »... Welch eine Geborgenheit! Welch eine kleine Ewigkeit!« Der nächste Satz beginnt: »Der Ober stand still im Hintergrund ...« Und dicht neben ihm, ließe sich hinzufügen, Hedwig Courths-Mahler.

Kurz darauf teilt Bruno seiner Gattin mit, daß er die Nacht mit ihr im Hotel verbringen möchte: »Die Frau senkte den Blick ...« Er winkt dem Kellner: »Ich brauche ein Zimmer für diese Nacht.« So weit, so gut. Indes fährt Bruno fort: »Wissen Sie, meine Frau und ich möchten miteinander schlafen, sofort.« Im Hotelzimmer erklärt er, kaum daß er die Tür aufgesperrt hat: »Ich fühle jetzt eine Zauberkraft, Marianne ... Es sirrt alles in mir nur so vor Glück.« Bruno, immerhin über Dreißig, scheint doch etwas infantil.

Mariannes Erwachen am nächsten Morgen gerät stimmungsvoll und poetisch: »Im ersten Morgengrauen war die Frau schon wach. Sie schaute zum Fenster hin, das ein wenig offenstand, bei aufgezogenen Vorhängen; Winternebel kam herein. Der Turmuhrzeiger raschelte leise.« Der sonst an dieser Stelle übliche Hinweis auf einen alten Ahorn- oder Kastanienbaum fehlt allerdings. Sogleich geht das Ehepaar nach Hause. Der Weg führt durch einen Park: »Bruno hatte den Arm um sie gelegt. Dann lief er weg und schlug einen Purzelbaum auf dem hartgefrorenen Rasen.« Ich fürchte, der Mann ist nicht ganz in Ordnung.

Wenige Minuten später sagt Marianne, ihr sei »eine seltsame Idee gekommen«, doch sei dies keine Idee, sondern »eine Art – Erleuchtung«, nämlich: »Geh weg, Bruno. Laß mich allein.« Eine Begründung dieses etwas plötzlichen Wunsches gibt es nicht. Der Ehemann, soeben noch besonders glücklich mit seiner Frau, fragt nur, ob die Trennung für immer sein soll. Er werde, erklärt er, ins Hotel zurückkehren und nachmittags seine Sachen abholen. Da waren also zwei Menschen etwa zehn Jahre miteinander verheiratet; sie haben ein Kind. Und dann geht alles blitzschnell. So stellt sich Peter Handke eine Ehekrise vor. Mit Verlaub: Wer ist infantil?

Nachmittags holt sich Bruno tatsächlich seine Sachen ab und sagt bei dieser Gelegenheit: »Erinnerst du dich überhaupt noch, daß es zwischen uns einmal eine Innigkeit gab, jenseits davon, daß wir Mann und Frau waren, und doch bestimmt davon, daß wir es waren?« Gewiß wollte Handke mit diesem Satz seines Verkaufsleiters ein bestimmtes Gefühl ausdrücken oder vielleicht sogar einen Gedanken. Daß es nur ein unklares Gefühl ist, ein dunkler Gedanke, etwas also, was der Autor spürt oder ahnt, ohne es eindeutig definieren zu können, muß kein Einwand sein. Schlecht wäre es um die Weltliteratur bestellt, wollten wir alles Rätselhafte und Geheimnisvolle daraus verbannen und bloß das gelten lassen, was ins Rationale übertragbar ist.

Aber immer kommt es darauf an, ob der Dichter imstande ist, Formulierungen zu finden, die uns zwingen, ihm zu folgen. Mit anderen Worten: ob er uns wenn auch nicht gleich überzeugen, so doch mit poetischen Mitteln überreden kann. Wo die Sprache versagt, verlieren die undefinierbaren Ahnungen augenblicklich den Reiz des Dunklen: Was bleibt, ist dann nur noch unverbindliches Gerede. Handkes zuletzt zitierter Satz mag auf erotische Beziehungen jenseits des Sexuellen anspielen. Nachlässig, schlecht formuliert, ist er indes – und das muß deutlich gesagt werden – ebenjener Mumpitz, der Tiefsinn vortäuscht und in Deutschland immer beliebt war und ist.

»Er war ein Dichter und haßte das Ungefähre« – lautet ein berühmter Satz Rilkes.[2] In der »Linkshändigen Frau« dominiert eben das Ungefähre. Die Mitglieder seiner Gemeinde wollen das Dürftige und Nichtssagende der Darstellung zu Handkes Gunsten auslegen, etwa als Zurückhaltung und Diskretion, als radikale Beschränkung auf das Wesentliche. Aber hier wird mit wichtigtuerischer Miene aus einer offensichtlichen Not eine Tugend gemacht. In Wirklichkeit haben wir es nicht mit einer lapidar geschriebenen Erzählung zu tun, sondern eher mit der rasch entworfenen Skizze eines Romans, mit einem Exposé, das erst der Ausarbeitung bedürft hätte.

Was geschieht weiter? Eine gewisse Franziska versucht, unsere einsame Marianne in eine Aktivistinnen-Gruppe hineinzuziehen: »Wir brauchen jemanden, der ein bißchen Pause macht vom Lauf der Welt; der, kurz gesagt, ein bißchen spinnt.« Wie man sieht, ist diese Franziska etwas töricht, denn eine zwar gut gemeinte, doch so begründete Einladung kann Marianne natürlich nicht annehmen: Wer möchte sich schon als Spinner gewinnen lassen? Statt dessen knüpft Marianne Kontakte mit einem Verleger an, bei dem sie einst gearbeitet hat und von dem sie Übersetzungsaufträge erhalten möchte. Er kann sich gut an sie erinnern: »Und besonders erinnere ich mich an einen bestimmten Duft von Maiglöckchen hinter einem bestimmten Ohr.« Dieser Verleger beschäftigt sich wohl vor allem mit Trivialliteratur. Übrigens liebt auch er die tiefsinnige Rede: »Gerade hatte ich das Gefühl, jede Minute allein entgehe einem etwas, das nicht mehr nachholbar ist. Sie wissen, der Tod.«

Ähnlich wie in einigen früheren Büchern Handkes äußert sich hier die Hilflosigkeit des Individuums in direkter Aggressivität: Wenn die bemitleidenswerten Figuren unseres Dichters nicht über den Tod oder Gott meditieren (»Gestern habe ich mir einmal gedacht, es wäre ab und zu ganz freundlich, wenn es einen Gott gäbe«), dann prügeln sie. Bruno schlägt auf seine Frau ein, diese wiederum wirft »mit aller Kraft« eine Bürste nach ihrem Kind, das sie daraufhin plötzlich würgt.

Von Brunos Aggressivität zeugt auch das, was er redet. Seine Frau, der er sich doch so innig verbunden fühlt, fragt er kurzerhand: »Hast du schon Krebs?« Da die Bestätigung ausbleibt, sagt er seiner Gattin: ». . . und eines Tages wirst du dich aufhängen. Du wirst so unbeleckt ins Grab abstinken, wie du gelebt hast.« Nach diesen freundlichen Worten begleitet Marianne ihren Mann auf die Straße: »Plötzlich blieb Bruno stehen und legte sich auf die Erde, mit dem Gesicht nach unten.« Unter diesen Umständen scheint die Unterbringung Brunos in einer psychiatrischen Anstalt dringend nötig, was freilich Handke zu vermerken unterlassen hat. Auch der psychische Zustand Mariannes wird immer bedenklicher, derjenige ihrer Freundin Franziska war es zumindest vorübergehend.

Eventuellen Einwänden möchte Handke mit einer Methode vorbeugen, die zwar nicht neu ist, die er jedoch mit Konsequenz anwendet. Da wird Marianne gefragt, ob sie sich nach einem Freund sehne. Gewiß, das tut sie, aber: »Auch wenn ich immer mit ihm zusammen wäre, wollte ich ihn nie kennenlernen. Nur eins hätte ich gern . . ., daß er ungeschickt wäre, ein rechter Tölpel; ich weiß selber nicht, warum.« Diese dreißigjährige Marianne spricht, so dachte ich während der Lektüre, wie ein pubertierendes Mädchen. Und siehe, sogleich sagt Marianne: »Ach, Franziska, ich rede wie eine Heranwachsende.« Ein Schauspieler, der Marianne liebt, läßt sich vernehmen: »Ich brenne nach Ihnen, alles in mir glüht nach Ihnen.« Offenbar ein überspannter Herr. Und prompt sagt der Schauspieler: »Vielleicht denken Sie, ich sei überspannt . . .?« Ein harter Schlag war es für mich, daß Bruno, der hier viele allgemeine Weisheiten auszudrücken hat, am Ende schlicht erklärt: »Wissen Sie, ich rede nur so dahin, ohne Bedeutung.« Eben, eben. Aber vielleicht gilt das auch für den Autor?

Das Ganze endet mit einer Party in Mariannes Haus. Nachdem die Gäste gegangen sind – sie hat alle ihr gemachten Angebote abgelehnt –, heißt es: »Sie stand vor dem Spiegel und bürstete sich das Haar. Sie sah sich in die Augen und sagte: ›Du hast dich nicht verraten. Und niemand wird dich mehr demütigen!‹« Und damit sind wir wieder in der Welt der Hedwig Courths-Mahler. Aber es müßte mit dem Teufel zugehen, wenn diese Kritik dem Büchlein des berühmten Poeten nicht neue Leser sicherte und auch günstigere Positionen auf den Bestsellerlisten. Denn so ist unser Leben, nämlich das literarische. (1976)

Kein Lied mehr von der Glocke

HANS MAGNUS ENZENSBERGERS
gereinigte Schiller-Lyrik

Die Klassiker seien »im Krieg gestorben. Sie gehören unter unsere Kriegsopfer. Wenn es wahr ist, daß Soldaten, die in den Krieg zogen, den ›Faust‹ im Tornister hatten – die aus dem Krieg zurückkehrten, hatten ihn nicht mehr.« Also sprach Brecht im Jahre 1929.[1]

Wie wir wissen, war er nicht ganz im Recht. Die deutschen Klassiker, die bedeutendsten zumindest, gehörten nicht zu den Opfern des Ersten Weltkrieges, sondern eher schon zu jenen, die aus ihm glücklicherweise Profit gezogen haben. Denn damals merkte man, daß es höchste Zeit war, das Verhältnis zu ihnen zu überprüfen. Also sie ernst zu nehmen. Nicht die Klassiker waren gestorben, wohl aber wurde die seit Generationen übliche Klassiker-Verehrung in Frage gestellt. Der vor rund einem halben Jahrhundert begonnene Revisionsprozeß dauert immer noch an.

Am wenigsten trifft Brechts Diagnose gerade auf denjenigen zu, gegen den er sich am heftigsten gewehrt hat: auf Schiller. Nach 1945 zeigte sich zwar erneut, daß vieles im Schillerschen Werk für uns lächerlich und unerträglich ist. Doch zeigte sich auch, daß wir es dennoch kaum entbehren können. Und daß es sich leicht verspotten und schwer ersetzen läßt. Der vielfach Totgesagte wird unentwegt gedruckt und aufgeführt, kommentiert und übersetzt. Er findet ein relativ beträchtliches Publikum auch außerhalb des deutschen Sprachbereichs. Er regt die Wissenschaftler an, er provoziert die Schriftsteller (einen Brecht ebenso wie einen Dürrenmatt[2]), er fordert wie eh und je die jungen Regisseure heraus, die – wie unlängst in Wiesbaden und Bremen – mit dem »Tell« und den »Räubern« experimentieren. Niemandem will es gelingen, ihn

184   *Kein Lied mehr von der Glocke*

endgültig umzubringen. Nicht einmal den deutschen Germa-
nisten.

Schiller, der strapazierfähigste Dichter Deutschlands, lebt. Und
läßt andere leben. Vor allem die Verleger. Offenbar füllt er ihre
Kassen wie Beethoven die Konzertsäle. Sonst würde ja nicht eine
Schiller-Ausgabe nach der anderen erscheinen. Könnte jemand,
etwa der Börsenverein des deutschen Buchhandels, einmal ausrech-
nen, wieviel Bände Schiller – einschließlich der Taschenbücher –
seit 1945 in beiden Teilen Deutschlands gedruckt wurden? Und
vielleicht könnten wir noch erfahren, wo sich diese Millionen von
Exemplaren laut Ansicht des Börsenvereins eigentlich befinden? Ist
es jetzt in besseren Familien üblich, nicht nur einen Zweitwagen zu
haben, sondern auch einen zweiten Schiller oder gar mehrere Edi-
tionen? Oder läßt man sie alle paar Jahre diskret im Mülleimer
verschwinden, um Platz für neuere Ausgaben zu machen?

Auf jeden Fall blüht das Schiller-Geschäft. Der Deutsche
Taschenbuchverlag läßt seit Oktober 1965 allmonatlich einzelne
Bände seiner zwanzigbändigen Ausgabe von Schillers Gesamtwerk
erscheinen; die Auflage beträgt zunächst etwa 20 000. Erst vor
wenigen Monaten hat der Hanser-Verlag eine dreibändige Edition
(Auflage: 45 000) auf den Markt gebracht, und schon ist die nächste
da: der Insel-Schiller (Auflage: 50 000). Diesmal sind es vier Bände
mit einem Gesamtumfang von über 2800 Seiten.

Eine Überraschung, auf die ein Rundschreiben des Insel-Verlags
besonders hinweist, bietet der Band 3, in dem sich auf 140 Seiten
»Äußerungen Schillers und seiner Zeitgenossen zu den Gedichten«
finden. Sehr nützlich. Eine andere Überraschung, die wir demselben Band verdanken, wird allerdings in der besagten Ankündigung
des Verlags vorsichtshalber nicht erwähnt. Ich meine die Auswahl
der Gedichte, für die Hans Magnus Enzensberger verantwortlich
ist.[3]

Er hat seines Amtes streng gewaltet. Die urkomische Ballade
»Der Gang nach dem Eisenhammer«, eine der lustigsten Dichtungen in deutscher Sprache (»Ein frommer Knecht war Fridolin und
in der Furcht des Herrn ergeben der Gebieterin . . .«) muß man
vermissen. Auch den »Ritter Toggenburg« mit der einzigartigen
Schlußstrophe

Und so saß er, eine Leiche,
Eines Morgens da,
Nach dem Fenster noch das bleiche
Stille Antlitz sah

gibt es nicht mehr. Über beide Balladen haben wir uns als Tertianer köstlich amüsiert. Daß Enzensberger dieses Vergnügen der heutigen jüngeren Generation nicht gönnen will, finde ich hart, aber, weiß Gott, begreiflich. Also einverstanden. Damit begnügt er sich jedoch nicht. Um es kurz zu machen: In der Ausgabe fehlen »Die Kraniche des Ibykus«, »Das Lied von der Glocke«, »Die Bürgschaft«, »Der Graf von Habsburg«, »Der Kampf mit dem Drachen«, »Das verschleierte Bild zu Sais« und viele andere bekannte Gedichte Schillers.

Eine Begründung dieser immerhin ungewöhnlichen Auswahl ist in der Edition nicht vorhanden: Weder erläutert Enzensberger seine Entscheidungen noch äußert er sich auch nur mit einem einzigen Wort über Schiller und dessen Lyrik. Wir erfahren nicht, warum ihm »Der Ring des Polykrates« lieber war als »Die Kraniche des Ibykus«, warum er den »Handschuh« geduldet und »Die Bürgschaft« abgelehnt hat, warum er sich zwar mit dem »Taucher« abfinden konnte, aber nicht mit dem »Grafen von Habsburg«.

Als »Einführung in die Gedichte« wird uns hingegen ein Essay Hans Mayers mit dem Titel »Die Frage nach dem Lyriker Schiller« geboten. Da es sich jedoch hierbei nicht um eine Spezialanfertigung für den »Insel-Schiller« handelt, sondern um die überarbeitete Fassung eines bereits vor sieben Jahren gehaltenen Vortrags, kann man sich kaum wundern, daß aus dieser angeblichen »Einführung« nicht zu ersehen ist, ob Mayer über die Enzensberger-Auswahl informiert war. Wohl aber wird die Lektüre des Essays durch einen Umstand erschwert, an dem sein Autor nicht schuld ist. Wer nämlich Mayers Darlegungen ganz erfassen und zu diesem Zweck manche von ihm angeführten oder zitierten Gedichte nachschlagen möchte, sieht sich überraschenderweise genötigt, zu einer anderen Schiller-Ausgabe zu greifen. Denn auch diese Gedichte – »Sehnsucht«, »Berglied«, »Die Worte des Wahns«, »Die Worte des Glaubens«, »Der Antritt des neuen Jahrhunderts« – hat Enzensberger weggelassen.

Indes gehört er weder zu den fahrlässigen Schriftstellern noch gar zu den Wirrköpfen. Enzensberger weiß sehr genau, was er will – seine vorzügliche Polemik gegen Peter Weiß im »Kursbuch 6« beweist dies wieder einmal. Er übertrifft manche seiner prominenten Kollegen an Sachlichkeit und Nüchternheit. Über Schillers Lyrik hat Enzensberger zweifellos Interessantes und Wichtiges zu sagen. Ich halte es sogar für wahrscheinlich, daß ich vieles, was er vermutlich gegen die von ihm übergangenen Gedichte vorbringen würde, mit beiden Händen unterschreiben könnte. Nicht darum geht es, sondern um die Konsequenzen, die er aus seinen Ansichten gezogen hat.

Schiller ist weder der erste noch der letzte große deutsche Dichter, dem seine schwächeren Arbeiten – zu denen wir ohne Skrupel auch die populären Balladen zählen dürfen – mehr Ruhm eingebracht haben als seine bedeutenden Schöpfungen. Man braucht Enzensberger nicht zu belehren, daß dies, beispielsweise, auch für Heine und für Rilke gilt. Hinzu kommt, daß seit Schillers Lebzeiten gerade seine Balladen ständig mißbraucht wurden, längst abgegriffen und abgeleiert sind und jenen Teil seines Werks bilden, der in der Vergangenheit am stärksten auf das Publikum gewirkt und die Vorstellung vom Dichter Schiller im allgemeinen Bewußtsein geprägt hat.

Bestimmt ist unser Verhältnis zu seinen Balladen in hohem Maße revisionsbedürftig – wobei ich freilich gleich bemerken möchte, daß ich, mit Verlaub, die »Kraniche des Ibykus« immer noch für ein gutes Gedicht halte. Vor einigen Jahren schrieb Enzensberger im Nachwort zu seinem Essayband »Einzelheiten«: »Kritik, wie sie hier versucht wird, will ihre Gegenstände nicht abfertigen oder liquidieren, sondern dem zweiten Blick aussetzen: Revision, nicht Revolution ist ihre Absicht.«[4] – Bekennt sich hierzu nur der Kritiker und nicht der Herausgeber Enzensberger?

Die »Glocke« oder die »Bürgschaft«, Dichtungen also, aus denen das deutsche Bürgertum seine Lebensmaximen anderthalb Jahrhunderte lang zu beziehen gewohnt war, haben es – wie immer man diese Verse beurteilen mag – auf jeden Fall verdient, dem zwei-

Hans Magnus Enzensbergers gereinigte Schiller-Lyrik 187

ten oder, meinetwegen, dem hundertsten Blick ausgesetzt zu werden. Ein Herausgeber, der diese und ähnliche Balladen kurzerhand entfernt, macht sich, befürchte ich, seine Aufgabe zu leicht: Statt das überkommene Schiller-Bild zu korrigieren, ignoriert er es. Statt zu revidieren, liquidiert er. Damit aber ist nichts gewonnen und manches verloren. Schließlich bleibt die deutsche Schiller-Rezeption in der Vergangenheit ohne Kenntnis eben der »Glocke« unverständlich – wie es auch das Verhältnis des Publikums zu Heine oder zu Rilke wäre, wollte man aus den Ausgaben ihrer Werke etwa die »Lorelei« oder den »Cornet« verbannen.

Die ganze Angelegenheit hat auch eine prosaische Seite. Wer dreißig Mark in einen vierbändigen Schiller investiert, der immerhin fast dreizehn Zentimeter auf dem Bücherregal in Anspruch nimmt, fühlt sich, wenn er etwa ein Zitat verifizieren will und dabei feststellen muß, daß in seiner Ausgabe die meistzitierten Gedichte Schillers fehlen, einigermaßen übers Ohr gehauen. Für jene wiederum, an die der Verlag doch wohl vor allem gedacht hat – für Studenten und Schüler, für Lehrer und Bibliothekare – ist diese Ausgabe, über die auch manches Gute zu sagen wäre, darum leider unbrauchbar. Denn vorerst wollen auf Schillers Balladen weder die Universitäten noch die Schulen verzichten. Und sie haben, denke ich, trotz allem recht. (1966)

Anhang

Anmerkungen und Verweise

NICHT NUR IN EIGENER SACHE

1 Jonathan Swifts Aufsatz »Eine Abschweifung über Kritiker« ist zu finden in: J. S., »Satiren«. Mit einem Essay von Martin Walser. Insel-Verlag, Frankfurt/M. 1965, S. 83–93.

2 Germaine de Staël: »Über Deutschland«. Nach der Übersetzung von Robert Habs herausgegeben und eingeleitet von Sigrid Metken. Philipp Reclam jun., Stuttgart 1963, S. 66 f.

3 Ebenda, S. 349–351.

4 Theodor W. Adornos Aufsatz »Kritik« erschien in »Die Zeit« vom 27. Juni 1969.

5 »Und es mag am deutschen Wesen / Einmal noch die Welt genesen« – lauten die Schlußzeilen des aus dem Jahre 1861 stammenden Gedichts »Deutschlands Beruf« von Emanuel Geibel. Vgl. E. G.: »Gesammelte Werke«, Stuttgart 1883, Band 3, S. 214.

6 Adam Müller: »Kritische, ästhetische und philosophische Schriften«. Kritische Ausgabe, herausgegeben von Walter Schroeder und Werner Siebert. Hermann Luchterhand Verlag, Neuwied und Berlin 1967, Band 1, S. 50.

7 Walter Jens: »Von deutscher Rede«. R. Piper & Co. Verlag, München 1969, S. 52.

8 Friedrich Schlegel: »Kritische Schriften«. Herausgegeben von Wolfdietrich Rasch. Zweite, erweiterte Auflage. Carl Hanser Verlag, München 1964, S. 398 f.

9 Gotthold Ephraim Lessing: »Gesammelte Werke in zehn Bänden«. Herausgegeben von Paul Rilla. Aufbau Verlag, Berlin 1954–1958 Band 4, S. 133. – Die beiden Zitate stammen aus dem sechzehnten der »Briefe, die neueste Literatur betreffend« (1759).

10 Ebenda, Band 6, S. 505.

11 Friedrich Schlegel a.a.O. S. 394.

12 Vgl. u. a. den kurzen zusammenfassenden Bericht über den »Wandel unseres Schlegel-Bildes: Hundert Jahre Schlegel-Forschung« in Ernst Behlers Monographie »Friedrich Schlegel in Selbstzeugnissen und Bilddokumenten«. Rowohlts Monographien Nr. 123. Herausgegeben von Kurt Kusenberg. Reinbek bei Hamburg 1966, S. 150–160.

13 Ernst Robert Curtius' Essay »Friedrich Schlegel und Frankreich« ist enthalten in: E. R. C., »Kritische Essays zur europäischen Literatur«. Zweite, erweiterte Auflage, Francke Verlag, Bern 1954, S. 86–99.

14 Ernst Robert Curtius: »Europäische Literatur und lateinisches Mittelalter«. Siebente Auflage. Francke Verlag, Bern und München 1969, S. 306.

192 *Anmerkungen und Verweise*

15 Der Aufsatz »Goethe als Kritiker« findet sich in: Ernst Robert Curtius, »Kritische Essays zur europäischen Literatur«, a.a.O. S. 31–56.

16 Gotthold Ephraim Lessing: »Gesammelte Werke«, a.a.O. Band 6, S. 508.

17 Hofmannsthals 1927 gehaltene Rede »Das Schrifttum als geistiger Raum der Nation« ist enthalten in: H. v. H. »Ausgewählte Werke in zwei Bänden«. Herausgegeben von Rudolf Hirsch. Band 2 (»Erzählungen und Aufsätze«). S. Fischer Verlag, Frankfurt/M. 1961, S. 724–740.

18 »Goethes lyrische und epische Dichtungen«, Band I (»Großherzog Wilhelm Ernst Ausgabe«, Band 14), Inselverlag, Leipzig 1920, S. 122. Das zitierte Gedicht »Rezensent« stammt aus dem Jahre 1774.

19 Friedrich Nietzsche: »Werke in drei Bänden«. Herausgegeben von Karl Schlechta. Carl Hanser Verlag, München o. J., Band 1, S. 797.

20 Arthur Schnitzler: »Aphorismen und Betrachtungen«. Herausgegeben von Robert O. Weiss (»Gesammelte Werke«). S. Fischer Verlag, Frankfurt/M. 1967, S. 426. – Das Zitat ist dem in Schnitzlers Nachlaß gefundenen und in diesem Band erstmalig gedruckten »Materialien zu einer Studie über Kunst und Kritik« entnommen.

21 Virginia Woolf: »Granit und Regenbogen«, Essays. Suhrkamp Verlag, Berlin und Frankfurt/M. 1960, S. 30. – In dem teilweise kuriosen Aufsatz »Bücherbesprechen«, aus dem das Zitat stammt, fordert Virginia Woolf die Abschaffung der öffentlichen Literaturkritik; stattdessen sollten die Kritiker als private und vertrauliche Berater und Korrepetitoren der Schriftsteller fungieren und von diesen entlohnt werden.

22 Georg Lukács: »Probleme des Realismus«. Zweite, vermehrte und verbesserte Auflage. Aufbau-Verlag, Berlin 1955, S. 284.

23 Walter Benjamins dreizehn Thesen zur »Technik des Kritikers« finden sich in: W. B., »Einbahnstraße«, Suhrkamp Verlag, Frankfurt/M. 1962, S. 51–52.

24 Germaine de Staël: »Über Deutschland«, a.a.O. S. 326.

25 Das hier zitierte Pamphlet »Deutsche Kritik« von Joseph Görres ist enthalten in der Sammlung »Meister der deutschen Kritik«, Band I (»Von Gottsched zu Hegel 1730–1830«). Herausgegeben von Gerhard F. Hering. Deutscher Taschenbuch Verlag, München 1961, S. 218–221.

26 Adam Müller a.a.O. S. 49.

27 Ludwig Börne: »Sämtliche Schriften«. Neu bearbeitet und herausgegeben von Inge und Peter Rippmann. Erster Band. Joseph Melzer Verlag, Düsseldorf 1964, S. 623 f. und 627.

28 Theodor Fontane: »Briefe I«. Briefe an den Vater, die Mutter und die Frau. Herausgegeben von Kurt Schreinert. Zu Ende geführt und mit einem Nachwort versehen von Charlotte Jolles. Propyläen Verlag, Berlin 1968, S. 212. – Veranlaßt wurde Fontanes Äußerung durch seine Lektüre deutscher Kritiken über Zola: »Was bis jetzt über ihn gesagt ist – meint er –, ist alles dummes Zeug, geradezu kindisch.«

29 Tucholskys Aufsatz »Kritik als Berufsstörung« ist zu finden in: K. T., »Gesammelte Werke«. Herausgegeben von Mary Gerold-Tucholsky und

Anmerkungen und Verweise 193

Fritz J. Raddatz. Band III 1929–1932. Rowohlt Verlag, Reinbek bei Hamburg 1961, S. 964–967.

30 Friedrich Sieburg: »Verloren ist kein Wort«. Disputationen mit fortgeschrittenen Lesern. Deutsche Verlags-Anstalt, Stuttgart 1966, S. 207.

31 Auf die Frage der Subjektivität der Kunsturteile ist August Wilhelm Schlegel mehrfach eingegangen. Hier wird die Einleitung zu seinen 1801/1802 in Berlin gehaltenen »Vorlesungen über schöne Literatur und Kunst« zitiert. A. W. S., »Kritische Schriften und Briefe«. Herausgegeben von Edgar Lohner, Band II (»Die Kunstlehre«). W. Kohlhammer Verlag, Stuttgart 1963, S. 29.

32 »Friedrich Nicolais Briefe über den itzigen Zustand der schönen Wissenschaften in Deutschland (1755)«. Herausgegeben von Georg Ellinger. Verlag von Gebrüder Paetel, Berlin 1894, S. 132–141.

33 Gotthold Ephraim Lessing: »Gesammelte Werke«, a.a.O. Band 6, S. 9.

34 Ebenda, Band 5, S. 623.

35 Über Friedrich Schlegels Lessing-Porträt schreibt 1870 Rudolf Haym in seiner »Romantischen Schule«: »Ein wie guter Zeichner indes Schlegel war – es widerfährt ihm, je weiter er ins einzelne geht, was ihm noch immer widerfahren war, wenn er sich für oder gegen einen Gegenstand ereiferte. Neben den treffendsten Zügen finden sich andere, die der Hand eines Karikaturenzeichners Ehre machen würden.« – Vgl. Rudolf Haym: »Zur deutschen Philosophie und Literatur«. Ausgewählt, eingeleitet und erläutert von Ernst Howald (Klassiker der Kritik. Herausgegeben von Emil Staiger). Artemis Verlag, Zürich und Stuttgart 1963, S. 227.

36 Friedrich Schlegel: »Charakteristiken und Kritiken I (1796–1801).« Herausgegeben und eingeleitet von Hans Eichner. (Kritische Friedrich-Schlegel-Ausgabe. Herausgegeben von Ernst Behler unter Mitwirkung von Jean-Jacques Anstett und Hans Eichner. Zweiter Band.) Verlag Ferdinand Schöningh, Paderborn 1967, S. 404.

37 Friedrich Schlegel: »Kritische Schriften«, a.a.O. S. 390–400.

38 »Goethes Aufsätze zur Kultur-, Theater- und Literatur-Geschichte, Maximen, Reflexionen«, Band II (»Großherzog Wilhelm Ernst Ausgabe«, Band 13), a.a.O. S. 19 f.

39 »Meister der deutschen Kritik«, Band I, a.a.O. S. 13.

40 Friedrich Schlegel: »Literary Notebooks 1797–1801«. Edited with introduction and commentary by Hans Eichner. University of Toronto Press 1957, S. 81.

41 Georg Lukács: »Skizze einer Geschichte der neueren deutschen Literatur«. Luchterhand Verlag, Neuwied 1963, S. 127.

42 Friedrich Nietzsche a.a.O. S. 1145.

43 In Robert Minders Essay »Die Literaturgeschichten und die deutsche Wirklichkeit« (enthalten in: »Sind wir noch das Volk der Dichter und Denker?« 14 Antworten. Herausgegeben von Gert Kalow. Rowohlt Verlag, Reinbek bei Hamburg 1964) heißt es: »Paradoxerweise ist der abfällige Begriff des

194 *Anmerkungen und Verweise*

›Intellektuellen‹ von französischen Nationalisten um 1890 im Kampf gegen
die ›Schädlinge im Innern‹ geprägt worden. Schulbeispiel ist der fanatisch
nationale Literarhistoriker Brunetière, für den die ›Intellektuellen‹ Frankreich verrieten, weil sie nicht in den hysterischen Ruf ›Nach Berlin‹ ein-
stimmten, sondern europäische Verständigung, soziale Gerechtigkeit,
Respekt der Menschenrechte forderten und sich dabei gerade auch auf die
Dichter und Denker des deutschen Idealismus beriefen.« (S. 28 f.).

44 Theodor Fontane: »Sämtliche Werke«. Herausgegeben von Walter Keitel.
Abt. III: »Aufsätze, Kritiken, Erinnerungen«, Band 2: »Theaterkritiken«.
Herausgegeben von Siegmar Gerndt. Carl Hanser Verlag. München 1969,
S. 44.

45 Ebenda S. 559.

46 Ebenda S. 718.

47 Ebenda S. 347.

48 Ebenda S. 875.

49 Moritz Heimann: »Die Wahrheit liegt nicht in der Mitte«, Essays. Mit einem
Nachwort von Wilhelm Lehmann. S. Fischer Verlag, Frankfurt/M. 1966,
S. 125.

50 Walter Benjamin a.a.O. S. 51 f.

51 Kurt Tucholsky a.a.O. S. 967.

52 Gottfried Benn: »Gesammelte Werke in acht Bänden«. Herausgegeben von
Dieter Wellershoff. Band 8: »Autobiographische Schriften«. Limes Verlag,
Wiesbaden 1968, S. 2024.

53 Friedrich Nicolai a.a.O.

54 Nicolais Äußerung von 1762 findet sich in den »Briefen, die neueste Literatur betreffend«, 15. Teil, Berlin 1763, S. 38.

55 Musils Äußerungen über die Kritik stammen aus seinem Aufsatz »Bücher
und Literatur«. Vgl. Robert Musil: »Tagebücher, Aphorismen, Essays und
Reden« (Gesammelte Werke in Einzelausgaben). Herausgegeben von Adolf
Frisé. Rowohlt Verlag, Hamburg 1955, S. 691.

56 Kurt Tucholsky a.a.O. S. 966.

57 Friedrich Sieburg a.a.O. S. 297.

58 August Wilhelm Schlegel: »Kritische Schriften und Briefe«, Band I (»Sprache und Poetik«), a.a.O. S. 11.

59 Moritz Heimann a.a.O. S. 122.

60 Der Hinweis von Curtius findet sich in seinem Essay »Goethe als Kritiker«,
a.a.O. S. 31.

61 Aus Nicolais »Briefen über den itzigen Zustand usw.«, a.a.O.

62 Kurt Tucholsky a.a.O. S. 967.

63 Robert Musil a.a.O. S. 869.

64 Friedrich Sieburg a.a.O. S. 169 f.

65 Die Bemerkungen Max Frischs zur Literaturkritik (»Keine Klagen meiner-
seits«) waren in der »Süddeutschen Zeitung« vom 31. Dezember 1964
gedruckt.

Anmerkungen und Verweise   195

66 Jean Paul: »Sämtliche Werke«. Herausgegeben von Eduard Berend. Weimar 1935, Band 16, S. 6.

67 Die Formulierung von Marx ist in der Einleitung zu seiner »Kritik der Hegelschen Rechtsphilosophie« enthalten. Vgl. Karl Marx: »Ausgewählte Schriften«. Herausgegeben und eingeleitet von Boris Goldenberg. Kindler Verlag, München 1962, S. 74.

68 Adam Müller a.a.O. S. 48.

69 Moritz Heimann a.a.O. S. 119.

70 T. S. Eliots Ausführungen über »Die Leistung der Kritik« sind zu finden in: T. S. E., »Ausgewählte Essays 1917–1947«. Ausgewählt und eingeleitet von Hans Hennecke. Suhrkamp Verlag, Frankfurt/M. 1950, S. 113–131.

71 Gotthold Ephraim Lessing a.a.O. Band 5, S. 625.

72 »Ahtenaeum 1798–1800«. Herausgegeben von August Wilhelm Schlegel und Friedrich Schlegel. Fotomechanischer Nachdruck. J. G. Cottasche Buchhandlung Nachf., Stuttgart 1960, Band 1, S. 147 f.

73 Theodor Fontane a.a.O. S. 43 f.

74 Roland Barthes: »Kritik und Wahrheit«. Suhrkamp Verlag, Frankfurt/M. 1967, S. 90.

75 Werner Weber: »Tagebuch eines Lesers«. Bemerkungen und Aufsätze zur Literatur. Walter-Verlag, Olten und Freiburg 1965, S. 342 f.

76 Vgl. Ludwig Börne a.a.O. Band 2, S. 555–562.

77 Die Kritiken Fontanes über Keller sind enthalten in: Th. F. a.a.O. Band 1: »Aufsätze und Aufzeichnungen«. Herausgegeben von Jürgen Kolbe, S. 493–507. – Vgl. die beiden Besprechungen Fontanes der Uraufführung von Hauptmanns »Vor Sonnenaufgang« in: Th. F. a.a.O. Band 2, S. 817–824.

78 Die Urteile von Karl Kraus über Hofmannsthal, Schnitzler und Altenberg sind seinem Aufsatz »Warnung vor der Unsterblichkeit« zu entnehmen in: K. K., »Literatur und Lüge«, Kösel-Verlag, München 1958, S. 350 ff.

79 Vgl. Alfred Kerr: »Die Welt im Drama«. Herausgegeben von Gerhard F. Hering. Zweite Auflage. Verlag Kiepenheuer & Witsch, Köln 1964, S. 259–272 und 281–284. – Die wichtigsten Kritiken Herbert Iherings über Brecht finden sich in: H. I., »Von Reinhardt bis Brecht«. Eine Auswahl der Theaterkritiken von 1909–1932. Herausgegeben und mit einem Vorwort von Rolf Badenhausen. Rowohlt Verlag, Reinbek bei Hamburg 1967.

BANKROTT EINER ERZÄHLERIN

Zuerst in: »Die Zeit« vom 14. März 1969.

1 Anna Seghers: *Das Vertrauen*, Roman. Aufbau Verlag, Berlin und Weimar 1969.

2 Die Kritik des Romans *Die Aula* von Hermann Kant findet sich in: Marcel Reich-Ranicki, *Literatur der kleinen Schritte – Deutsche Schriftsteller heute*. R. Piper & Co. Verlag, München 1967, S. 193–200; Ullstein Buch Nr. 2867, Frankfurt/M.–Berlin–Wien 1971, S. 146–152.

196 *Anmerkungen und Verweise*

DER EINGEBILDETE PARTISAN

Zuerst in: »Die Zeit« vom 4. Oktober 1968.

1 Hans Erich Nossack: *Der Fall d'Arthez,* Roman. Suhrkamp Verlag, Frankfurt/M. 1968.

EDLE MENSCHEN

Zuerst in: »Die Zeit« vom 2. Dezember 1966.

1 Stefan Andres: *Der Taubenturm,* Roman. R. Piper & Co. Verlag, München 1966.

VORSICHHINBLÖDELN

Zuerst in: »Die Zeit« vom 27. September 1968.

1 Günter Eich: *Maulwürfe,* Prosa. Suhrkamp Verlag, Frankfurt/M. 1968.

2 Günter Eich: *Kulka, Hilpert, Elefanten.* LCB-Editionen 3, Literarisches Colloquium Berlin 1968.

3 Peter Bichsels Kritik erschien in »Der Spiegel« vom 16. September 1968, Wolfgang Hildesheimers in »Die Zeit« vom 20. September 1968, Hans Egon Holthusens in »Die Welt der Literatur« vom 10. September 1968, Urs Jennys in »Die Weltwoche« vom 13. September 1968, Rolf Michaelis' in »Frankfurter Allgemeine Zeitung« vom 17. September 1968.

4 »Merkur«, Heft 6 (1967), S. 557–559.

5 Eichs poetologische Bekenntnisse finden sich in seinem Aufsatz »Einige Bemerkungen zum Thema Literatur und Wirklichkeit« in: *Akzente,* Heft 4 (1956).

GESALBT MIT SÜSSEM ÖL

Zuerst in: »Die Zeit« vom 31. März 1972.

1 Peter Wapnewski: *Deutsche Literatur des Mittelalters,* Ein Abriß. Vandenhoeck & Ruprecht, Göttingen 1968.

2 Friedrich Torberg: *Süßkind von Trimberg,* Roman. S. Fischer Verlag, Frankfurt/M. 1972.

3 Friedrich Torberg: *Golems Wiederkehr und andere Erzählungen.* S. Fischer Verlag, Frankfurt/M. 1968.

4 Tatsächlich stammt die Idee zu diesem Roman – wie Torberg in einem Selbstinterview in der *Welt* vom 29. September 1972 bestätigt hat – noch aus den zwanziger Jahren. Auf die sich selbst gestellte Frage »Wie und wann sind Sie auf dieses Thema gekommen? Während der Nazizeit?« antwortet er: »Viel früher. Schon als Gymnasiast . . . Schon damals, schon vor dem *Schüler Gerber,* [war ich] fest entschlossen, dieses Buch zu schreiben. Ich habe den Plan jahrzehntelang mit mir herumgetragen, ehe ich mich endlich an seine Ausarbeitung machen konnte . . .«

ADEL DER SEELE

Zuerst in: »Die Zeit« vom 21. November 1969.

1 Rudolf Hagelstange: *Altherrensommer,* Roman. Hoffmann und Campe Verlag, Hamburg 1969.

Anmerkungen und Verweise   197

DER KAISER IST NACKT
Zuerst in: F.A.Z. vom 21. Dezember 1974.
1 Robert Havemann: *Fragen, Antworten, Fragen. Aus der Biographie eines deutschen Marxisten.* Rowohlt Taschenbuch Verlag, Reinbek bei Hamburg 1972, S. 117.
2 Stefan Heym: *5 Tage im Juni.* Bertelsmann Verlag, München/Gütersloh 1974.

SENTIMENTALITÄT UND GEWISSENSBISSE
Zuerst in: »Die Zeit« vom 3. November 1967.
1 Alfred Andersch: *Efraim,* Roman. Diogenes Verlag, Zürich 1967.

DIE ZERREDETE REVOLUTION
Zuerst in: »Die Zeit« vom 30. Januar 1970; ein Abschnitt über die Inszenierung der Düsseldorfer Uraufführung wurde hier weggelassen.
1 Peter Weiss: *Trotzki im Exil,* Stück in zwei Akten. Suhrkamp Verlag, Frankfurt/M. 1970.
2 Seine Entscheidung zu Gunsten des Kommunismus hatte Peter Weiss 1965 mehrfach bekanntgemacht, vor allem in einer Verlautbarung mit dem Titel *10 Arbeitspunkte eines Autors in der geteilten Welt* im »Neuen Deutschland« (Ost-Berlin) vom 2. September 1965 sowie in einem im Juni 1965 der Tageszeitung »Stockholms Tidnigen« erteilten Interview, das deutsch im Ostberliner »Sonntag« vom 15. August 1965 gedruckt wurde. – Zur politischen Entwicklung von Peter Weiss vgl. auch: Marcel Reich-Ranicki, *Wer schreibt, provoziert – Kommentare und Pamphlete.* Deutscher Taschenbuch Verlag, München 1966, S. 175–180.

FEIERLICHE UNDEUTLICHKEITEN
Zuerst in: »Die Zeit« vom 9. Mai 1969.
1 Zu Wellershoffs Verdiensten als Lektor vgl. Marcel Reich-Ranicki: *Literatur der kleinen Schritte – Deutsche Schriftsteller heute.* R. Piper & Co. Verlag, München 1965, S. 129 f.
2 Dieter Wellershoff: *Die Schattengrenze,* Roman. Verlag Kiepenheuer & Witsch, Köln 1969.
3 Das deutsche Lektorat des Verlags Kiepenheuer & Witsch wird von Dieter Wellershoff selber geleitet.
4 Friedrich Schlegel: *Charakteristiken und Kritiken I (1796–1801).* Herausgegeben und eingeleitet von Hans Eichner. (Kritische Friedrich-Schlegel-Ausgabe. Herausgegeben von Ernst Behler unter Mitwirkung von Jean-Jacques Anstett und Hans Eichner. Zweiter Band). Verlag Ferdinand Schöningh, Paderborn 1967, S. 159.

198 *Anmerkungen und Verweise*

WAR ES EIN MORD?

Zuerst in: »Die Zeit« vom 15. Dezember 1967; ein Abschnitt, der sich mit den Leistungen der Schauspieler und des Regisseurs der Münchener Uraufführung befaßt, wurde hier weggelassen.

1 Martin Walsers: *Der Abstecher / Die Zimmerschlacht.* edition suhrkamp 205, Suhrkamp Verlag, Frankfurt/M. 1967.

2 Walsers programmatische Äußerungen sind seinem Essay »Theater als Seelenbadeanstalten« in der »Zeit«, vom 29. September 1967 entnommen, der sich unter dem Titel »Ein weiterer Tagtraum vom Theater« findet in: M. W., *Heimatkunde*, Aufsätze und Reden. edition suhrkamp 269, Suhrkamp Verlag, Frankfurt/M. 1968, S. 71–85.

EINE MÜDEHELDENSOSSE

Zuerst in: »Die Zeit« vom 29. August 1969.

1 Günter Grass: *Örtlich betäubt*, Roman. Luchterhand Verlag, Neuwied 1969.

2 Döblins programmatische Äußerungen »An Romanautoren und ihre Kritiker« erschienen zuerst in »Der Sturm«, Nr. 158/159, Mai 1913, und sind hier zitiert nach: Alfred Döblin, *Aufsätze zur Literatur* (Ausgewählte Werke in Einzelbänden, in Verbindung mit den Söhnen des Dichters herausgegeben von Walter Muschg), Walter-Verlag, Olten und Freiburg/Br. 1963, S. 15–19. – Grass beruft sich auf diese Äußerungen in seiner 1967 gehaltenen Rede zum zehnten Todestag Döblins, erschienen in: Günter Grass, *Über meinen Lehrer Döblin und andere Vorträge*, Literarisches Colloquium Berlin 1968, S. 11.

3 Arno Schmidts Aufsätze »Berechnungen I« und »Berechnungen II« finden sich in: A. S., *Rosen & Porree*, Stahlberg Verlag, Karlsruhe 1959, S. 283–308.

OSKAR SCHLEMIHL AUS HELSINGÖR

Zuerst in: »Die Zeit« vom 1. Dezember 1967.

1 Günter Kunert: *Im Namen der Hüte*, Roman. Carl Hanser Verlag, München 1967.

MÄNNCHEN IN UNIFORM

Zuerst in: »Der Spiegel« vom 17. März 1969.

1 Reinhard Lettau: *Feinde*. Carl Hanser Verlag, München 1967.

2 Lettau schrieb über Bichsels *Jahreszeiten* im »Spiegel« Nr. 39/1967. Nachdruck in: *Literatur im Spiegel*, a.a.O. S. 233–235.

SELBSTERLEBTES AUS ZWEITER HAND

Zuerst in: »Die Zeit« vom 12. April 1968.

1 Horst Bienek: *Die Zelle*, Roman. Carl Hanser Verlag, München 1968.

2 Bieneks programmatische Äußerungen finden sich in: *Annäherungen*. Ein literarisches Selbstporträt von Horst Bienek. »Frankfurter Allgemeine Zeitung« vom 12. Januar 1968.

Anmerkungen und Verweise 199

3 Bernhard Blumes Ausführungen über den »Lyrismus der Zelle« erschienen in der »Stuttgarter Zeitung« vom 25. September 1965. Nachdruck in: *Almanach des S. Fischer Verlags 79,* S. 92–98.

4 Die Äußerung stammt aus der Erzählung *Der Fall.* (Zu finden in: Albert Camus, *Gesammelte Erzählungen,* deutsch von Guido G. Meister, Rowohlt Verlag, Reinbek bei Hamburg, 1966, S. 88.)

LEICHEN IM AUSVERKAUF

Zuerst in: »Die Zeit« vom 19. Dezember 1969.

1 Thomas Bernhard: *An der Baumgrenze,* Erzählungen. Residenz Verlag, Salzburg 1969.

2 Thomas Bernhard: *Ereignisse.* Literarisches Colloquium, Berlin 1969.

3 Thomas Bernhard: *Watten. Ein Nachlaß.* edition suhrkamp 353, Suhrkamp Verlag, Frankfurt 1969.

DER GRÜNE HERMANN

Zuerst in: »Die Zeit« vom 4. April 1969.

1 Herburgers 1967 im »Spiegel« gedruckter Aufsatz über »Kursbuch 9« ist enthalten in: *Literatur im Spiegel,* eingeleitet und herausgegeben von Rolf Becker. Rowohlt Verlag, Reinbek bei Hamburg 1969, S. 228–232.

2 Günter Herburger: *Die Messe,* Roman. Luchterhand Verlag, Neuwied 1969.

3 Goethes berühmte Definition des Romans findet sich in seinen *Maximen und Reflexionen. (Goethes Werke.* Hamburger Ausgabe in 14 Bänden. Herausgegeben von Erich Trunz. Band XII, neunte, neubearbeitete Auflage, Verlag C. H. Beck, München 1981, S. 498.

WIRRWARR VON ERINNERUNG

Zuerst in: »Die Zeit« vom 19. September 1969.

1 Peter Härtling: *Das Familienfest oder Das Ende der Geschichte,* Roman. Henry Goverts Verlag, Stuttgart 1969.

2 Härtlings Selbstkommentar »Das Ende der Geschichte – Über die Arbeit an einem ›historischen Roman‹« findet sich in »Süddeutsche Zeitung« vom 26./27. Oktober 1968.

3 Ebenda.

4 Über Reinhard Baumgarts Erzählungen schrieb Härtling in: »Der Spiegel«, Nr. 1/1968.

5 Siehe Anmerkung 2.

VIELE ARABESKEN UND EIN GROSSER HOHLRAUM

Zuerst in: F.A.Z. vom 13. Juli 1974.

1 Adolf Muschg: *Albissers Grund,* Roman. Suhrkamp Verlag, Frankfurt/M. 1974.

200 *Anmerkungen und Verweise*

AUS KINDLICHER ODER AUS KINDISCHER SICHT?
Zuerst in: »Die Zeit« vom 9. April 1971.
1 Hubert Fichte: *Detlevs Imitationen ›Grünspan‹*, Roman. Rowohlt Verlag, Reinbek bei Hamburg 1971.

VERSTECKSPIEL UND GEHEIMNISTUEREI
Zuerst in: »Die Zeit« vom 15. September 1967.
1 Peter Bichsel: *Die Jahreszeiten*. Hermann Luchterhand Verlag, Neuwied und Berlin 1967.

DARSTELLUNG DER ARBEITSWELT – WOZU?
Zuerst in: »Die Zeit« vom 1. November 1968.
1 Walter Jens: *Moderne Literatur – Moderne Wirklichkeit*. Neske Verlag, Pfullingen 1958, S. 28 f.
2 Alfred Anderschs Gedanken über »Die moderne Literatur und die Arbeitswelt« publizierte die »Frankfurter Allgemeine Zeitung« am 24. Juli 1959.
3 Vgl. u. a. Enzensbergers aus dem Jahre 1959 stammenden Aufsatz »Die große Ausnahme« in: H. M. E. *Einzelheiten*. Suhrkamp Verlag 1962, S. 238.
4 Helga M. Novak: *Geselliges Beisammensein*, Prosa. Hermann Luchterhand Verlag, Neuwied und Berlin 1968.

WER IST HIER INFANTIL?
Zuerst in: F.A.Z. vom 9. Oktober 1976.
1 Peter Handke: *Die linkshändige Frau*. Erzählung. Suhrkamp Verlag, Frankfurt/M. 1976.
2 Das Zitat stammt aus den *Aufzeichnungen des Malte Laurids Brigge*. –Rainer Maria Rilke: *Sämtliche Werke*. Werkausgabe, Band 11. Insel Verlag. Frankfurt/M. 1975, S. 863.

KEIN LIED MEHR VON DER GLOCKE
Zuerst in: »Die Zeit« vom 6. September 1966.
1 Das Zitat stammt aus Brechts »Gespräch über Klassiker« in: B. B., *Schriften zum Theater I, 1918–1933;* Suhrkamp Verlag 1963, S. 146.
2 Vgl. Dürrenmatts 1959 in Mannheim gehaltene Rede über »Friedrich Schiller«, die enthalten ist in: F. D., *Theater-Schriften und Reden*. Herausgegeben von Elisabeth Brock-Sulzer, Verlag der Arche, Zürich 1966, S. 214–233.
3 *Schillers Werke*. Dritter Band. Gedichte – Erzählungen. Gedichte ausgewählt von Hans Magnus Enzensberger, eingeleitet von Hans Mayer, textkritisch herausgegeben von Dieter Schmidt. Äußerungen Schillers und seiner Zeitgenossen zu den Gedichten. Erzählungen eingeleitet von Emil Staiger. Insel Verlag, Frankfurt/M. 1966.
4 Hans Magnus Enzensberger: *Einzelheiten*, a.a.O. S. 355.

Personenregister

Adorno, Theodor W. 14
Altenberg, Peter 42
Andersch, Alfred 42, 88–96, 172
Andersen, Hans Christian 84
Andres, Stefan 57–61
Augstein, Rudolf 93

Balzac, Honoré de 50–52, 173
Barthes, Roland 40
Baumgart, Reinhard 153
Beckett, Samuel 91, 93 f.
Beethoven, Ludwig van 184
Benjamin, Walter 19, 22, 31
Benn, Gottfried 31, 62
Bernhard, Thomas 138–142
Bichsel, Peter 43, 63, 129, 166–171
Bienek, Horst 132–137
Biermann, Wolf 82, 124
Blume, Bernhard 135
Böll, Heinrich 50, 108, 124, 150
Börne, Ludwig 22, 41
Brecht, Bertold 42, 62, 183
Bredel, Willi 86
Brinkmann, Rolf Dieter 147
Bucharin, Nikolaj 100

Cäsar, Gajus Julius 130
Camus, Albert 135
Cayrol, Jean 134
Celan, Paul 124
Chamisso, Adelbert von 126
Chopin, Frédéric 79
Courths-Maler, Hedwig 179, 182
Curtius, Ernst Robert 18 f., 33

Dajan, Mosche 74
Döblin, Alfred 115, 120
Dürrenmatt, Friedrich 183

Eich, Günter 42, 62–69, 124
Eliot, Thomas Stearns 38
Enzensberger, Hans Magnus 62, 122, 124, 172, 183–187

Fichte, Hubert 115, 147, 161–165
Fichte, Johann Gottlieb 24
Fontane, Theodor 23, 29 f., 39, 41, 71
Franz Joseph I., Kaiser von Österreich 130
Freud, Sigmund 157
Freytag, Gustav 73
Fried, Erich 147
Frisch, Max 34, 55, 67, 108, 110, 124, 168

Gebühr, Otto 66
Geibel, Emanuel 15
Görres, Joseph 22
Goethe, Johann Wolfgang von 18, 20, 24, 26–29, 37, 146
Grass, Günter 43, 62, 108, 113–120, 123 f., 147
Grimmelshausen, Hans Jakob Christoffel von 147

Härtling, Peter 43, 149–155
Hagelstange, Rudolf 43, 76–81
Handke, Peter 112, 177–182
Hart, Heinrich 30
Hart, Julius 30
Hauptmann, Gerhart 41

202 Personenregister

Havemann, Robert 84
Hegel, Georg Wilhelm Friedrich 28
Heimann, Moritz 30, 33, 37
Heine, Heinrich 72 f., 186 f.
Heissenbüttel, Helmut 124
Heraklit 59
Herburger, Günter 143–148
Heym, Stefan 82–87
Hering, Gerhard F. 26
Hildesheimer, Wolfgang 63 f.
Hindenburg, Paul von 130
Hinz, Werner 108
Hochhuth, Rolf 110
Hoffmann, Ernst Theodor Amadeus 41
Hofmannsthal, Hugo von 19, 42
Holthusen, Hans Egon 63 f.
Huchel, Peter 124

Ihering, Herbert 42

Jean Paul 36
Jenny, Urs 63 f., 67
Jens, Walter 17, 172
Johnson, Uwe 55, 108, 115, 124
Joyce, James 86

Kafka, Franz 74, 115
Kant, Hermann 49
Karl August, Großherzog von Sachsen-Weimar 29
Kaschnitz, Marie Luise 124
Keller, Gottfried 41
Kennedy, John Fitzgerald 93
Kerr, Alfred 42
Koeppen, Wolfgang 115, 124
Kortner, Fritz 108
Kraus, Karl 42, 75
Krolow, Karl 124
Kunert, Günter 121–126

Lenau, Nikolaus 149
Lenin, Wladimir 100 f.

Lenz, Siegfried 124
Lessing, Gotthold Ephraim 16–18, 24–26, 28, 35, 38
Lettau, Reinhard 43, 122, 127–131, 147
Ludwig II., König von Bayern 29
Lukács, Georg 21, 28

Marx, Karl 36
Mauthner, Fritz 30
Mayer, Hans 185
Michaelis, Rolf 63 f.
Minder, Robert 29
Müller, Adam 16, 18, 22, 37
Muschg, Adolf 156–160
Musil, Robert 32, 34, 138

Neuss, Wolfgang 67
Nicolai, Christoph Friedrich 24, 31–33
Nietzsche, Friedrich 20, 28, 68
Nossack, Hans Erich 50–56
Novak, Helga M. 172–176

Plechanow, Georgij 100

Rabelais, François 147
Radek, Karl 100
Raky, Hortense 108
Rilke, Rainer Maria 180, 186 f.
Roth, Joseph 150
Rühmkorf, Peter 122, 124

Scheffel, Joseph Victor von 73
Schiller, Friedrich von 29 f., 183–187
Schlegel, August Wilhelm 18, 23, 26, 28, 33, 39
Schlegel, Friedrich 17 f., 25–28, 107
Schlenther, Paul 30
Schmidt, Arno 115
Schnitzler, Arthur 21, 42

Personenregister 203

Schopenhauer, Arthur 28
Seghers, Anna 43, 46–49, 124
Seuren, Günter 147
Shakespeare, William 126
Shaw, George Bernard 37
Sieburg, Friedrich 23, 32, 34
Staël, Germaine de 13 f., 22
Stalin, Josef 48 f., 100 f.
Strauß, Franz Josef 93
Strittmatter, Erwin 123
Swift, Jonathan 12

Torberg, Friedrich 70–75
Trotzki, Lew 98–101
Tucholsky, Kurt 23, 31 f., 34

Voltaire 138

Wagner, Richard 28 f., 136
Walser, Martin 43, 108–112,
   124
Wapnewski, Peter 70
Weber, Werner 40, 42
Weiss, Peter 97–101, 186
Wellershoff, Dieter 102–107,
   147
Westmoreland, W. Ch. 130
Woolf, Virginia 21, 93

Zola, Émile 150

Von Marcel Reich-Ranicki in der DVA

Mein Leben
568 Seiten

Der Fall Heine
128 Seiten

Lauter Lobreden
207 Seiten

Ohne Rabatt
Über Literatur aus der DDR
288 Seiten

Thomas Mann und die Seinen
288 Seiten

Die Anwälte der Literatur
360 Seiten

Lieber Marcel
Briefe an Reich-Ranicki
Herausgegeben von Jochen Hieber
414 Seiten

Marcel Reich-Ranicki im dtv

»Man hat mir früher vorgeworfen, ich sei ein Schulmeister.
Man wirft mir heute vor, ich sei ein Entertainer.
Beides zusammen ist genau das, was ich sein will.«
Marcel Reich-Ranicki

Entgegnung
Zur deutschen Literatur
der siebziger Jahre
dtv 10018

**Deutsche Literatur in
West und Ost**
dtv 10414

Nachprüfung
Aufsätze über deutsche
Schriftsteller von gestern
dtv 11211

**Literatur der kleinen
Schritte**
Deutsche Schriftsteller in
den sechziger Jahren
dtv 11464

Lauter Verrisse
dtv 11578

Lauter Lobreden
dtv 11618

Über Ruhestörer
Juden in der deutschen
Literatur
dtv 11677

Ohne Rabatt
Über Literatur aus der
DDR
dtv 11744

Mehr als ein Dichter
Über Heinrich Böll
dtv 11907

**Die Anwälte der
Literatur**
dtv 12185

**Meine Schulzeit im
Dritten Reich**
Erinnerungen deutscher
Schriftsteller
dtv 12365

Über Hilde Spiel
Reden und Aufsätze
dtv 12530

Jens Jessen (Hrsg.)
**Über
Marcel Reich-Ranicki**
Aufsätze und
Kommentare · dtv 10415

Peter Wapnewski (Hrsg.)
Betrifft Literatur
Über Marcel Reich-
Ranicki · dtv 12016

Volker Hage,
Mathias Schreiber
Marcel Reich-Ranicki
Ein biographisches Porträt
dtv 12426

Volker Hage im dtv

Marcel Reich-Ranicki
Ein biographisches Porträt
dtv 12426

Er ist ohne Zweifel der populärste, streitbarste und umstrittenste Literaturkritiker Deutschlands. Der Mann, der das Warschauer Ghetto überlebte, wurde spätestens durch das »Literarische Quartett« zum Star. Die ›Spiegel‹-Redakteure Volker Hage und Mathias Schreiber entwerfen in dieser Biographie ein umfassendes Porträt des großen Kritikers.

Propheten im eigenen Land
Auf der Suche nach der deutschen Literatur
dtv 12692

»Wird die deutsche Literatur am Ende des Jahrhunderts noch einmal munter?« Volker Hage, selbst beteiligt an den wichtigen kulturpolitischen Debatten der neunziger Jahre, schaut zurück und nach vorn: Von der Wende und den letzten Tagen der Bonner Republik spannt er den Bogen bis in die unmittelbare Nachkriegszeit und fragt nach den Zeichen für das nächste Jahrhundert. – Ein Lesevergnügen von analytisch-anschaulicher Erzählkraft, ein Kompendium der deutschen Gegenwartsliteratur von 1987 bis heute.

Alles erfunden
Porträts deutscher und amerikanischer Autoren
dtv 19032

Volker Hages Begegnungen mit Harold Brodkey, Richard Ford, Max Frisch, John Irving, Ernst Jandl, Wolfgang Koeppen, Joyce Carol Oates, Philip Roth, Botho Strauß, John Updike, Martin Walser und anderen.

»Es ist ihm gelungen, ausnahmslos interessante Autoren zu befragen, darunter auch solche, die für gewöhnlich keine Interviews geben, und er hat eine vertrauensvolle Atmosphäre schaffen können, in der sie gern erzählen möchten: von sich und ihren Büchern.«
Süddeutsche Zeitung